프로그래머, 열정을 말하다
The Passionate Programmer

The Passionate Programmer
By Chad Fowler

Copyright ⓒ 2009 Chad Fowler
All rights reserved.
Korean Translation Copyright ⓒ 2012 by Insight Press.
The Korean language edition published by arrangement with The Pragmatic Programmers,
LLC., Lewisville, through Agency-One, Seoul.

이 책의 한국어판 저작권은 에이전시 원을 통해 저작권자와의 독점 계약으로 인사이트에 있습니다.
저작권법에 의해 한국 내에서 보호를 받는 저작물이므로 무단전재와 무단복제를 금합니다.

프로그래머, 열정을 말하다

초판 1쇄 발행 2012년 1월 25일 **2쇄 발행** 2022년 11월 23일 **지은이** 채드 파울러 **옮긴이** 송우일 **펴낸이** 한기성 **펴낸곳** (주)도서출판인사이트 **본문디자인** 윤영준 **용지** 월드페이퍼 **인쇄·제본** 에스제이피앤비 **후가공** 이지앤비 **등록번호** 제2002-000049호 **등록일자** 2002년 2월 19일 **주소** 서울특별시 마포구 연남로5길 19-5 **전화** 02-322-5143 **팩스** 02-3143-5579 **이메일** insight@insightbook.co.kr **ISBN** 978-89-6626-022-5 책값은 뒤표지에 있습니다. 잘못 만들어진 책은 바꾸어 드립니다. 이 책의 정오표는 https://blog.insightbook.co.kr에서 확인하실 수 있습니다.

이 책은 2008년 발간된 『사랑하지 않으면 떠나라』의 개정판입니다.

프로그래머, 열정을 말하다

채드 파울러 지음 | 송우일 옮김

인사이트

차례

추천사   8
감사의 말   9
들어가는 글   11

1부   당신의 시장을 선택하라   19

1장   그냥 앞서 갈 것인가, 위험까지 무릅쓸 것인가?   22
2장   수요와 공급   26
3장   코딩만으로는 이제 충분하지 않다   31
4장   가장 못하는 사람이 되라   35
5장   지성에 투자하라   40
6장   부모님 말씀을 듣지 말라   44

7장	다재다능한 사람이 되라	51
8장	진정한 전문가가 되라	58
9장	자신의 달걀을 전부 다른 사람의 바구니에 넣지 말라	62
10장	사랑하지 않으면 떠나라	65

2부　자신에게 투자하라　　　　73

11장	물고기 낚는 법을 배우라	76
12장	사업이 실제로 어떻게 돌아가는지 배우라	81
13장	멘토를 찾으라	84
14장	멘토가 되라	89
15장	연습, 연습, 또 연습	92
16장	일하는 법	98
17장	거인의 어깨 위에서	103
18장	자동화 기술을 이용해 일자리를 찾으라	107

3부　실행　　　　115

19장	지금 바로	118
20장	마음 읽기	121
21장	매일의 성과	125
22장	누구를 위해 일하는지 기억하라	128
23장	현재 위치에 충실하라	132

24장	오늘은 얼마나 잘할 수 있을까	136
25장	자신이 얼마나 가치가 있는가	140
26장	물 양동이 속 자갈	144
27장	유지보수를 즐기라	148
28장	8시간 열중하기	153
29장	실패하는 법을 배우라	157
30장	"아니오"라고 말하라	161
31장	당황하지 말라	165
32장	말하고 행하고 보여주라	170

4부   마케팅은 높으신 분들만 하는 게 아니다   181

33장	인식이 대수롭지 않다고?	184
34장	모험 여행 안내자	189
35장	나를 글이 잘 정말 써…	193
36장	현장에서 부대끼라	196
37장	적절한 표현으로 말하기	201
38장	세상을 바꾸라	204
39장	자신의 목소리가 들리게 하라	207
40장	자신의 브랜드를 만들라	212
41장	자신의 코드를 공개하라	215
42장	주목받는 남다른 능력	219
43장	어울리라	223

| 5부 | 자신의 강점을 유지보수하라 | 231 |

44장 이미 구식   233
45장 이미 일자리를 잃었다   237
46장 목적 없는 길   239
47장 로드맵을 만들라   242
48장 시장을 주시하라   245
49장 거울 속 그 뚱뚱한 남자   248
50장 남인도의 원숭이 덫   252
51장 폭포수 모델 방식의 경력 계획은 피하라   257
52장 어제보다 나은   261
53장 독립하라   266

즐기라   272
옮긴이 후기   274

추천사

누구나 비범함이 있다고 믿는다. 그러나 자신이 진정으로 좋아하는 것을 찾아 비범함을 끌어내는 데는 시간이 걸린다. 자신의 환경과 도구, 분야를 사랑하지 않으면 비범해질 수 없다.

37시그널스(37signals)에서 루비온레일스(Ruby on Rails)로 재능을 발휘하기 전에 임시직부터 온갖 일을 해보았지만 어느 것도 확실히 비범함과는 맞지 않았다. 현상 유지하며 그냥 시간을 때우고만 있었다. 시간을 허비하고 있음을 깨닫기도 전에 6개월이 흘렀고 보여줄 만한 비범함은 전혀 없었다.

끔찍하게 후회스러웠다. 내 존재가 별로 중요하지 않고 내가 일하지 않아도 세상이 아무것도 달라지지 않는다는 느낌이 싫었다. 비범해지려면 자신이 세상에서 인상적인 진보를 이뤄낼 수 있음을 믿어야 한다.

일에서 진보를 이뤄내지 못하니 내 개인적인 삶에도 여파가 미쳤다. 근무시간에 영향력을 미치지 못한다고 느껴지자 그 후에도 영향력을 미치기 위해 노력을 집중하기가 더 어려웠다.

내게는 비범한 경력을 끌고 나가는 것이 비범한 삶을 끌고 나가려는 바람을 시작하는 가장 좋은 방법이었다. 더 낫고 가치 있는 노동자가 되지 못해도 더 나은 사람은 될 수 있기 때문이다.

이 책이 그토록 중요한 이유는 바로 이 때문이다. 이 책은 단지 더 나은 제품을 만들고 일자리를 안전하게 유지하는 내용을 다루는 책이 아니다. 바로 수많은 비범한 양상(일은 그저 삶의 여러 모습 중 하나다)으로 가득하며 좀 더 보람 있는 삶을 끌고 나가는 데 필요한 기술과 감각을 계발하는 내용을 다룬다.

데이비드 하이너마이어 핸슨(David Heinemeier Hansson)
루비온레일스 창시자 겸 37시그널스 파트너

감사의 말

데이브 토머스Dave Thomas와 앤디 헌트Andy Hunt가 아니었다면 이 책을 쓰지 못했을 것이다. 두 사람의 작업에서 영감을 많이 받았다. 두 사람이 쓴 『The Pragmatic Programmer』(『실용주의 프로그래머』, 김창준·정지호 옮김, 인사이트)는 내게 많은 지혜를 주었다. 특히 데이브가 격려, 지도해 주지 않았다면 내가 이 책을 쓸 만한 자격이 있다고 생각하지도 못했을 것이다.

수재너 팰처Susannah Pfalzer가 이 책의 2판을 편집했다. '편집'이라 함은 다그치고 영감을 주고 격려해 주고 몰아붙임을 뜻한다. 그리고 물론 편집도 했다. 내가 겁먹고 숨지 않게 동기를 부여해 주려고 적절한 말을 해준 수재너의 인내와 능력은 내가 책을 완성하는 데 꼭 필요한 것이었다. 수재너가 없었다면 이 책은 아직도 산만하고 절반쯤 형태를 갖춘 아이디어가 어지럽게 모여 있는 모양이었을 것이다.

데이비드 하이너마이어 핸슨이 추천사를 써주었다. 37시그널스 파트너이자 레일스 창시자로서 그의 경력은 이 책에 깔린 아이디어의 빛나는 사례다. 지금까지 일하면서 만난 뛰어난 사람들의 기고를 받은 것도 행운이었다. 내게 영감을 준 스티븐 에이커스Stephen Akers, 제임스 던컨 데이비슨James Duncan Davidson, 빅 채드하Vik Chadha, 마이크 클라크Mike Clark, 패트릭 컬리슨Patrick Collison, 톰 프레스튼-워너Tom Preston-Werner와 내 책의 독자들에게 큰 감사를 드린다.

검토자 몇 명이 2판 초고를 읽고 훌륭한 의견을 주었다. 초고가 얼마나 잘못됐는지, 좋은 검토자가 초고를 어떻게 바로잡는지 볼 때마다 항상 놀랍다. 새미 라비Sammy Larbi, 브라이언 딕Bryan Dyck, 로버트 마틴, 켄트 벡, 앨런 프랜시스Alan Francis, 제러드 리처드슨Jared Richardson, 리치 다우니Rich Downie, 에릭 캐스너Erik Kastner에게 고마움을 전한다.

줄리엣 토머스Juliet Thomas가 이 책 1판을 쓰는 초기에 편집자로 수고해 주었다. 줄리엣의 열정과 통찰력은 값으로 따질 수 없는 것이었다. 1판 검토자들인 캐리 보애즈^{Carey Boaz}, 칼 브로피^{Karl Brophey}, 브랜든 캠벨^{Brandon Campbell}, 빅 채드하, 마우로 시치오^{Mauro Cicio}, 마크 도나휴^{Mark Donoghue}, 팻 엘러^{Pat Eyler}, 벤 굿윈^{Ben Goodwin}, 제이콥 해리스^{Jacob Harris}, 애덤 키스^{Adam Keys}, 스티브 모리스^{Steve Morris}, 빌 놀^{Bill Nall}, 웨슬리 라이즈^{Wesley Reisz}, 아빅 셍굽타^{Avik Sengupta}, 켄트 스필너^{Kent Spillner}, 샌디시 태티톨리^{Sandesh Tattitali}, 크레이그 어틀리^{Craig Utley}, 그렉 본^{Greg Vaughn}, 피터 우드^{Peter W. A. Wood}로부터 엄청난 양의 의견을 받았다. 그 사람들 덕분에 정말 더 좋은 책을 쓸 수 있었고 그들의 시간과 에너지, 통찰에 어떻게 감사해야 할지 모르겠다.

이 책에 나온 아이디어는 수년간 공식적, 비공식적으로 함께 일할 기회가 있었던 많은 뛰어난 사람들로부터 영감을 받은 것이다. 이야기를 들어주고 가르쳐 주고 대화를 나눠 준 도니 웹^{Donnie Webb}, 켄 스미스^{Ken Smith}, 월터 혼^{Walter Hoehn}, 제임스 맥머리^{James McMurry}, 캐리 보애즈, 데이비드 앨런 블랙^{David Alan Black}, 마이크 클라크, 니콜 클라크^{Nicole Clark}, 빅 채드하, 아비 브라이언트^{Avi Bryant}, 리치 킬머^{Rich Kilmer}, 스티븐 에이커스, 마크 가드너^{Mark Gardener}, 라이언 오우넌스^{Ryan Ownens}, 톰 코플런드^{Tom Copeland}, 데이브 크레인^{Dave Craine}, 존 어세이드^{John Athayde}, 마르셀 몰리나^{Marcel Molina}, 에릭 캐스너, 브루스 윌리엄스^{Bruce Williams}, 데이비드 하이너마이어 핸슨, 알리 새리어^{Ali Sareea}, 짐 와이어리치^{Jim Weirich}에게 고맙다는 말을 전한다.

끊임없이 용기를 돋워주시는 부모님께 감사드린다. 그리고 무엇보다도 이 모든 일을 가치 있게 해준 아내 켈리^{Kelly}에게 고맙다는 말을 전한다.

들어가는 글

이 책은 자신의 경력에서 성취와 행복을 찾는 내용을 다룬다. 성취와 행복은 우연히 오지 않는다. 실수했을 때 진로를 바꾸려는 생각과 의도, 행동, 의지를 필요로 한다. 이 책에서는 소프트웨어 개발에서 급진적으로 성공적인 경력(그리고 삶)을 계획하고 창조하는 전략을 펼쳐 놓는다.

이 책은 남다른 삶을 살고 싶은 바람을 일구는 내용을 다룬다. 이상하게도 우리는 경력을 시작할 때 남다른 삶을 이끄는 것이 무엇인지 전혀 탐색하지 않는다. 우리는 대부분 흐름을 따라가는 데 만족한다. 스스로에 대한 기대는 매체와 친구, 아는 사람, 가족 때문에 낮춰졌다. 따라서 남다른 삶을 이끈다는 것은 합리적인 목표로서 발견해야만 하는 어떤 것이다. 그것은 분명하지 않다.

사람들은 대부분 성년기의 깨어 있는 시간을 다른 것보다는 일하는 데 보낸다. 미국 노동 통계국 2006년 조사http://www.bls.gov/tus/charts/에 따르면 평범한 미국인들은 깨어 있는 시간의 절반을 일하는 데 쓴다. 깨어 있는 동안 여가와 운동에 쓰는 시간은 한참 뒤인 15%였다. 이 사실은 우리의 삶이 기본적으로 '일'임을 보여준다.

삶이 일로써 소비된다면 일을 사랑하는 것이 삶을 사랑하는 가장 중요한 열쇠다. 일에 도전하고 동기를 부여하고 보상을 얻는 것은 따분하고 평범한 작업을 하는 것보다 아침에 더 일어나고 싶게 만드는 것이다. 일을 잘 한다는 것은, 사용할 수 있는 시간 중 50%를 위해 하는 행동이 자신이 잘 하는 어떤 일을 한다는 뜻이다. 반대로 일을 잘 하지 못한다면 최선을 다하지 못했다는 죄책감이나 무능함을 느끼느라 수많은 시간을 허비할 것이다.

결국 우리는 모두 행복을 찾는다. 의식주 같은 기본적인 인간 욕구가 해결되면 우리의 목표는 대부분 행복을 찾는 것으로 향한다. 슬프게도 우리의 행동이 무엇보다도 소중한 그 목표에 어울리지 않을 때가 있다. 이것이 사람들이 수단에 빠져 목적을 잊는 이유다.

돈을 더 벌면, 업적으로 더 좋은 인정을 받으면, 회사에서 승진하거나 유명해지면 행복할지도 모른다. 그런데 가난하고 하찮은 일을 하지만 정말 행복하다면 어떨까? 그게 가능할까? 정말 그래도 돈을 더 벌려고 할까? 아니면 더 나은 직업을 찾으려 할까?

그렇지 않을 것이다. 확실한 것은 주된 동기로 행복이라는 분명한 목표가 있다면 그 목표를 이루는 데 밟아야 할 더 작은 단계에 대해 더 나은 결정을 할 수 있다는 점이다. 더 높은 급여가 실제로 바람직하고 행복으로 이끌지도 모른다. 그러나 주된 목표에서 눈을 떼면 행복을 희생하고 더 높은 급여를 향해 내달리는 자신을 발견할 것이다. 터무니없게 들릴 것이지만 나는 해냈다. 그리고 여러분도 할 수 있다. 생각해 보라.

이 책 처음부터 끝까지 나는 독자들이 더 행복하고 더 보람 있는 경력(그리고 그에 따른 더 행복한 삶)을 이끌어갈 수 있게 조언을 할 것이다. 이 조언을 따라 돈을 더 벌 수도, 좀 더 인정받거나 심지어 더욱 유명해질 수도 있다. 그러나 이것들이 목표가 아님을 잊지 말라. 그것들은 결과에 이르는 수단일 뿐이다.

실패는 관심을 끌지 못한다!

내 자신을 위해 남다른 경력을 만드는 길의 중요한 첫 걸음은 역설적이게도 이 책 1판을 쓰는 것이었다. 제목이 『My Job Went to India (And All I Got Was This Lousy Book): 52 Ways to Save Your Job』이었다. 표지에는 'Will Code for Food'라는 표지판을 들고 있는 남자 사진이 있었다. 재미있었고 제목과 충격적인 빨간 표지는 일거리가 인건비가 싼 해외 프로그래밍 팀으로 일거리가 아웃소싱된다는 서구 세계의 두려움을 자극하려고 했던 것이었다.

그런데 문제는 잘못된 그림을 그렸다는 것이었다. 진실은 '일거리'를 지켜야 한다면 내가 독자들을 도울 수 없다는 것이었다. 이 책은 해고되지 않는 데 필요한 평범한 수준을 유지하려고 애쓰는 법을 다루지 않는다. 이 책은 탁월함과 승리를 다룬다. 단순히 지지 않으려고만 하면 경쟁에서 이기지 못한다. 그리고 뒤처지지 않으려고만 한다면 삶에서 승리하지 못한다. 다행히도 이 책의 내용은 엉망이지만 않으려고 하는 것은 절대 다루지 않는다. 나는 그런 식으로 생각하지 않았고 독자들도 그래야 한다.

내 경력이 괄목할 만해져야 한다고 결심한 때를 정확히 기억한다. 고등학교, 졸업한 대학교, 전문 색소폰 연주자로서 짧고 다소 평범한 경력에서 쉽게 성공했던 것처럼 일에서도 힘들이지 않고 성공을 거뒀다. 운과 타고난 재능이 결합된 덕분에 경력을 쌓으며 상당한 성공을 거두게 됐고 세상에서 '가장 동경하는' 회사의 기술 스태프 중 존경 받는 일원으로서 높은 보수를 받았다. 그러나 그저 그런 성과를 내는 것일 뿐이었고 나는 그것을 알았다.

어느 날 저녁 퇴근 후 동네 서점을 둘러보다가 신간 서가에서 켄트 벡이 쓴 『Extreme Programming Explained』(『익스트림 프로그래밍』, 켄트 벡·신시아 안드레스 지음, 김창준·정지호 옮김, 인사이트)을 우연히 발견했다. 책의 부제는 '변화를 포용하라'였다. 변화라는 아이디어가 내 흥미를 끌었다. 그때까지만 해도 나는 관심 폭이 좁아서 직업을 연달아 빠르게 바꾸는 것을 설명하는 책이라고 생각했다. '소프트웨어 개발 방법론'이라는 아이디어는 끔찍이도 지루하고 관리적인 색채를 띤 것이라 여겼지만, 많은 변화를 수반한다면 직장에서 지루해지거나 새 직업을 찾아야 한다는 감정을 피하는 데 쓸 만한 것이 되리라 예상했다.

책을 집어 들자 정말 운이 좋았음이 드러났다. 책을 읽기 시작하자 내려놓지 못했다. 책 내용에 사로잡혀 인터넷을 뒤져 익스트림 프로그래밍이라는 개념에 대해 읽을 수 있는 건 전부 읽었다. 나는 이 아이디어에 무척 감동받아서 CIO^chief information officer에게 가서 선전했다. CIO와 스태프들은 확신이 생기자 익스트림 프로그래밍 채택 작업의 일환으로 우리 부서를 오브젝트 멘토의 익스트림 프로그래밍 이머전^Extreme Programming Immersion 과정에 보냈다.

익스트림 프로그래밍 이머전은 익스트림 프로그래밍을 배우고 싶다면 가야 하는 '그곳'이었다. 가장 좋아하는 록 스타가 출연하는 1주일짜리 콘서트의 무대 뒤 출입증을 받은 것이나 다름없었다. 그 사람들과 그 방에 있으니 내가 정말 더 똑똑해졌고 좀 더 창조적이 됐다. 그리고 과정이 끝나자 정말 슬펐다. 사무실 내 자리로 돌아가 회사에서 익숙해진 평범한 일을 하기 싫어 내 머리를 쥐어박는 모습을 상상조차 하기 싫었다.

동료 스티브(이 책에 「우리 그냥 ~하면 안 돼?」라는 글을 기고했다)와 나는 같은 결론에 이르렀다. 자신이 그 사람들 주위에 최대한 자주 있는 유일한 방법은 그 사람들 중 하나가 되는 것이었다. 다시 말하면 함께 어울리면 내 수준을 한두 단계 올려줄 사람들 주위에 있고 싶은데, 내가 지원할 회사나 참석할 대학 과정 같은 것이 없었다. 그저 그 사람들 중 한 명이 된다는 것이 무엇을 의미하는지 알아보고 그에 필요한 일을 해야 했다. 그래서 나는 스티브에게 그 사람들 중 한 명이 되겠다고 선언했다.

그 일이 바로 내 경력의 전환점이었다. 몇 년 후 스티브가 그 대화를 다시 알려주기 전까지 나는 그 일을 잊고 있었다. 나는 스티브에게 내가 처음으로 어떤 컨퍼런스에 기조연설로 초청 받았을 때 있었던 일을 이야기했다. 수많은 사람 중 내게 연설뿐 아니라 소프트웨어 컨퍼런스의 주 강연을 해달라고 부탁하는 사람이 있다는 사실에 압도당했다. 내가 되겠다고 동경한 사람들 중 한 명이 되어 있었던 것이다.

나는 이 모든 일을 컴퓨터 프로그래밍 정규 교육을 받지 않고 했다. 나는 컴퓨터 프로그래머가 되기 전에 연주자였다. 대학에 가서 음악을 공부했다. 연주자는 대학 학위로 그다지 혜택을 받지 못하므로 더 나은 연주자가 되는 데 도움이 되지 않는 수업은 피하기로 했다. 이는 내가 학위에 필요한 것 이상으로 학점을 따고 대학을 떠났지만 몇 년 치에 해당하는 실제 수업이 남아 있었다는 의미다. 그런 면에서 나는 최소한 여러분이 보기에 취업 시장에서 소프트웨어

엔지니어링 직종에는 부적합한 전문 소프트웨어 개발자다.

　보통 소프트웨어 개발자로서 부적합하지만 연주자로서 내 배경은 내가 보통 소프트웨어 개발자가 되는 단계를 건너뛸 수 있는 중요한 통찰을 주었다(어쨌거나 누가 보통이고 싶어 하겠는가?). 아무도 직업을 구하고 안정적이고 편안한 삶을 이끌어 나가고 싶어서 연주자가 되지는 않는다. 음악 산업은 너무도 잔인한 환경이라 이는 실현 가능한 계획이 될 수 없다. 전문 연주자가 되는 사람은 '모두 탁월해지고' 싶어 한다. 최소한 시작할 때 음악 세계에서는 탁월해지거나 아니거나 둘 중 하나뿐이다. 연주자는 탁월해지고 싶어 하고(그리고 그 덕분에 유명해지고 싶어 한다), 그렇지 않으면 음악을 시작하지도 않았을 것이다.

　좋은 소프트웨어 개발자이면서 좋은 연주자인 사람이 많은 이유에 대해 가끔씩 질문을 받는다. 그것이 그 이유다. 두뇌 작용이 같다거나 둘 다 세심함을 중시한다거나 창조성을 요구해서가 아니다. 그냥 자기 일을 하고 싶은 사람이기보다는 탁월해지고 싶어 하는 사람이 훨씬 더 탁월해지기 때문이다. 그리고 우리가 모두 마틴 파울러 Martin Fowler 나 리누스 토발즈 Linus Torvalds, 프래그머틱 프로그래머가 되지는 못해도 목표를 높이 세우면 최소한 평균보다는 높은 곳 어딘가에는 도달할 것이다.

자신만의 계획을 세우라

사람들은 대부분 자기 계획이 아니라 다른 사람 것을 따른다. 자신을 구별하려면 하던 일을 멈추고 자기 경력을 살펴봐야 한다. 다른 사람이 아니라 자신을 위해 '자기' 계획을 따라야 한다.

　이러한 계획을 어떻게 세울까? 소프트웨어는 사업이다. 소프트웨어 개발자로서 우리는 사업가다. 우리 회사는 우리를 사랑해서 고용하지 않는다. 그런 적도 없고 그러지도 않을 것이다. 그것은 회사의 일이 아니다. 회사는 시간 때우러 가는 데가 아니다. 사업의 목적은 돈을 버는 것이다. 회사에서 앞서 나가려면 돈을 벌기 위한 사업 계획에 적응하는 법을 이해해야 할 것이다.

나중에 살펴보겠지만 회사는 고용에 많은 돈을 쓴다. 회사는 직원에게 투자한다. 여러분의 도전이 분명히 좋은 투자가 되어야 한다. 자신을 고용하는 조직이나 고객에게 가져다주는 사업적 가치라는 관점에서 자신의 업무 성과를 판단해야 한다.

자신의 경력을 자신이 만드는 제품의 수명이라고 생각해 보자. 그 제품은 자신의 기술로 만들어진다. 이 책에서는 사업에서 설계·제조·제품 판매 시에 반드시 집중해야 할 네 가지 면을 살펴볼 것이다. 그리고 이 네 가지 면을 어떻게 경력에 적용할 수 있을지 알게 될 것이다.

- 자신의 시장을 선택하라. 집중할 기술과 사업 분야를 신중하게 고른다. 위험과 보상의 균형을 어떻게 맞출 것인가? 수요와 공급을 어떻게 결정할 것인가?
- 자신에게 투자하라. 지식과 기술은 자신이라는 상품의 주춧돌이다. 지식과 기술에 적절하게 투자하는 것은 자신의 시장성을 높일 수 있는 중요한 부분이다. 단순히 비주얼 베이직Visual Basic이나 자바로 프로그래밍하는 것만으로는 더 이상 충분하지 않다. 새로운 경제 환경에서는 어떤 기술이 필요할까?
- 실행하라. 단순히 뛰어난 기술을 갖춘 직원을 고용하는 것으로는 회사에 성과가 나지 않는다. 직원은 가치를 만들어내야 한다. 여러분은 무리하지 않고 그러한 페이스를 어떻게 유지하는가? 자신이 회사를 위해 제대로 된 가치를 만들고 있는지 아닌지 어떻게 인지하고 있는가?
- 마케팅 하라. 역사상 최고의 제품이라도 아무도 모르면 실제로는 팔리지 않는다. 여러분은 회사와 업계에서 자신을 전혀 알리지 않고 어떻게 인정받는가?

개정판에서 바뀐 점

이 책은 원제가 『My Job Went to India (And All I Got Was This Lousy Book):

52 Ways to Save Your Job』이었던 책의 2판이다. 2판의 목적은 원래 책의 진정한 의도, 즉 남다른 경력을 만드는 것에 좀 더 가깝게 초점을 맞췄다. 이를 위해 새롭고 좀 더 긍정적인 제목을 짓고 새 내용을 더했다.

루비온레일스 창시자이자 37시그널스 파트너인 데이비드 하이너마이어 핸슨이 새 추천사를 기고했다.

각 절에는 내가 만났거나 함께 일했던, 경력이 정말 탁월한 사람들이 쓴 수필을 담았다. 수필에서는 이 혁신가, 개발자, 관리자, 기업가들이 성공에 이르는 길을 결정하는 데 발휘했던 통찰을 제공한다. 그들은 여기에서 대략 설명한 기법이 완벽한 환경에만 적용할 수 있는 이상적인 제안이 아님도 강조한다. 그 기법들은 실제 사람들이 할 수 있고 성취할 수 있는 실제적인 것이다.

원래 있던 팁 몇 가지는 뺐고 새 팁이 몇 가지 추가됐다. 1판의 마지막 부인 '그들을 이길 수 없다면'은 전체를 뺐다. 1판이 출간된 후로 배운 새 교훈을 반영한 새 팁이 책 이곳저곳에 추가됐다.

1판에 이어 팁에 새로운 '실천하기'가 추가됐다.

이 서문과 맺음말도 남다른 경력이라는 이 책의 목표에 좀 더 분명하게 초점을 맞추려고 교체했다.

이 책의 목표는 소프트웨어 개발에서 남다른 경력을 만들 수 있게 체계적인 방식을 독자들에게 제시하는 것이다. 장단기적으로 긍정적인 효과를 낼 수 있게 구체적인 사례를 살펴보고 지금 당장 취할 수 있는 행동을 제시할 것이다.

그리고 앞서 말한 것처럼 일자리를 지키는 것에 대해서는 이야기하지 않는다. 직장을 잃을까 두렵다면 그 두려움을 없애는 것이 탁월한 경력을 쌓는 데 취해야 할 조치다. 비범한 소프트웨어 개발자는 약해지지 않는다. 헛되이 일자리를 찾지 않는다. 그러니 걱정하지 말라. 승리에 집중하면 실직에 관한 두려움은 영원한 추억이 될 것이다.

당신의
시장을
선택하라

큰 투자를 하려고 한다. 큰돈을 투자하는 게 아니라 자신의 시간, 바로 자신의 삶을 투자하는 것이다. 경력이라는 흐름에 그저 떠다니기만 하면서 그 흐름이 가는 대로 자신을 내맡겨 버리는 사람이 많다. 자바나 비주얼 베이직을 우연히 알게 되자, 고용주는 이것이 업계 최신 유행이라고 직원들의 교육에 돈을 쓴다. 그래서 우리는 한동안 무언가가 손에 들어올 때까지 그 흐름을 쫓아다닌다. 프로그래머들의 경력은 방향 없는 우연의 연속이다.

『The Pragmatic Programmer』에서 데이브 토머스와 앤디 헌트는 「programming by coincidence」(「우연에 맡기는 프로그래밍」(273쪽), 『실용주의 프로그래머』, 김창준 · 정지호 옮김, 인사이트)에 대해 말하고 있다. 프로그래머들은 대부분 다음과 같은 생각을 잘 알 것이다. 프로그램 개발을 시작한다. 여기 저기 코드를 추가한다. 웹 사이트에서 베낀 예제 프로그램으로 시작할지도 모른다. 프로그램이 동작하는 것처럼 보이자 그 프로그램을 자신이 정말 필요로 하는 프로그램으로 만들려고 약간 더 고친다. 자신이 뭘 하는지 실은 제대로 알지 못하지만 프로그램을 계속 이리저리 고쳐 자신이 만족할 때까지 만든다. 그러나 문제는 그 프로그램이 어떻게 동작하는지 모른다는 것이다. 그리고 카드 집 쌓기처럼 새 기능을 추가할 때마다 프로그램이 문제를 일으킬 가능성도 높아진다는 것이다.

소프트웨어 개발자에게 우연에 맡기는 프로그래밍이 나쁘다는 것은 불을 보듯 명확하다. 그렇지만 실제로는 많은 개발자가 자신의 중요한 경력 선택을 우연에 맡긴다. 어떤 기술에 투자해야 할까? 어떤 영역의 전문 기술을 개발해야 할까? 지식을 폭넓게 해야 할까? 아니면 깊게 해야 할까? 이러한 질문들은 자신에게 확실히 물어봐야 하는 것이다.

회사를 창업하고 회사의 존망이 걸린 가장 중요한 제품을 개발하고 있다고 상상해 보자. 이 제품이 성공하지 못하면 회사는 파산할 것이다. 대상 고객에게 얼마나 주의를 기울이는가? 실제로 제품을 만들기 전에 제품이 어떠해야 하는지 얼마나 생각하는가? 아무도 우리를 위해 이런 결정을 해주지 않는다.

우리는 결정을 할 때 각 세부 사항까지 철저히 주의를 기울여야 한다.

그렇다면 왜 개발자들은 대부분 경력 선택에 이와 같은 주의를 기울이지 않을까? 경력을 사업이라고 생각한다면(사실은 그렇다), 자신이라는 '상품'은 자신이 제공해야만 하는 서비스로 구성된다.

그러한 서비스는 무엇인가? 서비스를 누구에게 팔려고 하는가? 서비스에 대한 수요가 향후 몇 년간 늘어날 것인가, 줄어들 것인가? 이러한 선택에 얼마나 큰 모험을 기꺼이 할 것인가?

이 책의 1부를 읽고 나면 이러한 중요한 질문에 스스로 대답하는 데 도움이 될 것이다.

01
그냥 앞서 갈 것인가,
위험까지 무릅쓸 것인가?

투자를 하려고 한다면 이용할 수 있는 선택 사항이 많다. 저축 예금을 들 수도 있지만 이자가 물가 상승 속도를 따라잡지 못할 것이다. 정부 저축 채권^{savings} ^{bond}을 살 수도 있다. 마찬가지로 큰돈은 벌지 못하지만 안전한 투자다.

또는 작은 신생 기업에 투자할 수 있다. 예를 들어 수천 달러를 투자해 회사 지분을 일부 얻을 수 있다. 회사의 구상이 좋고 그것을 효과적으로 실행할 수 있다면 돈을 많이 벌 수 있을 것이다. 하지만 다른 한편으로는 원금을 되찾을 수 있다는 보장은 없다.

이 개념은 새롭지 않은 것이다. 사람들은 어릴 때 놀이를 하면서부터 이것을 배운다. "내가 가운데로 달려 내려가면 모두 놀랄 거고 아무도 날 잡지 못할 거야." 이것은 일상생활에서도 자주 떠오르는 생각이다. 회의에 늦어 어느 길로 회사에 가야 할지 결정할 때 위험과 보상을 적절히 절충$^{trade-off}$해야 한다.

"길이 막히지 않을 경우 32번가로 가면 15분 일찍 도착할 수 있어. 길이 막히면 난 망하는 거지."

위험과 보상을 절충하는 것은 어느 기술과 영역에 투자할지 신중하게 고르는 데 중요한 부분이다. 15년 전만 해도 위험이 크지 않고 안전한 선택은 코볼 프로그래밍을 배우는 것이었다. 물론 평균 임금을 놓고 경쟁했던 코볼 프로그래머가 많았지만 그다지 대단하지 않았다. 일자리를 쉽게 찾을 수 있었지만 돈을 특별히 많이 벌지는 못했다. 위험이 작은 만큼 보상도 작았던 것이다.

반면에 같은 시기에 썬 마이크로시스템즈Sun Microsystems에서 새로 출시한 자바 언어를 연구하기로 했다면 자바로 실제 개발을 하는 회사의 일자리를 찾기가 한동안 어려웠을 것이다. 결국 자바로 개발하게 될 줄 누가 알았겠는가?

그러나 당시 업계 상황을 보고 있었다면 썬이 그랬던 것처럼 자바에 특별한 뭔가가 있음을 알았을 것이다. 자바가 크겠다는 강한 느낌이 들었을 것이다. 초기에 자바에 투자하면 다가오는 거대한 기술 추세에서 리더가 됐을 것이다. 물론 그렇게 했다면 여러분은 옳은 결정을 한 것이다. 또 개인적으로 자바에 투자하기로 패를 던졌다면, 자바에 대한 개인적인 투자는 매우 수지가 맞았을 것이다. 위험이 큰 만큼 보상도 큰 것이다.

15년 전 Be에서 BeOS를 시연했을 때를 떠올려 보자. BeOS는 당시로서는 엄청난 운영 체제였다. 이 운영 체제는 멀티프로세서를 활용하기 위해 처음부터 새로 만들어졌다. 멀티미디어 성능은 정말 놀라웠다. BeOS 플랫폼은 확실한 입소문을 만들어냈고 전문가들은 운영 체제 동네에 강력한 새 경쟁자가 등장했음을 예감하고 들떴다. 물론 새 플랫폼에는 새 프로그래밍 방법, 새 API^{Application Programming Interface}, 새 사용자 인터페이스가 따라왔다. 배워야 할 게 많지만 정말 그만한 가치가 있어 보였다. BeOS용 FTP^{File Transfer Protocol} 클라이언트나 개인 정보 관리 프로그램을 만든 최초의 개발자가 되려고 엄청나게 노력한 사람들도 있었다. Be에서 BeOS의 인텔Intel 호환 버전을 출시하자, 애플

Apple이 Be를 사들여 차세대 매킨토시Macintosh 운영 체제의 기반으로 BeOS 기술을 사용한다는 소문이 돌았다.

애플은 Be를 사지 않았다. 그리고 Be가 틈새시장조차 잡지 못할 것임이 결국 확실해졌다. 그 제품은 받아들여지지 않았다. BeOS 환경 프로그래밍을 익힌 많은 개발자가 자신들의 투자가 장기적으로 잘 되지 않을 것임을 천천히 그리고 고통스럽게 깨닫게 됐다. Be는 결국 팜Palm에 매각됐고 운영 체제는 단종됐다. BeOS는 위험하지만 매력적인 기술 투자였다. 그러나 BeOS에 경력을 투자하기로 한 개발자들에게는 구체적이고 장기적인 보상을 주지 못했다. 위험은 컸지만 보상은 없었다.

지금까지 최첨단인 기술과 확고하게 기반이 닦인 기술을 선택하는 것에는 차이가 있음을 얘기했다. 세계적으로 기업 생산 시스템에 자리 잡은 안정된 기술을 선택하는 것이 아직 더 안전하다. 그러나 아무도 활용하지 않은 화려한 신기술을 고르는 것보다는 보상이 적을지도 모르는 선택이다. 하물며 수명이 다한 기술은 어떨까? 종지부를 찍고 관에 들어갈 기술 말이다.

누가 종지부를 찍는가? 예를 들어 백발에, 은퇴 날짜를 기다리는 마지막 RPGReport Program Generator 프로그래머들이 있다고 하자. 젊은 세대는 RPG에 대해 들어본 적도 없다. 모두 자바와 닷넷만 배우고 있다. 죽어가는 옛 기술을 아는 최후 기술자의 경력이 기술과 함께 죽어가고 있음을 상상하기란 어렵지 않다.

그러나 옛 시스템은 죽지 않는다. 교체된다. 게다가 대부분 자체 개발 시스템은 단계별로 교체된다. 그 단계에서 옛 시스템은 새 시스템과 통신할 수 있어야 한다. 누군가는 새 시스템에서 옛 시스템으로, 그리고 옛 시스템에서 새 시스템으로 통신하게 하는 방법을 알아야 한다. 일반적으로 신출내기들은 옛 시스템이 새 시스템을 알아듣게 하는 법을 모른다(알고 싶어는 한다). 은퇴를 앞둔 늙고 괴팍한 사람들 역시 최신식 시스템이 자신들이 아끼는 시스템과 통신하게 하는 방법을 모른다.

기술 채택 곡선의 양쪽 끝 부분이
수익성이 좋은 것으로 증명될지도 모른다.

따라서 신중한 공학자^{technologist}의 역할이 필요하다. 바로 기술 호스피스^{technology hospice}다. 옛 시스템이 편안하고 존엄하게 죽도록 돕는 일은 과소평가될 수 없다. 물론 대부분의 사람들은 기술이 수명을 다하기 전에 은퇴하거나 또 다른 기술 영역으로 옮길 것이다. 중요한 시스템을 지원하는 최후의 1인이 된다면 여전히 칼자루를 쥘 수 있다. 물론 그렇게 한다는 것은 위험 부담이 있다. 일단 기술이 정말 사라지면 '존재하지 않는 기술의 전문가'가 되어 버리기 때문이다. 하지만 빨리 움직이면 수명이 다해가고 있는 레거시 시스템을 찾아 다시 시작할 수 있다.

채택 곡선에는 어느 쪽이든 막다른 곳이 있다. 막다른 곳에서 얼마만큼 떨어져 있고 싶은가?

실천하기

1. 오늘날 시장에 근거해 채택할 기술 목록을 초기, 중기, 말기로 분류해 만들라. 만든 목록을 종이 위에 왼쪽에서 오른쪽으로 나열해 보라. 왼쪽에는 최첨단 기술로, 오른쪽은 말기에 있는 기술로 채운다. 스펙트럼의 각 부분에 있는 기술을 가능한 한 많이 찾도록 노력하라. 기술들이 곡선에서 되도록 촘촘히 채워지도록 하라.

생각나는 대로 기술을 나열했다면 자신이 강한 기술에 표시한다. 그런 다음 다른 색깔로 경험은 좀 있지만 전문적이지는 않은 기술에 표시한다. 채택 곡선에서 자신이 표시한 것들은 대부분 어디에 있는가? 모여 있는가? 고르게 여기저기 흩어져 있는가? 곡선 끝에 특별히 관심 있는 기술들이 있는가?

02
수요와
공급

웹이 처음 뜨기 시작했을 때는 고객사에 간단한 HTML 페이지만 만들어 줘도 큰돈을 벌 수 있었다. 모든 회사가 웹 페이지를 원했지만 웹 페이지를 만들 줄 아는 사람은 상대적으로 적었기 때문이다. 회사들은 '경험 많은' 웹 디자이너에게 최고의 보수를 아끼지 않았다. 당시에 경험이 많다는 것은 HTML 기초, 하이퍼링킹, 사이트 구축 방법을 안다는 뜻이었다.

HTML 페이지를 만들기는 상당히 쉬웠다. 훌륭하고 근사한 페이지를 만들기는 어려웠지만 기초 내용을 파악하기는 정말 쉬웠다. 웹 디자이너들이 내미는 청구서를 보면서, HTML 책을 사서 익히기 시작하는 사람이 더 많아졌다. 월급이나 시급이 매력적이어서 시장은 뜨거워졌고 그에 따라 시장에 공급되는 HTML 전문가도 늘어나기 시작했다.

시장에 웹 디자이너들이 넘쳐나자 웹 종사자들은 정말 예술적으로 기교가 뛰어난 사람과 그냥 쓸 만한 사람 사이에 등급이 나뉘기 시작했다. 게다가 경쟁 때문에 가격이 떨어지기 시작했다. 가격이 더 낮아지자 인터넷에 발을 들여놓으려는 회사가 더 많아졌다. 자사의 첫 웹 사이트에 5000달러를 들이기는 부담스러웠지만 500달러 정도는 쓸 수 있었던 것이다.

물론 멋진 웹 사이트 구축에 거금을 기꺼이 뿌리는 회사들도 여전히 있었다. 그리고 엄청난 보수를 요구하는 웹 디자이너들도 있었다.

결국 중저 가격대에 밀려든 웹 디자이너의 홍수는 움츠러들었다. 재능이 부족한 웹 디자이너들은 HTML 디자인 전문가라고는 할 수 없는 일반 IT 종사자나 일반 사용자로 대체됐다. 결국 이 시점에 수요, 공급, HTML 제작 가격은 균형 상태에 이르렀다.

웹 디자인 직종의 이와 같은 역사를 통해 지금까지 많이 들어온 '수요와 공급'이라는 경제학 모델을 이해할 수 있다. 사람들은 대부분 수요와 공급에 대해 생각할 때 주로 어떤 물건이 얼마에 팔릴 수 있고, 얼마나 팔릴 것인지와 관계가 있다고 생각한다. 어떤 상품을 사려는 사람 수보다 그 상품이 더 많으면 가격은 떨어질 것이다. 살 수 있는 상품보다 그 상품을 사려는 사람이 더 많으면 가격은 오를 것이다. 잠재 구매자들이 경쟁하기 때문이라고 생각하는 것이다.

제품과 서비스 가격을 예측하는 것 외에도, 수요와 공급 모델을 통해 가격 변화가 제품이나 서비스를 팔거나 사려는 사람 수에 어떻게 영향을 미치는지 예측할 수 있다. 일반적으로 비싼 것보다는 싼 제품에 구매자가 더 많이 몰린다.

개발자는 가격에 맞설 수 없다.
사실 그럴 여유도 없다.

수요와 공급이 왜 중요한가? 소프트웨어 개발이 해외로 이전되는 추세 때문에 수많은 저임금 IT 종사자가 미국 경제권으로 들어왔다. 프로그래머들은 직장을 잃을까 걱정했지만 프로그래머 임금이 떨어지자 실제 수요는 전체적으로 늘어났다. 가격이 떨어짐과 동시에 수요가 늘어나는 현상이 생긴 것이다. 수요가 많은 제품끼리 경쟁이나 서비스 시장에서 발생하는 경쟁은 가격에 달려 있다. 고용 시장에서 이는 임금을 의미한다. 프로그래머는 이러한 임금에 맞설 수 없고 그럴 여유도 없다. 그렇다면 프로그래머는 무엇을 해야 할까?

해외 시장의 저임금 프로그래머들이 할 줄 아는 기술 중 쓸 만한 것은 그다지 많지 않다. 자바와 닷넷 프로그래머는 인도에서 흔하다. 인도에는 또 오라클 DBA(Oracle database administrator)도 많다. 비주류 기술일수록 그 기술을 아는 해외 개발 회사 수가 적다. 경력을 집중해야 할 기술을 고를 때 공급 상승과 가격 하락이 경력 전망에 미치는 영향을 이해해야 한다.

닷넷 프로그래머라면 인력 시장에서 파이썬(Python) 프로그래머보다 더 많은 사람과 경쟁해야 할지도 모른다. 수요가 그만큼 더 늘어나도(닷넷 일거리가 더 늘어나더라도) 결국 닷넷 프로그래머의 평균 임금은 눈에 띄게 떨어져서 일자리를 얻더라도 보수가 신통치 않을 것이다. 파이썬 프로그래머 공급은 수요와 일치하는 닷넷 프로그래머의 공급보다 훨씬 적을지도 모른다.

파이썬 인력 시장에서 프로그래머들에게 눈에 띄게 보수를 더 많이 줄 수 있다면, 이 높은 가격대에 매력을 느껴 자신들의 서비스를 공급하려는 사람이 늘어나겠으나 결과적으로는 경쟁이 일어나 가격은 다시 떨어질 것이다.

모든 사물이 균형을 맞추려는 운동을 한다지만 한 가지는 분명해 보인다(현재로서는). 인도는 이미 균형 잡힌 IT 서비스 시장을 제공하고 있다. 인도의 주류 외주 회사가 통상적이지 않은 기술을 갑자기 채택하는 경우는 찾지 못할 것이다. 그 회사들은 선발 주자가 아니다. 대체로 위험을 무릅쓰려 하지 않는다. 그 회사들은 기술 서비스 시장의 균형이 잡힐 때까지 기다렸다가 프로그래머 임금을 엄청나게 낮추어 시장을 어지럽힌다.

이러한 분석을 바탕으로 실제 수요가 많지 않은 일부 인력 시장에서 경쟁하는 것을 선택할 수도 있다. 바로 이해 못할 수도 있겠지만 해외 이전 때문에 일자리를 잃을까 걱정한다면 해외 회사들이 하는 일을 피하는 것도 한 전략이다. 해외 회사들은 수요가 많은 일을 한다. 따라서 틈새시장에 집중하는 것도 한 가지 전략이다. 틈새시장이라고 경쟁이 덜 격렬하지는 않지만 (게다가 일거리도 더 적다) 경쟁의 관점을 가격에서 능력으로 바꿀 수 있을 것이다. 그 점이 여러분에게 필요한 것이다. 여러분은 가격으로는 경쟁할 수 없지만 능력으로는 경쟁할 수 있다.

이러한 주류 프로그래머들의 평균 임금이 떨어지면 수요가 늘어날 것이다. 예를 들어, 자바 프로그래머 수요가 전반적으로 늘면 (특정 분야의) 일자리가 국내에서 실제로 더 늘어날 테고 그 수가 적지 않을 것이다. 저임금 해외 시장이 성장하면 고임금 개발자를 포함해 전반적인 수요가 늘 수 있다.

이러한 일은 실제로 일어나고 있다. 많은 회사들이 해외 이전을 잘 하려면 국내 고급 개발자를 확보해야 할 필요가 있음을 깨닫게 되었다. 고급 개발자들은 표준을 만들 수 있고 품질을 보증하며 기술적으로 지도를 해줄 수 있기 때문이다. 자바 프로그래밍 수요가 전반적으로 늘어나면 이러한 종류의 자바 개발에 대한 수요도 자연히 늘어날 것이다. 저급한 일은 해외로 가겠지만 고급 일거리는 해외 이전 전보다 개발자들에게 더 많이 돌아갈 것이다. 틈새 인력 시장에서 보았듯이 이러한 층의 자바 개발 작업에서는 가격 경쟁에서 능력 경쟁으로 바뀔 것이다.

시장의 불균형을 이용하라.

수요와 공급 모델에서 배울 수 있는 가장 중요한 교훈은 수요가 늘어나면 가격 경쟁도 따라서 심해진다는 것이다. 검증된 일자리를 따라가는 전략 때문에 해외 개발자들과 가격 경쟁에 처할 것이다. 그런 기술은 해외에 적합한 평준화된 시장에 꼭 들어맞기 때문이다. 주류 기술 시장에서 경쟁하려면 더 높은 차원에서 경쟁해야 한다. 아니면 그 대신 시장의 불균형을 이용할 수도 있다. 해외 회사가 가지 않는 분야로 진출하는 것이다. 어느 경우든 힘이 어떻게 작용하는지 이해하고 그 힘에 대응할 만큼 숙련되고 영리할 필요가 있다.

실천하기

1. 현재 기술적 숙련도에 대한 수요를 조사하라. 직원 공모나 취업 웹 사이트를 이용해 어느 기술이 수요가 많고 적은지 알아보라. 해외 외주 회사들의 웹 사이트를 찾으라(또는 해외 외주 회사 직원들과 일한다면 이야기를 나눠 보라). 이 회사들에서 사용하는 기술과 자신이 수집한 수요가 많은 기술을 비교하라. 어느 기술이 국내에서 수요가 높고 해외에 거의 보급되지 않았는지 기록하라. 해외 외주 회사에서 사용하는 기술과 첨단 기술도 비교해 보라. 해외 회사들이 충분히 제공하지 못하는 기술들을 주목하라. 해외 회사들이 공백을 메우는 데 시간이 얼마나 걸릴까(만약 가능하다면)? 이 시간 차이가 시장 불균형이 존재하는 시간대다.

03

코딩만으로는
이제 충분하지 않다

어떤 기술에 투자할지 생각하는 것만으로는 충분하지 않다. 이제 기술은 필수품이 됐다. 결국 프로그래머들은 사업 담당자들이 사업을 책임지는 동안 편하게 앉아서 단순히 프로그래밍 언어를 익히거나 운영 체제를 공부하는 일만 할 수 없게 되었다. 사업 관리자들이 원하는 것이 단지 코드 짜는 로봇이라면 그런 일을 할 사람은 다른 나라에서 뽑는 편이 훨씬 쉽기 때문이다. 회사에서 계속 쓸모 있는 사람으로 남고 싶다면 자신이 속한 사업 분야에 뛰어들어야 한다.

실제로 소프트웨어 개발자는 사업 분야를 이해하고 그에 해당하는 소프트웨어를 잘 개발할 수 있어야 할 뿐 아니라 그 분야 권위자가 되어야 한다. 전 직장에서 아주 좋은 사례를 봤다. 그 회사의 데이터베이스 관리팀은 데이터베이스 기술에 정말 관심이 없는 사람들로 구성되어 있었다. 그 사람들을 처음 봤을 때 조금 놀랐다. "왜 이런 사람들이 IT에서 일할까?" 나는 의아했다. 기술적 숙련도 측면에서 보면 그들은 그다지 뛰어나지 않았다. 그러나 이 팀에는 어떤 특별한 것이 있었다. 기업 데이터 보호자이자 관리자로서 사업 분야를 어느 분석가보다 실제로 더 잘 알았다. 사업에 대한 지식과 이해 때문에 그들은 내부 직원 공모[1]에서 유망한 필수 인력이 됐다. 긱^{geek}들은 그들을 무시했지만 사업 측면에서 그들은 엄청난 가치를 인정받았다.

사업 분야 경험을 자신의 능력 중 중요한 부분으로 생각해야 한다. 음악가가 연주 목록에 무엇을 추가한다는 것은 단지 전에 한번 연주해 봤음을 의미하지 않는다. 그 곡을 정말 '안다'는 뜻이다. 같은 이론을 사업 분야 경험에도 적용해 볼 수 있다. 예를 들어 건강 보험 업계 프로젝트에서 일했다고 해서 HIPAA(Health Insurance Portability and Accountability Act: 건강 보험 양도 및 책임에 관한 법안) 835와 HIPAA 837 EDI$^{Electronic\ Data\ Interchange}$ 트랜잭션의 차이를 이해할 수 있는 것은 아니다. 어떤 상황에서 별 차이가 없어 보이는 개발자를 구별해 주는 것이 이런 종류의 지식이다.

여러분은 '그냥 프로그래머'일지도 모른다. 그러나 해당 사업 분야의 언어로 기업 고객과 이야기할 수 있다는 것은 결정적인 기술이다. 같이 일하는 모든 사람이 소프트웨어가 어떻게 개발되는지 제대로 이해한다면 삶이 얼마나 편해질까. 웹 애플리케이션의 페이지 하나에 레코드 3만 개를 돌리는 게 왜 나쁜 생각인지 또는 개발 서버 링크를 건네주면 왜 안 되는지 고객에게 설명할 필요가 없을 것이다. 기업 고객도 프로그래머에 대해 같은 생각을 한다. "하나하나 시시콜콜 설명하지 않아도 프로그래머들이 요구 사항을 이해한다면 같이 일하기 얼마나 편할까?"라고 말이다. 무슨 뜻일까? 여러분의 봉급이 나오는 곳은 바로 기업이다.

---

[1] (옮긴이) 또는 내부 지원 공고(internal job posting), 회사 내 어떤 팀에 결원이 생기거나 새 팀을 구성해야 할 때 외부에서 인력을 채용하지 않고 회사 내부 인력 중에서 희망자의 지원을 받거나 적임자를 뽑는 것을 말한다.

유행하는 기술처럼 사업 분야도 같은 방법으로 선택할 수 있다. 소프트웨어 개발에서 자바와 닷넷은 현재 잘나가는 기술이다. 자바와 닷넷을 배우면 이 기술을 채택한 회사에서 일자리를 얻을 수 있다. 사업 분야도 마찬가지다. 습득할 기술을 고를 때처럼 종사할 산업을 고를 때도 같은 관심을 기울여야 한다.

이제 자신의 시간을 투자할
사업 분야에 대해 생각할 시간이다.

사업 분야를 잘 선택해야 하는 중요성에 비춰보면 포트폴리오를 완성할 때 여러분이 선택한 회사나 업계는 자신에게 중요한 투자처다. 자신이 투자해야 할 사업 분야에 대해 아직 정말 진지하게 생각해 보지 않았다면 지금이 바로 생각해야 할 때다. 하루가 지나갈 때마다 기회를 잃어버리는 것이다. 정체된 사업 분야에서 개발 일을 계속하는 것은 고이자율 예금 상품이 나왔는데 이자율이 낮은 계좌에 예금을 계속 내버려두는 것과 같은 좋지 않은 투자 선택이다.

실천하기

1. 비즈니스 담당자와 점심 약속을 잡으라. 담당자들이 일을 어떻게 하는지 이야기를 나누라. 일과에 대해 자세히 질문하라. 이야기 나누는 동안 그 일을 하고 싶은 포부가 생기면 무엇을 배워야 하는지, 무엇을 바꿔야 하는지 질문하라. 기술이 그들의 일에 도움이 됐는지(또는 일을 더디게 했는지) 이야기를 나누라. 담당자 관점에서 자신의 일에 대해 생각해 보라.

이 일을 정기적으로 하라.

성가시고 불편한 아이디어처럼 보일지도 모른다. 괜찮다. 나는 이 일을 몇 년 전 시작했고 내가 지원하는 사업을 이해하고 관여하는 데 큰 변화가 왔다. 또 고객과 이야기하기 더 편해졌는데 이는 긍정적인 부수 효과다.

2. 회사 업무와 관련된 업계 잡지를 고른다. 아마 한 권도 사보지 않았을 것이다. 회사에는 대부분 업계 잡지 과월호 모음이 있다. 잡지를 하나하나 읽기 시작하라. 모든 내용을 이해할 수는 없겠지만 꾸준히 읽도록 한다. 경영진이나 비즈니스 고객에게 물어볼 질문 목록을 만들라. 질문이 멍청해 보여도 고객은 여러분이 배우려고 한다는 사실을 고맙게 여길 것이다.

업계 웹 사이트를 찾아 정기적으로 검토할 수도 있다. 웹 사이트와 잡지에서 뉴스와 특집 기사가 무엇을 다루는지 특별히 주의해 보라. 업계에서 무엇을 하려고 애쓰는가? 현재 새롭게 뜨는 주제는 무엇인가? 그게 뭐든 간에, 고객과 그에 대해 이야기하고 설명을 부탁하고 의견을 구하라. 현재 추세가 여러분이 일하는 회사, 부서, 팀, 결국에는 여러분의 일에 어떻게 영향을 미칠지 생각해 보라.

04
가장 못하는
사람이 되라

전설적인 재즈 기타리스트 팻 메스니Pat Metheny는 젊은 연주자들에게 조언을 한 마디 했다. "속해 있는 밴드에서 항상 가장 못하는 사람이 되라."[1]

> 자신이 속한 모든 밴드에서
> 가장 못하는 사람이 되라.

IT에서 경력을 시작하기 전에 나는 재즈·블루스 전문 색소폰 연주자였다. 연주자로서 일찌감치 음악을 배울 수 있었던 행운이 있었고 끈기 있게 계속 연

---

[1] 원래 크리스 모리스(Chris Morris)가 http://clabs.org/blogki에서 발견한 내용이다.

습했다. 밴드에서 가장 못하는 사람이라는 것은 항상 자신보다 나은 사람과 연주함을 의미한다.

자, 왜 밴드에서 항상 가장 못하는 사람이어야 할까? "용기를 꺾는 것 아닌가요?"라고 물을 것이다. 그렇다. 처음에는 심하게 용기를 잃는다. 어린 연주자였기 때문에 내가 밴드에서 가장 못하는 사람임이 너무도 분명해, 눈에 확 띌 것이 확실한 상황에 처해 있었다. 공연에 나가면 무대에서 강제로 끌려 내려올지도 모른다는 두려움 때문에 색소폰을 꺼내고 싶지도 않았다. 존경하는 사람들 옆에 서서 그 사람들 수준만큼 연주해야 했고 때로는 연주를 이끌어야만 했다.

고맙게도(다행히도!), 이 상황에서 마법 같은 일이 일어났다. 내 연주가 잘 어울린 것이다. 그렇다고 내가 다른 연주자들 사이에서 스타로서 두드러진 것은 아니었다. 또 확실히 월등하지도 않았다. 두 가지 이유가 있었을 것이다. 첫 번째 이유는 내 연주가 정말로 생각만큼 나쁘지 않았던 것이다. 이 이유는 나중에 다룰 것이다.

이 뛰어난 연주자들(몇몇 사람은 내 영웅이었다)과 연주를 잘 할 수 있었던 더 흥미로운 이유는 내 연주가 그 사람들의 주법처럼 바뀌었기 때문이다. 천재 옆에 서기만 해도 천재로 변하는 초능력이 내게 있다고 생각하고 싶었지만 돌아보니 그 정도로 매력적인 능력은 아니었다. 그것은 내게 이미 프로그래밍된 본능적인 '군집행동$^{herd\ behavior}$' 같은 것이었다. 말투가 다른 사람들 사이에 있으면 그 사람들의 어휘나 문법 습관에 동화되는 것과 비슷한 현상이었다. 인도에서 1년 반을 살다 돌아온 후 아내는 종종 내가 말하는 것을 듣고 웃음을 터뜨릴 때가 있다. "당신 방금 어떻게 말했는지 알아요?" 내가 인도 영어를 하고 있었던 것이다.

밴드에서 가장 못하는 색소폰 연주자였던 나는 이러한 군집행동이 본능적으로 나타나 다른 연주자를 따라 그냥 자연스럽게 연주했던 것이다. 이런 현상이 정말 달갑지 않을 때도 있었는데, 카지노와 작은 술집에서 그다지 뛰어나지 않은 밴드와 연주할 때였다. 그 사람들처럼 연주하고 있는 자신을 발견했기 때문이다. 게다가 취하지 않았는데도 알코올 중독자처럼 혼자 웅얼거리는 나쁜 버릇이 연주가 없는 날에까지 나타나기도 했다.

그래서 누구와 일하느냐는 것만으로도 기술이 엄청나게 늘거나 퇴보할 수 있다는 것을 배웠다. 사람이 집단을 이뤄 오래 일하면 업무 수행 능력에 지속적으로 영향을 받을 수 있다.

> 주변 사람이 자신의 능력에 영향을 준다.
> 주변 사람을 신중하게 선택하라.

그 후 컴퓨터 산업에 들어가 프로그래머가 됐을 때, 최고의 연주자를 찾는 후천적인 버릇이 자연스럽게 되살아났다. 아마도 함께 일할 최고의 IT 사람들을 무의식적으로 찾았던 것 같다. 놀랄 것도 없이 이러한 학습 효과는 정확했다. 팀에서 가장 못하는 남자(또는 여자)가 되는 것은 밴드에서 가장 못하는 연주자가 되는 것과 효과가 같았다. 설명할 수 없지만 더 똑똑해진 자신을 발견할 것이다. 심지어 더 지적으로 말하고 글도 잘 쓰게 된다. 코드와 설계는 더 우아해지고 어려운 문제는 더욱 창조적인 해결 방법으로 풀 수 있게 된다.

내가 그 밴드와 기대 이상으로 잘 어울릴 수 있었던 첫 번째 이유로 돌아가 보자. 내 연주는 내가 생각했던 것처럼 나쁘지 않았다. 음악에서는 다른 연주자들이 자신의 연주를 어떻게 생각하는지 알아내기 매우 쉽다. 잘 한다고 생각하면 함께 연주하자고 초대할 것이고 그렇지 못하면 피할 것이다. 어떻게 생각하느냐고 물어보는 것보다 훨씬 더 믿을 만한 방법이다. 좋은 연주자는 형편없는 사람들과 연주하는 것을 좋아하지 않기 때문이다. 그런데 놀라운 사실은 뛰어난 연주자들이 나와 같이 연주하려고 하거나 함께 밴드를 결성하려고 나를 불렀다는 사실이다.

가장 못하는 사람이 되려고 하면 실제로는 자신을 과소평가하지 않게 된다. 사람들은 A급 밴드에 속할 수도 있지만 항상 B급 밴드에 들어간다. 두렵기 때문이다. 자신이 최고가 아님을 솔직히 인정하면 자신이 최고가 아니라는 사실이 알려지는 데 대한 두려움을 씻어낼 수 있다. 사실은 가장 못하는 사람이 되려고 할 때 실제로는 가장 못하는 사람이 되지 않을 것이다.

실천하기

1. '가장 못하는 사람이 되는' 상황을 스스로 찾으라. 더 나은 사람과 일하고 싶다는 이유만으로 팀이나 회사를 바로 옮기는 사치를 누리긴 쉽지 않을 것이다. 대신 다른 개발자들과 함께 일해서 삼투^{osmosis} 현상처럼 자신의 성장에 도움이 될 만한 자원^{volunteer} 프로젝트를 찾아보라. 자신이 사는 도시에 개발자 모임이 있는지 조사해 보고 모임에 참가하라. 개발자들은 흔히 새 기술을 연습하고 자신의 기술을 연마할 여가 프로젝트를 찾을 때가 있다.

활발한 개발자 모임이 부근에 없다면 인터넷을 이용하라. 자신이 감탄하고 있고, 그 프로젝트 개발자들의 수준이 자신이 이루려는 '높은 단계'에 있는 것처럼 보이는 오픈 소스 프로젝트를 하나 고르라. 프로젝트의 할 일 목록이나 메일링 리스트 아카이브를 조사해 기능 구현이나 주요 버그 수정 사항을 골라 해당 코드를 짜라! 프로젝트 코드의 스타일을 흉내 내라. 게임을 하듯이 재밌게 하라. 자신의 설계와 코드를 프로젝트의 나머지 코드와 구별할 수 없게 만들면 원 개발자라도 누가 그 코드를 썼는지 기억할 수 없을 것이다. 그 다음에 자신의 작업에 만족하면 패치로 제출하라. 패치가 좋다면 프로젝트에 받아들여질 것이다. 같은 과정을 처음부터 다시 반복한다. 프로젝트 개발자들이 동의할 수 없다고 결정했다면 개발자들의 피드백을 받아들여 다시 제출하거나 개발자들이 바꾼 것에 주목하라. 다음 패치를 낼 때는 재작업하는 양을 더 줄여

보라. 언젠가는 신뢰할 수 있는 프로젝트 팀원이 될 것이다. 목소리를 들을 기회조차 없지만 멀리 떨어져 있는 선배 개발자들로부터 놀랄 만큼 많은 것을 배울 것이다.

05

지성에 투자하라

무엇에 집중해야 할지 선택할 때 단순히 일자리가 많은 기술을 보고 그것에 집중하고 싶을 수 있다. 닷넷과 자바는 인기가 있다. 자바를 배우면 이직이 쉽다. 즉, 자바를 알면 자바 코드를 쓰는 회사에 지원해 일자리를 얻을 수 있을 것이다.

이 논리대로라면 틈새 기술에 투자하는 것은 어리석은 짓이다. 특히 틈새를 개척하려는 계획이 없다면 더 그렇다.

TIOBE 소프트웨어에서 인터넷 검색 엔진으로 인터넷에서 사람들이 어떤 프로그래밍 언어에 대해 이야기하는지 조사해봤다. 이를 바탕으로 프로그래밍 언어의 상대적 인기도를 정리했다http://www.tiobe.com/index.php/content/paperinfo/tpci/index.html. TIOBE 웹 사이트에 따르면 '등급은 숙련 엔지니어, 교육 과정, 서드 파티 벤더의 세계적 이용도에 기초를 두고 있다'라고 한다. 이 방법을 과학적으로 증명할 수 있는 인기 측정이라고는 할 수 없지만 매우 좋은 지표다.

이 글을 쓸 때 가장 인기 있는 언어는 자바였고, 그 다음이 C였고, C#은 6위에 올라 주목할 만했고 약간 상승 곡선을 그리고 있었다. SAP의 ABAP는 17위로 천천히 떨어지고 있었다. 내가 가장 좋아하는 언어 루비(Ruby, 나는 중요한 일은 모두 루비로 하고 해마다 루비 국제 컨퍼런스를 함께 준비하고 있다)는 11위였다. 그러나 이 책 1판이 출판됐을 때만 해도 루비는 상위 20위에도 들지 못했다. ABAP보다 아래였다!

루비를 쓰는 게 미친 짓일까? 아니면 단지 멍청한 짓일까? 적어도 둘 중 하나일 것이다.

폴 그레이엄Paul Graham은 자기 수필 「Great Hackers」http://paulgraham.com/gh.html 에서 자바 프로그래머는 파이썬 프로그래머만큼 똑똑하지 않다고 주장해 업계를 불쾌하게 했다. 수많은 어리석은 자바 프로그래머들(내가 방금 무슨 소리를 한 거지?)이 폴 그레이엄 때문에 화가 났고 반론을 썼다. 격렬한 반응이 나왔다는 것은 폴 그레이엄이 예민한 부분을 건드렸음을 나타낸다. 나는 폴 그레이엄이 강연 형식으로 그 수필을 처음 발표할 때 그 자리에 있었다. 그 순간 옛 일이 번쩍 떠올랐다.

인도에서 채용 출장 중일 때 겨우 10여 명을 뽑으려고 응시자 수백 명과 면접을 봐야 했다. 그리고 면접 채용 비율이 너무 떨어져 면접 팀은 지쳐 있었고 시간도 바닥나고 있었다. 머리는 지끈거렸고 눈은 충혈됐다. 늦은 밤 회의를 열어 응시자 면접 방식 변경에 대해 의논했다. 우리는 면접 과정을 효율적으로 활용해 더 많은 사람을 면접하거나 어떻게든지 더 나은 사람을 면접해야 했다(또는 둘 다). 열두 시간을 내리 면접을 하면서 말문이 막혀버린 프로그래머들로부터 대답을 들으려고 애썼더니 나중에는 목소리가 거의 나오지 않았다. 이때, 나는 이력서 데이터베이스를 검색하는 데 사용하는 낱말 목록에 스몰토크Smalltalk를 더하자고 제안했다. 그러나 인사 담당자는 "인도에 스몰토크를 아는 사람이 어디 있어요?"라고 소리쳤다. 그게 바로 내가 노린 점이었다. 스몰토크로 프로그램을 짠다는 것은 자바로 프로그램을 짜는 것과는 근본적으로 다른 경험이다. 다양한 경험을 한 응시자는 뭔가 다를 거라는 기대가 컸다. 스몰토크 환경의 동적 특성을 경험해 봤다면, 자바 프로그래머들과는 전혀 다른 새로운 방식으로 문제에 접근할 것이다. 나는 지금까지 만난 지원자들에게서 보지 못한 기술적 성숙 수준을 볼 수 있기를 바랐다.

자격 조건 목록에 스몰토크를 추가하자 응시자 수가 이전 명단에 비해 눈에 띄게 줄어들었다. 그렇지만 응시한 사람들은 다이아몬드 원석 같았다. 이 사람들은 객체지향 프로그래밍을 제대로 이해하고 있었다. 그리고 자바가 이상적인 만병통치약이 아니라는 것도 알고 있었다(때때로 만병통치약인 체 하지만). 그 사람들 중에는 프로그래밍을 사랑하는 사람이 많았다. 우리는 '이 사람들 왜 이제야 나타난 거야?'라고 생각했다.

불행히도 급여로 이 개발자들의 마음을 끌기에는 우리가 줄 수 있는 액수가 제한되어 있었다. 칼자루는 그 사람들이 쥐고 있었고 그들 중 대부분은 다니던 직장에 남거나 새 일자리를 계속 찾기로 했다. 그 사람들을 많이 채용하지는 못했지만 채용에 관해 귀중한 교훈을 배웠다. 우리는 경험이 천편일률적인 사람보다는 다양한(아주 특이하더라도) 응시자에게 점수를 더 많이 준 것 같다. 유능한 사람은 다양성을 찾는다. 그런 사람들은 새로운 것을 배우기 좋아하기 때문이다. 또한 이질적인 경험이나 환경을 통해 더 성숙하고 다재다능한 소프트웨어 개발자가 되기 때문이다. 아마도 두 가지 이유 다 어느 정도 맞을 것이다. 하지만 왜 그렇게 되는지와는 상관없이 그렇게 되고 만다는 것을 우리는 자연스럽게 알게 된다. 나는 개발자를 구할 때 이 방식을 여전히 사용한다.

자, 일자리를 구할 때 채용자의 레이더 화면에 보이려고 애쓰지만 말고, 실제로 거의 보수를 받을 수 없거나 전혀 없는 이런 비주류 기술에 자신을 투자해보는 건 어떨까?

채용 책임자로서 내가 이렇게 제안하는 첫 번째 이유는 그런 사람은 자신의 일을 좋아한다는 것을 보여주기 때문이다. 또한 자기 계발과 (더 좋은 경우는) 순수하게 재미를 위해 무엇인가를 배웠다는 사실은 자기 직업에 대해 적극적이고 의욕이 있음을 보여주는 것이다. 인도에 처음 갔을 때 그다지 주류라고는 할 수 없는 기술을 보거나 써봤냐는 질문에 "그런 일을 할 기회가 없었다"라는 대답만 들을 때 사실 미칠 것 같았다. '기회가 주어지지 않았다고?! 내게도 그런 기회는 주어지지 않았어!'라고 나는 생각했다. 나는 배울 기회를 '붙잡았다'.

기회가 없었다고?
기회를 붙잡으라!

자신의 분야에서 활발하게 활동하며 동기 부여가 충만함을 알리는 것보다 더 중요한 것은 이러한 비주류 기술과 방법론을 배움으로써 자신을 실제로 더 깊이 있게, 더 낫게, 더 똑똑하게, 더 창조적으로 만드는 것이다.

지금까지 한 이야기가 여러분에게 충분한 이유가 될 수 없다면 아마도 엉뚱한 직종에 종사하고 있는 것일지도 모른다.

06

부모님 말씀을
듣지 말라

우리 문화에서 부모님 충고를 따르는 것은 신성한 일이다. 그것은 자녀의 의무이며 해야 할 '옳은 일'로서 종교적 의무를 하는 것과 나란히 놓인다. 책, 영화, TV 줄거리는 부모님의 지혜라는 도덕에 따라 정해진다. 그러나 IT 산업 경력에 대해서는 이러한 도덕은 걸맞지 않다.

부모님은 여러분이 크나큰 개인적 위험을 감수하고 남다른 경력을 만들기보다는 무난하게 살기를 바라실 것이다. 여러분이 의지하는 그 누구보다도 부모님은 두려움에 이끌리는 충고를 할 것이다. 두려움에 이끌리는 충고는 지지 않는 데 맞춰져 있다. 지지 않으려고 생각하는 것은 이기는 방법이 아니다. 승자는 위험을 감수한다. 승자는 자신이 어디에 가고 싶어 하는지 생각하지, 나머지 사람들이 어디에 있는지 생각하지 않는다. 두려움에 이끌리는 경력 계획은 탁월함에 이르는 길보다는 남은 삶을 사무실 칸막이 무더기로 데려다줄 가능성이 높다. 물론 그것은 안전하지만 재미있지는 않다.

한 세대 전, 재미는 경력 선택에 대해 이야기할 때 결정적인 요소가 아니었다. 일은 재미있을 필요가 없었다. 일은 생활비를 버는 것이었다. 재미는 쉬는 날에 하는 활동이거나 저녁이나 주말에 생기는 것이었다. 그러나 우리가 깨달았듯이 일이 재미있지 않다면 멋진 일을 하지 않는 것이다. 지금도 사정이 그다지 다르지는 않지만 일에 대한 문화적 이해가 점점 나아지고 있다. 열정이 우수함으로 이끈다는 점을 이해하는 사람이 더 많아지고 있다. 그리고 재미가 없으면 소프트웨어 일에 열정이 생길 것 같지는 않다.

직업 세계에 관해 부모님의 관점에 있을 것 같지 않은 또 다른 경력 결정 요소는 직업을 바꿔도 괜찮다(그리고 더 나을 때도 있다)는 점이다. 다재다능한 소프트웨어 전문가는 산업의 다양한 측면, 즉 제품 개발, IT 지원, 내부 비즈니스 시스템 개발, 정부 일을 경험했다. 더 다양한 분야를 알고 더 많은 기술적 아키텍처를 꾸준히 다뤄볼수록 좀 더 어려운 프로젝트에서 옳은 결정을 내릴 준비가 더 된다. 한 회사에 머물며 출세하는 것은 개발자로서 성장하는 데 제한된 환경이다. 전체 경력을 위해 큰 회사에 들어가 자리 잡고 '평생을 바치는 사람'의 시대는 갔다. 이러한 행동이 한때는 헌신의 증표였다. 이제는 골칫거리다. 여러분이 한 회사에서만 일했고 한 시스템만 안다면 많은 (똑똑한) 매니저가 그것을 고용 결정을 하는 데 감점 요소로 볼 것이다. 나라면 일을 하는 한 가지 방법만 아는 사람보다는 서로 다른 환경에서 다양한 성공과 실패를 겪은 사람을 고용할 것이다.

몇 년 전 내 자신의 경력이 내 부모와 그 세대의 전문가적 가치에 너무 많이 영향을 받았음을 깨달았다. 나는 세계적으로 매우 크고 안정적인 회사에서 일했고 느리지만 꾸준히 위로 올라가고 있었다. 그러나 정체되어 있었다. 겉보기에 무수히 많은 곳에서 서로 다른 수많은 일을 할 수 있는 대기업 소속이라는 사실에 안주하지 않는다고 스스로를 안심시켰다. 그러나 결국 같은 일을 하는 같은 곳에 머무르고 있었다.

친구에게 어쩌면 회사를 옮길지도 모르겠다고 의논했던 것이 기억난다. 친구가 말했다. "남은 인생을 그 큰 회사에서 일하는 게 자네 운명이야?" 절대 아니었다! 그래서 나는 얼른 또 다른 일을 찾아 회사를 떠났다.

이직은 내가 소프트웨어 산업에서 성공하는 데 비약적으로 도약하는 분명한 시작점이 됐다. 새 분야를 알았고 더 어려운 문제를 다뤘고 이전보다 더 크게 보상을 받았다. 당시에는 두려웠지만 두려움에 이끌리지 않고 보수적이지 않게 경력을 선택하기로 결정하자 내 경력, 즉 내 삶의 모양과 상태는 더 낫게 바뀌었다.

자신의 경력에서 계산할 수 있는 위험을 감수하라. 두려움이 자신을 파괴하게 두지 말라. 그리고 재미있지 않다면 탁월해지지도 않을 것이다.

실천하기

1. 경력 결정에서 가장 큰 두려움은 무엇이었나? 바로 전에 했던 경력 선택들을 생각해 보라. 큰 결정일 필요는 없다(결국 두려움에 이끌려 결정하면 여러분의 결정은 어쨌든 성숙한 결정이 안 될 것이다). 특별한 과제를 맡았다든지, 직무 변경이나 승진에 지원한 것일 수도 있다. 이러한 선택의 목록을 만들고 각각에 대해 가장 정직하게 평가해 보라. 얼마나 두려움에 이끌려 결정했나? 두려움이 요소가 아니었다면 무엇을 해야 했을까? 정말 두려움에 이끌려 결정했다면 어떻게 해야 그것을 되돌리거나 두려움 없이 결정할 수 있는 비슷한 기회를 찾을 수 있을까?

깃허브에서 전업으로 일하려고
마이크로소프트에서 제안한 30만 달러를 거절하다

톰 프레스튼 워너^{Tom Preston-Werner} 씀

2008년은 윤년이었다. 그러니까 거의 366일 전, 혼자서 샌프란시스코 3번가 제이크 스포츠 바 & 그릴^{Zeke's Sports Bar and Grill}에 앉아 있었다. 보통은 스포츠 바에서 다른 사람들과 어울리지 않고 소마(SOMA, South of Market: 샌프란시스코의 관광 명소)에 있는 스포츠 바에서 혼자 보냈지만 그날 목요일은 '내게 루비가 있어^{I Can Has Ruby}'가 열리는 밤이었다. 당시 '내게 ~ 있어'는 어디에다 붙일 수 있는 그럴 듯한 별칭이었다. ICHR은 마음이 맞는 루비 해커들의 반공개 모임으로 대개, 그리고 기꺼이 밤늦게까지 술 마시는 시간으로 이어졌다. 이런 밤은 다음 날 아침 숙취와 함께 사라졌지만 이 날은 달랐다. 이날은 깃허브 GitHub가 태어난 날이었다.

바 뒤쪽 불빛이 어둑한 긴 탁자에서 사람들과 어울리는 데서 빠져 나와 잠시 쉬려고 신선한 팻 타이어^{Fat Tire} 맥주를 막 시키고 쉬고 있었던 것 같다. 대여섯 모금 마셨을 때 크리스 원스트래스^{Chris Wanstrath}가 걸어 들어왔다. 당시에 내가 크리스와 나 사이를 '친구'로 분류했는지 지금은 기억이 잘 나지 않는다. 우리는 루비 모임과 컨퍼런스에서 서로 알게 됐지만 우연히 만났을 뿐이었다. 서로 "저기요, 코드가 굉장하던데요." 같은 이야기를 한 정도였다. 왜 그랬는지는 모르겠지만 크리스에게 내 자리로 오라고 손짓을 하고는 말했다. "친구, 이것 좀 봐." 1주일 전쯤 나는 그릿^{Grit}이라는 프로젝트를 시작했다. 그릿은 루비 코드로 깃^{Git} 저장소에 객체 지향 방식으로 접근하려는 시도

였다. 크리스는 당시에 몇 안 되는 루비 사용자였고 깃을 진지하게 보기 시작하는 중이었다. 크리스가 앉자 나는 그릿 코드를 보여주었다. 코드는 얼마 되지 않았지만 크리스의 눈에서 뭔가 반짝이는 게 확실히 보였다. 크리스가 관심 있어 하는 것 같아서 내 설익은 아이디어를 꺼내놓았다. 개발자들이 자기 깃 저장소를 공유하는 허브처럼 동작하는 웹 사이트를 만들자는 구상이었다. 이름도 지어 놓았다. 바로 깃허브였다. 내가 부연 설명을 하려 했는데 크리스의 반응은 한 마디로 매우 단호했다. "나도 끼워 줘. 해보자고!"

그 다음 주 금요일 2007년 10월 19일 밤 10시 24분에 크리스가 깃허브 저장소에 처음 커밋을 해 우리의 합작 벤처의 시작을 알리는 디지털 기념비에 도장을 찍었다.

그때까지 일을 어떻게 진행할지 어떤 합의도 없었다. 우리는 그저 멋진 것을 함께 개발하기로 한 남자들이었다.

영화 가라데 키드$^{Karate\ Kid}$에서 다니엘이 무술 고수가 되려고 훈련하는 그 놀라운 몇 분간을 기억하는가? 그 음악을 기억하는가? 아이튠즈^{iTunes}에서 가수 조 에스포시토$^{Joe\ Esposito}$가 부른 'You're the Best'를 사서 들어보라. 어떤 느낌인지 알 수 있을 것이다.

그 다음 석 달간 크리스와는 나는 깃허브를 계획하고 코드를 짜느라 터무니없이 많은 시간을 보냈다. 나는 그릿을 계속 개발하고 사용자 인터페이스를 디자인했다. 크리스는 레일스 애플리케이션을 만들어 나갔다. 우리는 매주 토요일 직접 만나 디자인을 결정하고 도대체 가격을 어떻게 책정할지 의견을 모았다. 비가 내리던 어느 날 우리는 샌프란시스코에서 가장 맛있는 베트남 달걀 롤을 먹으며 족히 두 시간 동안 다양한 가격 정책에 대해 이야기했던 기억이 난다. 이 모든 일은 다른 일을 하면서 한 것이다. 예를 들어 나는 파워세트Powerset의 관련도 순위 팀에서 도구 개발자로서 전업으로 일했다.

석 달간 밤과 주말에 작업을 하고 1월 중순 우리는 비공개 베타 모드를 개시하고 친구들에게 초대장을 보냈다. 2월 중순 P.J. 하이예트P.J. Hyett가 합류해 우리는 막강 3인조가 됐다. 우리는 4월 10일 사이트를 공식 개장했다. IT 뉴스 매체인 테크크런치TechCrunch는 초대하지 않았다. 이때만 해도 우리는 여전히 외부에서 한 푼도 투자 받지 않은 그냥 20대 남자 셋이었다.

2008년 7월 1일 아직도 파워세트에서 전업으로 일하고 있을 때 파워세트가 마이크로소프트Microsoft에 약 1억 달러에 막 인수됐다는 소식을 들었다. 흥미로운 시기였다. 인수 때문에 예상했던 것보다 더 일찍 선택에 직면해야 했다. 마이크로소프트 직원으로 취업하거나 파워세트를 그만두고 깃허브에서 전업으로 일할 수 있었다. 나는 스물아홉 살로 깃허브 팀원 세 사람 중 나이가 가장 많았고 그만큼 빚도 더 많이 쌓여 있었고 월 지출도 컸다. 나는 여섯 자릿수 생활 방식에 익숙해져 있었다. 더욱 당황스러운 문제는 아내 테레사Theresa가 코스타리카에서 박사 과정 현지 연구를 마치고 곧 돌아온다는 것이었다. 나는 가짜 독신남에서 유부남이 될 예정이었다.

결정하기가 더욱 혼란스럽게도 마이크로소프트의 취업 제의가 매력적이었다. 급여에 3년 간 30만 달러를 더 받는 짭짤한 벌이였다. 누구라도 다시 한 번 생각하게 하기에 충분한 돈이었다. 그래서 이 문제에 직면했다. 마이크로소프트 직원으로서 보수가 보장된 안정된 일이냐, 사업가로서 돈을 얼마나 벌지 모르는 위험한 일이냐. 내가 파워세트에 더 오래 머무르면 깃허브의 다른 팀원 두 명이 몹시 불편하리라는 것을 알았다. 두 사람 다 돈을 어느 정도 모아서 얼마 전 프리랜서가 되어 깃허브에 전업으로 헌신하기 시작했다. '죽느냐 사느냐'의 시간이었다. 깃허브를 선택해 기를 쓰고 해 보거나 안전한 선택을 해 깃허브를 그만 두고 마이크로소프트에서 준 돈으로 가득한 손수레를 끌거나 해야 했다.

잠 못 이루는 비결을 원한다면 하나 알려주겠다. 30만 달러 연봉 제안에 '아내가 어떻게 생각할까?'라는 질문을 덧붙이라. 그리고 거기에다 '아무 때나 맥주를 마시고 싶을 때 마실 수 있는 자유'와 재정적인 자립이라는 선택 사항을 섞어 보라.

나는 더 멋진 일을 하러 회사를 떠난다는 좋지 않은 소식을 고용주에게 전하는 데 꽤 능숙했다. 채용 제안 마감일에 파워세트 상사에게 나쁜 소식을 전했다. 나는 상사에게 회사를 그만두고 깃허브에서 전업으로 일할 거라고 말했다. 여느 훌륭한 상사처럼 그는 상심했지만 이해해 주었다. 상사는 더 많은 특별 수당 같은 것으로 나를 붙잡으려고 하지 않았다. 그는 마음속으로 내가 떠날 것임을 알았다고 생각한다. 퇴사할 우려가 있는 내가 남았다면 다른 사람보다 더 많은 인센티브를 받았을지도 모른다. 마이크로소프트 관리자들은 교활했다. 장담한다. 마이크로소프트 사람들은 잔류 보너스retention bonus를 능숙하게 이용했다. 그런데 사업 세계의 특이점인 창업자들에게는 잔류 보너스를 던지는 게 통하지 않았다.

결국 인디아나 존스가 성배를 찾을 기회를 거절하지 않았듯이 나도 마찬가지로 아무리 안전한 대안이 있어도 내가 진정으로 좋아하는 일을 스스로 할 수 있는 기회를 거절하지 않았다. 나이 들어 죽기 전에 내 삶을 돌아보며 이렇게 말할 계획이다. "와, 내 삶은 모험이었어." "와, 정말 무사했군."이 아니라 말이다.

톰 프레스튼 워너는 깃허브 공동 창업자다.

07

다재다능한
사람이 되라

최소한 수십 년 동안 무모한 관리자와 기업주는 소프트웨어 개발이 실제로는 제조 공정이라고 우겼다. 요구 사항 명세가 만들어지고 아키텍트가 이 명세들을 상위 수준의 기술적 비전으로 바꾼다. 설계자들이 아키텍처를 자세한 설계 문서로 채우면 이는 로봇 같은 코더에게 건네진다. 코더는 한 손에는 통속 소설을 들고 졸음에 겨워하면서 다른 한 손으로 설계 구현을 위해 입력한다. 12번 검사관이 마침내 완성된 코드를 받지만 원 명세를 충족해야만 승인 도장을 받을 수 있다.

관리자들이 소프트웨어 개발이 제조처럼 되기를 바라는 것은 놀랄 일이 아니다. 관리자들은 생산 라인을 돌아가게 하는 방법을 잘 알고 있다. 실제 물건을 정확하고 효율적으로 만드는 데 수십 년간 경험이 있기 때문이다. 따라서 제조에서 배운 것을 적용하면, 소프트웨어 개발 과정을 잘 조정된 엔진처럼 최적화할 수 있다고 생각한다. 제조 공장이 그랬던 것처럼 말이다.

이른바 소프트웨어 공장에서 직원은 특정 분야의 전문가다. 직원들은 조립 라인의 자기 자리에 앉아 자바 부속을 조이거나 소프트웨어 선반^{lathe}에서 비주얼 베이직 애플리케이션의 거친 테두리를 다듬는다. 12번 검사관의 직분은 테스터다. 소프트웨어 부속이 라인을 따라 내려간다. 12번 검사관이 날마다 같은 방식으로 검사하고 도장을 찍는다. J2EE 설계자는 J2EE 애플리케이션을 설계한다. C++ 코더는 C++로 코드를 짠다. 세상은 매우 분명하게 잘 나뉘어 있다.

그러나 불행히도 생산 라인으로 비유하는 것은 잘 들어맞지 않는다. 소프트웨어 요구 사항이 쉽게 바뀌는 것처럼 소프트웨어도 그렇다. 사업 상황에 따라 바뀐다. 그리고 사업가들은 소프트웨어가 유연해서 그러한 요구 사항을 맞추기 위해 바뀔 수 있음을 알고 있다. 이것은 아키텍처, 설계, 코드, 테스트가 다른 방식, 즉 최적화된 제조 공정보다 더 애자일 방식으로 만들어지고 수정되어야 함을 의미한다.

빠르게 바뀌는 환경에서는 유연한 것이 앞서나갈 것이다. 똑똑한 사업가라면 문제가 더 커지기 전에 당면한 문제를 풀 수 있는 소프트웨어 전문가에게 달려 갈 것이다. 그렇다면 사업가들이 궁지에서 벗어나기 위해 슈퍼 영웅을 찾을 때 바로 떠오르는 사람이 여러분일 수 있을까? 어떻게 가능할까? 열쇠는 그렇게 일어날 만한 문제를 풀 수 있는 능력이 있어야 한다는 것이다.

대체 뭐가 문제인가? 맞다. 여러분도 모르고 나도 모른다. 내가 아는 것은 문제가 다양하다는 것뿐이다. 배치 문제, 빠르게 다시 구현할 필요가 있는 치명적인 설계 결함, 이기종^{heterogenous} 시스템 통합, 빠른 임시$^{ad\ hoc}$ 보고 생성 등 가지각색이다. 이처럼 다양한 문제에 맞닥뜨리면 불쌍한 12번 검사관은 금방 줄행랑을 칠 것이다.

'만물박사치고 제대로 하는 일이 없다'라는 딱지는 보통 경멸적인 표현이다. 그런 딱지가 붙는다는 것은 한 가지 주제에 제대로 뛰어들어 그것을 습득하는 집중력이 부족함을 의미한다. 그러나 온라인 쇼핑 애플리케이션이 고장 나서 한 시간마다 수백 명의 주문을 놓치고 있을 때 해결사 노릇을 하는 이는 바로 이런 만물박사다. 만물박사는 애플리케이션 코드가 어떻게 동작하는지 알 뿐 아니라 웹 서버 프로세스의 하위 수준 유닉스 디버깅도 할 줄 안다. 그 외에도 RDBMS 설정을 분석해 잠재적인 성능 병목을 찾아내고 네트워크 라우터 설정을 확인해 발견하기 어려운 문제도 찾아낸다. 그리고 더욱 중요한 것은 문제를 찾아낸 후 만물박사는 아키텍처와 설계에 대한 결정을 빨리 내려 코드를 고치고 새롭게 수정된 시스템을 현장에 배치한다. 이런 시나리오에서 제조업 방식 해결책은 기껏해야 구닥다리일 뿐이고 최악의 경우에는 치명적인 결함만 만들어낸다.

소프트웨어 공장에서 작업을 나누는 방식은 한 방향으로 일정한 흐름이 유지되는 조립 라인과 달라서 소프트웨어 프로젝트는 대개 순환적이다. 다시 말하면 프로젝트의 실제 흐름이 순환적일 뿐 아니라 프로젝트 내부의 일도 순환적이다. 요구 사항이 정해지고 아키텍처가 만들어지고 설계되는 동안 코더는 의자에 앉아 있거나 많은 프로젝트를 오가며 동시에 여러 가지 일을 한다. 여러 가지 일을 하는 코더의 문제는 소프트웨어 현장의 본래 의도에도 불구하고 실제로 일할 때 이전의 경험과 상황에 매우 의존한다는 것이다. 요구 사항, 아키텍처, 설계 문서가 좋은 출발점일 수 있지만 결국 프로그래머가 시스템이 무엇을 해야 하는지 이해하지 못하면 시스템을 제대로 구현할 수 없다.

물론 여기에서 코더를 비난하는 것은 아니다. 소프트웨어 조립 라인의 거의 모든 위치에서도 마찬가지다. 문제를 일으키는 구체적인 환경이 원인이다. 동시에 여러 가지 일을 하는 것은 그리 효과적이지 않다. 제조업에서 영감을 얻어 배워온 시스템을 그대로 둔 채로 이 비효율적인 문제를 해결하려는 다양한 시도가 있었지만 소프트웨어 현장을 마음에 드는 수준까지 최적화하는 방법을 아직까지는 알아내지 못했다.

자신이 그저 코더나 테스터 또는 설계자나 아키텍트라면 비즈니스 프로젝트 흐름이 썰물처럼 빠지는 시기에는 한가하게 앉아 있거나 별 성과 없는 일에 몰두할 것이다. 단지 J2EE 프로그래머나 닷넷 프로그래머 또는 유닉스 시스템 프로그래머라면 프로젝트나 회사 방침이 변경될 때(그게 일시적이라도) 자신의 관련 영역 밖인 부분에서는 그다지 기여하지 못할 것이다. 초점을 맞춰야 할 것은 프로젝트 가치 사슬에서 자신이 어디에 있느냐가 아니다(아키텍트가 가장 높은 곳을 차지한다). 자신을 얼마나 다방면으로 유용하게 만드느냐 하는 것이다.

자신의 목표가 구조 조정과 해외 이전의 한 가운데에서 살아남는 마지막 사람이 되는 것이라면 여러 방면에서 유능해지는 것이 좋다. 한때 붐볐던 개발 사무실이 국내 기간 사원 '수용 시설'이 될까봐 두려워한다면 팀에 자리가 얼마 남지 않았을 때, '단순 테스터'나 '단순 코더'는 많이 필요하지 않다는 것을 알아야 한다. 두드러지고 싶고 남달라지려면 큰 그림이 어디에 있는지 주의를 집중하는 편이 낫다.

다재다능한 사람은 드물다.
따라서 귀하다.

다재다능한 사람이 되려면 특정한 역할이나 기술에 매여서는 안 된다. 경력으로 해야 할 역할을 정하는 방법은 경력에 따라 다양할 것이다. 다재다능한 사람이 무엇을 의미하는지 구체적으로 알아보기 위해 IT 경력 지형을 다양하고 독립적인 형태로 나눠 보자. 나는 다섯 가지를 생각해냈지만 그 수가 무한할 것이다(개인적으로 주제를 어떻게 나누느냐에 전적으로 달려 있다).

· 경력 사다리의 각 단계
· 플랫폼/운영 체제

· 코드 대 데이터
· 시스템 대 애플리케이션
· 사업 대 IT

이것은 다재다능한 사람이 되기 위해 접근할 수 있는 서로 다른 통로다. 이것은 자기 경력의 전체 그림에 비추어 생각하는 방식이다. 그리고 스스로 더 나은 목록을 만들 수도 있을 것이다. 이제 이에 대해 토론해 보자.

    첫째, 리더나 관리자 또는 기술자의 일을 선택할 수 있다. 또는 프로그래머나 테스터로 머물기를 거부하며 아키텍트가 되기 위해 한 우물만 팔 수도 있다. 지금 당장 할 수 있고 앞으로도 할 수 있는 자신의 역할에 유연하게 능력을 발휘해야 하는데도, 이러한 가치를 이해하지 못하는 사람이 많다. 예를 들어, 능력 있는 리더는 대타로 나서는 것을 될 수 있으면 피해야 한다지만, 사람들과 프로젝트를 잘 이끌 뿐 아니라 해외 팀이 자는 동안 소매를 걷어붙이고 마지막까지 치명적인 버그를 고칠 수 있는 리더라면 회사와 팀에 많이 기여할 것이다. 소프트웨어 아키텍트에게도 같은 원리가 적용된다. 소프트웨어 아키텍트란 '코드를 조금만 짜도' 프로젝트 진행을 극적으로 빨라지게 할 수 있는 사람이다. 업무 경계를 넘나드는 것에 대해 사람들이 그것을 못하게 막는 것은 일반적으로 마음이 내키지 않아서가 아니다. 그것은 능력의 문제다. 프로그래머 긱에게는 리더십이 부족하고 리더는 해킹을 잘 못한다. 둘 다 잘하는 사람을 찾기는 참 어렵다. 드물기 때문이다.

> 각종 기술 플랫폼을 넘나드는 능력을 지녀야 한다.

또 다른 인위적(이고 받아들기 어려운) 경계는 플랫폼 또는 운영 체제다. 윈도를 거부하고 유닉스만 고집하면 점점 쓸모없는 사람이 된다. 닷넷 대 J2EE나 다른 플랫폼도 마찬가지다. 장기근속을 바란다면 직장에서 플랫폼에 대해 중립적이어야 한다. 모두 자기 취향이 있지만 자신의 이상은 잠시 보류해야만 할 것이다. 하나를 습득하고 다른 하나에 능숙해지라. 자신의 기술이 기술 플랫폼을 넘나들어야 한다. 기술은 단지 도구일 뿐이다. 윈도 인력이 필요하면 필리핀에서 채용할 것이다. 하지만 윈도와 유닉스 개발을 제대로 이해하고 두 플랫폼을 통합할 사람이 필요하다면 아마도 선진국 내에서 찾아볼 것이다. 이런 기회를 특정 플랫폼을 좋아하는 마음 때문에 놓치지 말라.

데이터베이스 관리자(수십 년에 걸쳐 구체화된 역할)와 소프트웨어 개발자를 나누는 것 역시 분명하지 않다. 통상 조직에서 데이터베이스 관리자가 된다는 것은 GUI 관리 도구를 쓸 줄 알고 특정 데이터베이스 제품을 셋업할 줄 안다는 것을 의미한다. 데이터베이스 사용법을 많이 알 필요는 없다. 그렇다 해도 그 이면에는 소프트웨어 개발자들이 점점 게을러져 데이터베이스로 작업하는 방법에 대해 거의 무지해지는 현상이 있다. 서로를 먹여 살리는 형국이다.

IT 분야에 들어왔을 때 처음으로 놀란 것은 교육을 많이 받은 프로그래머들이(아마 대부분일 것이다) 개발과 배치에 사용하는 시스템을 셋업할 줄 모른다는 것이었다. PC에 운영 체제도 설치할 줄 모르는 개발자들과도 일해 봤다. 당연히 애플리케이션을 배치할 애플리케이션 서버를 셋업할 줄 아는 사람은 훨씬 더 적었다. 자신이 작업하는 플랫폼을 정확히 이해하는 개발자를 거의 찾을 수 없었다. 아마 찾았다면 결과적으로 애플리케이션은 더 좋아지고 일도 더 빨리 끝냈을 것이다.

결론적으로 말하면, 「코딩만으로는 이제는 충분하지 않다」에서 논의했던 것처럼 사업과 IT 사이의 벽은 당장 허물어져야 한다. 사업이 어떻게 운영되는지 배우기 시작하라.

실천하기

1. 종이나 화이트보드에 자신의 지식과 능력 중에 다재다능한 부분과 그렇지 않은 요소를 나열하라. 각 요소에 자신의 특기를 적는다. 예를 들어 플랫폼과 운영 체제가 여러 요소 중 하나라면 그 옆에 윈도/닷넷을 쓰면 된다. 이제 적어 놓은 특기 오른쪽에 '배울 것$^{\text{To-Learn}}$' 목록에 넣을 주제를 하나 또는 그 이상 쓰라. 앞에서 든 예를 다시 들면 리눅스와 자바(또는 루비나 펄)를 쓰면 될 것이다.

되도록 **빨리**(늦어도 이번 주 중에) 30분을 할애해 목록에 있는 배울 것 항목 중 최소한 하나를 다루기 시작해 본다. 눈으로 보지만 말고 가능하다면 실제로 다뤄 보라. 웹 기술이라면 웹 서버 패키지를 받아 스스로 셋업해 보라. 사업 관련 주제라면 회사 고객을 만나 점심을 같이 먹으면서 대화를 나누라.

08

진정한
전문가가 되라

"순수 자바로 자바 가상 기계Java Virtual Machine, JVM를 죽게 하는 프로그램을 어떻게 짜죠?" 적막이 흐른다. "말씀해 보세요."

"죄송합니다. 무슨 말씀이신지 잘 모르겠습니다. 다시 한 번 질문해 주시겠어요?" 목소리를 들어보니 절망한 듯 했다. 경험상 다시 질문해도 별로 도움이 되지 않는다는 것을 알았지만 다시 천천히, 더 큰 목소리로 질문했다. "순수 자바로 JVM을 죽게 하는 프로그램을 어떻게 짜죠?"

"어… 죄송합니다. 그렇게 해 본 적이 전혀 없습니다."

"그러실 거라 생각했습니다. 이렇게 질문하면 어떨까요? JVM이 죽지 않는 프로그램을 어떻게 짜죠?"

정말 훌륭한 자바 프로그래머를 찾고 있었다. 면접을 시작하면서 이 사람(과 그 주에 면접을 본 다른 모든 사람)에게 1부터 10까지 점수로 자신을 평가해 보라고 했다. 그는 "9"라고 말했다. 나는 거기에서 스타를 기다리고 있었다. 이 사람은 자신을 그렇게 높이 평가하면서 어째서 JVM을 죽이는 프로그래밍 기교 하나를 생각해내지 못할까?

기술적 깊이가 없기 때문이다.

> 어떤 것을 전문으로 하면
> 그 외에 다른 방면에 무지해도 된다고 믿는
> 사람이 너무 많은 것 같다.

이 사람은 자신이 자바 전문가라고 주장했다. 여러분이 그를 파티에서 만나 직업이 뭐냐고 물어보면 그는 "자바 개발자입니다."라고 말했을 것이다. 하지만 그는 이 간단한 질문에 대답하지 못했다. '틀린' 대답도 내놓지 못했다. 2주 반 동안 국토를 횡단하며 채용 여행을 하면서 이것은 예외 없는 법칙이었다. 자바 전문가 수천 명이 공개 채용에 응시했지만 자바 클래스 로더가 어떻게 작동하는지 설명하거나 JVM이 일반적으로 메모리 관리를 어떻게 처리하는지 요약할 수 있는 사람은 아무도 없었다.

맞다. 굳이 이런 것을 알아서 다른 사람이 관리하는 기본 코드를 파헤칠 필요는 없다. 그러나 이것은 '전문가'라면 알아야 하는 것이다.

너무 많은 사람이 어떤 분야에 전문가라는 의미가 다른 분야에 대해서는 잘 몰라도 되는 것으로 오해하고 있는 것 같다. 극단적인 예지만, 그렇다면 우리 어머니는 윈도 전문가다. 어머니는 리눅스나 맥 OS X를 쓰지 않기 때문이다. 또 아칸소 주의 시골에 사는 내 친척은 컨트리 음악 전문가라고 할 수 있다. 그 사람들은 다른 음악을 전혀 들어보지 못했기 때문이다.

가정의학과 주치의를 방문해 오른팔 밑에 있는 이상한 종기에 대해 상담한다고 가정해 보자. 의사는 여러분에게 한 전문의를 소개해 주고 조직검사^{biopsy}

를 받아보라고 권한다. 그 전문가가 해당 자격증만 있고 의대에서 다른 수업을 듣지 않았다면 어떨까? 또는 전문의 실습 기간에 조직검사 외에는 직접 경험해 본 것이 없다면 어떨까? 전문의가 조직검사와 관련된 주제는 깊이 있게 공부했다고 말하려는 게 아니다. 다른 주제들을 수박 겉핥기식으로 다뤄서 그것밖에 모른다면 어떨까? "기계가 조직검사 도중에 삑 소리를 내기 시작하면 어떻게 될까요?"라고 물어봤다고 하자. 다음과 같이 대답한다면 어떻게 될까? "아, 전에는 울린 적이 없었어요. 저 기계가 뭘 하는지 모르지만 이젠 울리지 않을 거예요."

다행히도 소프트웨어 개발자는 대부분 사느냐 죽느냐 하는 상황에서 책임질 일이 별로 없다. 개발자들이 실수한다면 대개 프로젝트 기간 초과나 제품 버그로 끝나고 단지 고용주의 돈만 쓰면 된다. 생명에는 지장이 없다.

그러나 불행히도 소프트웨어 산업은 깊이가 얕은 전문가를 아주 많이 배출했다. 이들은 전문가라는 말을 '한 가지만 안다는 것에 대한 변명'으로 사용한다. 의료 산업에서 전문가란 특정 분야에 대해 깊이 있는 지식을 갖춘 사람을 가리킨다. 의사가 환자를 전문의에게 소개하는 이유는 어떤 특정 환경에서는 일반의보다 전문의가 더 잘 치료할 수 있기 때문이다.

그렇다면 소프트웨어 분야에서 전문가는 어떤 사람이어야 할까? 나는 채용 여행에서 구석구석을 뒤지며 자바 프로그래밍과 배치 환경을 깊이 있게 이해하는 사람을 찾고 있었다. 어떤 상황이 닥치더라도 80% 정도는 "그거요, 해봤습니다."라고 말할 수 있고 나머지 20%의 상황에서는 기존 지식의 깊이를 사용해 문제를 처리할 수 있는 사람을 원했다. 상위 수준 추상화를 다루면서 그러한 추상화 구현의 세세한 부분을 이해하는 사람을 원했다. 앞으로 부딪힐 수 있는 배치 문제를 풀 수 있다거나 풀지 못한다면 최소한 도움을 요청할 만한 사람을 아는 사람이 필요했다.

변화하는 컴퓨터 산업에서 살아남을 전문가는 이런 종류의 사람이다. 닷넷 전문가라는 게 닷넷 이외에 아무것도 몰라도 된다는 이유가 되지 않는다. 닷넷 전문가라는 것은 닷넷과 관계가 있는 일에 권위가 있다는 의미다. IIS$^{Internet\ Information\ Server}$가 죽어서 재시동해야 하는지 질문하면 "문제없어요."라고, 비주얼 스튜디오 닷넷$^{Visual\ Studio.NET}$과 소스 제어 통합에 대해 물으면 "어떻게 하는지 보여줄게요."라고, 모호한 성능 문제 때문에 플러그를 뽑아버리겠다고 고객이 위협하면 "30분만 주세요."라고 대답할 수 있어야 한다. 위와 같은 의미의 전문가로 자신을 규정짓지 못하면, 자신을 전문가라고 주장하지 않기 바란다.

실천하기

1. 컴파일 방식이면서 가상 기계 위에서 동작하는 프로그래밍 언어를 사용하는가? 그렇다면 시간을 들여 가상 기계가 어떻게 동작하는지 내부 구조를 공부해 보라. 자바, 닷넷, 스몰토크에 대해 많은 책과 웹 사이트에서 다루고 있다. 생각보다 배우기 쉬울 것이다.

자신이 사용하는 언어가 가상 기계에 의존하든 그렇지 않든 소스 파일을 컴파일할 때 무슨 일이 일어나는지 시간을 내 공부해 보라. 입력한 코드가 사람이 읽을 수 있는 텍스트에서 컴퓨터가 실행할 수 있는 명령으로 어떻게 바뀌는가? 자신만의 컴파일러를 만드는 것은 무엇을 의미할까?

외부 라이브러리를 가져오거나 사용할 때 그 라이브러리는 어디에서 오는가? 외부 라이브러리를 가져온다는 것은 실제로 무엇을 의미하는가? 컴파일러, 운영 체제, 가상 기계는 어떻게 여러 조각의 코드를 링크해 일관된 시스템을 만들까? 이 내용을 배우면 기술 선택에서 전문가가 되는 데 몇 걸음 다가설 것이다.

2. 깊이 있게 개발하고 싶은 기술의 어떤 측면에 관한 수업을 직장이나 바깥에서 가르칠 기회를 찾아보라. 「멘토가 되라」에서 보겠지만 가르치는 것은 무언가를 배우는 가장 좋은 방법이다.

09

자신의 달걀을 전부
다른 사람의 바구니에 넣지 말라

애플리케이션 개발 그룹을 관리하는 동안 한 번은 한 직원에게 이런 질문을 했다. "경력과 관련해 뭘 하고 싶나요? 뭐가 되고 싶어요?" 다음과 같은 대답을 듣고 나는 엄청나게 실망했다. "J2EE 아키텍트가 되고 싶습니다." 그래서 나는 이렇게 비꼬듯 되물었다. "왜, 마이크로소프트 워드 설계자나 리얼플레이어 설치 기사가 되시죠?"

이 사람은 그 회사 직원도 아니면서 특정 회사가 만든 특정 기술에다 자신의 경력을 쌓기를 바랐다. 그 회사가 파산하면 어떻게 할 것인가? 지금은 매력적인 기술이지만 회사가 망해서 나중에 쓸모없어지면 어떻게 할 것인가? 왜 특정 회사의 특정 기술에 자신의 경력을 맡기고 싶어할까?

어쨌든 업계에서 그러는 것처럼 우리는 시장 선도자가 '표준'이라는 생각으로 스스로를 세뇌시킨다. 그래서 어떤 회사 제품을 자기 정체성의 일부로 삼는 것을 합리적이라고 여기는 사람들도 있다. 더욱 심각한 것은 어떤 사람들은 경력의 기반을 시장에서 별로 주목 받지 못한 제품에 두기도 한다는 것이다. 어쨌든 그런 사람들의 경력은 비참할 정도로 보잘 것 없다. 실패한 전략을 다시 생각해 보는 것 외에는 다른 선택의 여지가 없는 것이다.

경력을 사업으로 생각해야 한다고 했던 것을 잠시 떠올려 보자. 다른 회사에 기생하는 사업을 할 수도 있겠지만(예를 들어 불완전한 마이크로소프트 브라우저 보안 모델을 보완하기 위한 스파이웨어 제거 제품을 만드는 회사) 개인으로서 그렇게 하는 것은 매우 위험한 일이다. 방금 언급한 스파이웨어를 개발하는 회사를 예로 들어 보자. 마이크로소프트 브라우저의 보안이 예상치 못하게 개선되는 경우(또는 마이크로소프트가 스파이웨어 제거 제품 시장에 진출한 것)에 이 회사는 그래도 시장 변화에 대체로 대응할 수 있다. 그러나 개인은 경력 방향이나 중심을 갑자기 바꿀 수 있을 만한 능력이나 여유가 없다.

> 벤더 중심 시각은
> 대체로 근시안적이다.

세상을 벤더 중심으로 보는 시각이 안타까운 것은 벤더가 소프트웨어를 구현하는 세부 사항은 대개 비밀이라는 점이다. 사유(私有) 소프트웨어의 경우 일부분만 배워봤자 결국 전문 서비스라는 장벽에 부닥칠 뿐이다. 전문 서비스라는 장벽은 인위적인 것으로 회사에서 여러분과 여러분의 문제에 대한 해법 사이에 세워놓은 것이다. 이를 통해 회사는 지원 서비스를 팔아 이익을 얻을 수 있다. 이 장벽은 때때로 고의적으로 세워진다. 때로는 회사에서 자사의 지적 재산을 보호하려는 부차적인 의도로 이러한 장벽을 세우기도 한다(소스 코드를 공유하지 않음으로써 그렇게 한다).

한 가지 특정 기술에만 투자하는 것은 거의 항상 '잘못된' 생각이지만 반드시 그렇게 해야만 한다면 상용 기술 대신 오픈 소스라는 대안에 초점을 맞추는 것을 고려해 보라. 직장에서 오픈 소스 소프트웨어를 사용하자고 주장할 수 없거나 하고 싶지 않더라도, 플랫폼을 오픈 소스라는 대안에서 찾는다면 플랫폼 기술에 더 깊이 파고들 수 있다. 예를 들어 J2EE 애플리케이션 서버 전문가가 되고 싶다면 상용 애플리케이션 서버를 설정하고 배치하는 방법을 자세히 배우는 데 노력을 기울이는 대신(결국 누구나 설정 파일에서 세팅을 조정할 수 있지 않은가?) 시간을 따로 마련해서 오픈 소스 제이보스^{JBoss}나 제로니모^{Geronimo} 서버를 받아 서버 운영뿐 아니라 내부 구조를 공부해 보라.

자신의 관점이 자연스럽게 바뀌고 있음을 금방 알게 될 것이다. J2EE란 것(또는 공부하기로 한 어떤 기술이든)은 실제로는 그렇게 대단하지 않다. 어떻게 구현됐는지 세세한 부분을 알게 될 것이고 상위 수준에서 개념적인 패턴$^{conceptual\ pattern}$이 작용함을 알게 될 것이다. 그리고 자바든 다른 언어든 또는 플랫폼이든 간에 분산 기업 아키텍처$^{distributed\ enterprise\ architecture}$는 말 그대로 엔터프라이즈 아키텍처가 분산되어 있는 것임을 깨닫기 시작할 것이다. 관점이 넓어지고 사고방식이 열리기 시작할 것이다. 여러분 자신의 머리로 이해하고 분류하는 이러한 개념과 패턴이 벤더 기술보다 더 확장성이 있고 보편적이라는 사실을 깨닫기 시작할 것이다. 이제는 이렇게 말할 수 있다. "벤더들은 왔다 갔다 하라지. 나는 시스템을 설계하는 법을 알아!"

실천하기

1. 작은 프로젝트를 두 번 정도 해보라. 한 번은 잘 아는 기술로 하고 나서 그 다음 한 번은 경쟁 기술로 하되 그 기술의 독특한 방식을 사용해 보라.

사랑하지 않으면
떠나라

이상적인 열정을 강요하려는 영양가 없는 소리처럼 들릴지도 모른다. 그러나 너무 중요해서 언급하지 않을 수 없다. 자신의 일에 '탁월'해지고 싶다면 자신의 일에 열정이 있어야 한다. 좋아하지 않으면 티가 날 것이다.

아내와 함께 방갈로르에 갔을 때 나는 정말 신났다. 내 경력에서 처음으로 배우려는 열망이 있는 기술자를 가까이에서 발견하기를 기대하고 있었다. 그리고 일과 후 활력이 넘치는 생활을 기대했다. 예를 들어, 사용자 모임에서 소프트웨어 개발 방법론과 기술에 관한 깊고 철학적인 토론을 나누는 것 말이다. 또한 뛰어난 소프트웨어 개발 기술을 추구하는 열정적인 예술가들이 인도의 실리콘 밸리에 넘쳐나기를 기대했다.

엄청난 열정을 지닌 장인은 몇 명뿐이었고 대부분 급여만 챙겨가는 사람이었다.

꼭 집에 돌아온 것 같았다.

물론 당시에는 집에 돌아온 것 같다는 느낌은 받지 못했다. 미국에서도 비슷한 경험을 했지만 나는 항상 좋지 않은 도시나 좋지 않은 환경에서 일하고 있을 뿐이라고 여겼다. 그 상황이 내가 문외한일 때 IT 직종에 고용되어 처음 겪었던 경험과 비슷하다고 생각했다. "소프트웨어 개발자라면 다들 이해할 거야. 나는 단지 어울리는 환경을 아직 찾지 못했을 뿐이야."라고 생각했다.

나는 친구 월터Walter가 무턱대고 추천해버려 대학 IT 부서에서 일을 시작했다. 월터는 대학에서 내가 다른 사람들보다 컴퓨터를 더 잘 다룰 거라고 생각했던 모양이다. 나는 할 수 있다고 생각하지 않았다. 아무런 공식적인 훈련도 받지 않았기 때문이다. 난 단지 색소폰 연주자였고 비디오 게임을 좋아했을 뿐이다. 그러나 월터는 지원서를 써서 면접을 보게 했다. 난 기술적인 질문은 단한 가지도 받지 않고 채용됐고 바로 일을 시작해야 했다.

출근은 시작했지만 내가 정말 엉터리라는 것이 알려질지도 모른다는 걱정에 시달렸다. "색소폰 연주자가 우리처럼 훈련받은 전문가들과 뭘 한다는 거야?"라는 말이 귓가에 들리는 것만 같았다. 난 결국 컴퓨터 과학 분야 학위가 있는 사람들과 함께 일하게 되었다. 그리고 고작 음악 관련 학위만 있는 내가 뭔가를 아는 것처럼 함께 일하려면 단지 노력할 뿐이었다.

일을 시작한 지 며칠 되지 않아 진실을 서서히 이해할 수 있게 됐다. 이 사람들은 자기들이 도대체 뭘 하는지 몰랐다. 실제로 몇몇 사람은 내가 일하는 것을 보고 주목하기까지 했다! 바로 컴퓨터 과학 분야 석사 학위를 딴 사람들이었다!

첫 느낌은 내가 바보들에 둘러싸여 있다는 것이었다. 사실 나는 어떤 공식 교육도 받지 못했다. 밤에는 바 밴드에서 연주하고 낮에는 컴퓨터 게임을 했다. 컴퓨터 쓰는 법을 배운 것은 단지 컴퓨터에 흥미가 있었기 때문이다. 실제로 프로그래밍 방법을 배운 이유는 내 자신만의 컴퓨터 게임을 만들고 싶었기 때문이었다. 바에서 귀가 먹먹해진 저녁을 보내고 집에 늦게 돌아와 프로그래밍 설명서가 있는 고퍼(Gopher: 문서 공유 시스템으로 월드 와이드 웹(World Wide Web)과 그 의도가 비슷하다. 고퍼의 인기는 웹이 등장하자 눈에 띄게 떨어졌다) 사이트를 돌아다니다 보면 해가 뜨곤 했다. 해가 뜨면 눈을 좀 붙인 후 일어나 공부를 계속하다가 다시 연주하러 나갔다. 공부하는 도중에 좋아하는 컴퓨터 게임을 하면서 놀기도 하고 다시 고퍼를 가지고 빈둥거렸다. 결국 어떤 컴파일러든지 쓸 수 있게 됐다.

일하지 않을 수 없기 때문에 일하라.

되돌아보면 중독되다시피 했지만 괜찮은 방법이었다. 창작에 대한 욕구가 불붙었다. 고전 음악을 작곡하거나 즉흥 재즈를 연주했을 때와 아주 비슷했다. 할 수 있는 것이라면 어떤 것이든, 무엇이든 배우는 데 사로잡혔다. 새 경력을 찾으려 했던 것은 아니었다. 사실 연주자 친구들은 프로그래밍을 내 실제 경력에 도움이 되지 않는 무책임한 활동이라 여겼다. 나는 프로그래머가 되고 싶어서 프로그래머의 세계에 있었던 것이다.

직장에서 고학력이지만 일은 잘 하지 못하는 동료와 내 차이점은 바로 열정이었다.

이 사람들은 자기들이 왜 IT 분야에 있어야 하는지 전혀 몰랐다. 그 사람들은 우연히 이 일을 시작한 것이었다. 컴퓨터 프로그래밍이 보수가 좋다고 생각했거나 부모가 권했거나 대학에서 더 나은 전공을 생각하지 못했기 때문이다. 불행히도 근무 중에 나타나는 그 사람들의 성과가 그러한 점을 반영했다.

다양한 분야의 대가에 대한 전기나 다큐멘터리를 보면 이처럼 열정적으로 몰두하는 행동 패턴이 나타난다. 재즈 색소폰의 대가 존 콜트레인^{John Coltrane}은 소문에 따르면 입술에 피가 나도록 연습했다고 한다.

물론 타고난 재능도 능력에서 중요한 구실을 한다. 모든 사람이 모차르트나 콜트레인이 될 수는 없다. 그러나 우리는 모두 열정을 쏟을 수 있는 일을 찾아냄으로써 평범함을 벗어나 한 단계 더 도약할 수 있다.

여러분을 신나게 하는 것이 기술일 수도, 사업 분야일 수도 있다. 반대로 특정 기술이나 사업 분야 또는 어떤 조직 형태 때문에 우울할 수도 있다. 작은 팀에 잘 맞을 수도, 큰 팀에 잘 맞을 수도 있다. 경직된 프로세스에 어울릴 수도 있고, 기민한 프로세스에 어울릴 수도 있다. 그런 것들이 어떻게 섞여 있든지 시간을 들여 자신만의 것을 찾으라.

열정이 충만한 것처럼 한동안은 속일 수 있겠지만 열정 부족은 자신과 자신의 일에 나쁜 결과를 가져올 것이다.

실천하기

1. 자신이 정말로 열정을 쏟아낼 만한 일을 찾으라.
2. 다음 주 월요일부터 2주간 간단한 기록을 계속하라. 일어나 일을 시작할 때마다 신나는 정도를 1부터 10으로 점수를 매기라. 1은 일하러 가기보다는 아픈 게 낫다는 의미이고 10은 다음 일을 마무리할 아이디어에 사로잡혀 침대에 도저히 누워있을 수 없음을 뜻한다.

2주간 이 기록을 계속 쓴 후 결과를 검토하라. 급상승하는 부분이 있었나? 경향이 있었나? 항상 낮거나 항상 높았나? 이것이 학교 시험이었다면 평점은 얼마인가?

그 다음 2주간 매일 아침에 내일은 10점으로 만들 계획을 짜라. 내일 일을 시작하기를 기다릴 수 없게 하게 하려면 오늘 무엇을 할지 계획하라. 매일 어제 얼마나 신났는지 기록하라. 2주 후 일이 우울하게 보인다면 중대한 변화를 고려해 볼 시간일지도 모른다.

연속되는 기회를 잘 붙잡자

제임스 던컨 데이비슨 씀

처음부터 나는 많은 사람이 전통적인 경력 진로라고 하는 것을 밟아보지 않았다. 대신 기회가 나타나면 그 기회를 따라 걸을 때가 많았다. 첫 번째 기회는 건축학 학위 공부를 하는 동안 나타났다. 열다섯 살인가, 열여섯 살에 건축가가 되기로 결정하고 그 미래에 투자하는 데 많은 시간을 보냈다. 그런데 졸업 후 실제 내 경력의 씨앗은 온라인 BBS$^{\text{Bulletin Board System}}$에 일찍 매혹되면서 뿌려졌다. 난 가족 PC에 달린 300보드^{baud} 모뎀을 좋아한 아이였다. 그렇게 해서 결국 인터넷에 이르렀고 인터넷에서 고퍼에, 그 다음에는 월드 와이드 웹에 이르게 됐다.

나는 금세 웹에 사로잡혔다. 나는 연이어 빠르게 개인 웹 사이트를 몇 개 만들었고 필요할 때마다 독학하면서 원하는 대로 쓸 수 있는 기술을 전부 활용했다. 당시에 이 일을 사이버 건축 실험이라고 생각했다. 지나치게 과장되고 이제는 꽤나 어리석게 들리지만 웹 초기에 우리가 살던 세상은 그랬다. 우리는 미래에 무엇이 다가올지 상상하려 했다.

물론 인터넷의 미래를 만드는 실제 일은 건축 연구소에서 일어나지 않았다. 그 일은 사업 세계에서 일어났다. 얼마 안 되어 내가 공개 웹 사이트를 완성한 것을 보고 힐튼^{Hilton}과 소비자 보호 단체인 BBB$^{\text{Better Business Bureau}}$ 같은 조직의 웹 사이트를 만드는 신생 회사에서 연락이 왔다. 그 회사는 내가 만든 웹 사이트를 봤고 확실히 내게는 그 회사에서 필요로 하는 기술이 있었다. 당시에는 터무니없이 대단해 보이는 급여로 일자리를 제안 받았다. 나는 받아들였고 잠시 흐름을 타다가 돈을 좀 모아 몇 년 후에 학교로 돌아가야겠다고 생각했다.

1995년이었다. 일이 얼마나 진행될지 새로운 것을 파헤치려는 의지가 나를 어디로 이끌지 전혀 알지 못했다.

실시간 예약 배치 기능을 갖춘 힐튼 웹 사이트 첫 번째 버전을 만드는 일을 도우면서 다양한 서버단 기술로 웹 사이트를 구축하는 법을 배웠다. 몇 달 만에 나는 실습생에서 나만의 서버단 프레임워크를 만드는 사람이 됐다. 돌아보면 어리석은 일이었지만 당시에는 필요한 것이었다. 나는 기회를 봤고 그것을 붙잡았으며 가치 있는 것을 전부 얻으려고 기회를 활용했고 필요한 만큼 스스로를 바꿔나갔다.

한 가지가 또 다른 것으로 이어졌다. 1997년 서버단 소프트웨어를 개발하러 자바소프트^{JavaSoft}에 들어갔고 몇 년 후 나는 결국 서블릿^{Servlet} 명세를 만드는 책임을 맡았다. 불행히도 자금이 부족한 작업이었고 새로운 참조 구현을 비롯해 개발하는 데 필요한 모든 일을 나를 도와 할 팀이 없었다. 하지만 그 때문에 그만 두지 않고 완전히 새로 밑바닥부터 짠 구현을 개발하는 데 착수해 결국 JSWDK^{JavaServer Web Development Kit}를 발표했다. 그 소프트웨어를 기억하는 사람은 많지 않다. 그러나 서버단에서 자바로 일한 사람들은 대부분 그 코드의 다음 릴리스를 안다. 바로 톰캣^{Tomcat}이다. 그리고 톰캣은 앤트^{Ant}라는 조수와 함께 아파치 소프트웨어 재단^{Apache Software Foundation}에서 출시됐다. 그 뒷이야기는 책 한 권을 채울 것이다. 모든 일이 내가 활용할 수 있었던 완벽한 기회를 통해 일어났다고만 말해두자.

4년간 썬에서 일하고 "다음에는 뭘 하지?"라는 질문에 맞닥뜨린 후 독립하기로 결정했다. 오라일리^{O'Reilly}에서 책을 냈고 맥용 소프트웨어를 개발했고 결국 출시하지 못한 나만의 소프트웨어도 좀 개발했다. 그리고 결국 루비온레일스 개발을 하게 됐다. 독립 소프트웨어 개발자가 되는 것은 내게 좋았고 그 일을 제법 잘했다. 그러나 그렇게 지내면서 내가 계속해온 취미가 나름의 경력이 되기 시작했다. 건축학도가 기술자가 된 것 이외에도 나는 오랫동안 사진작가였다. 할머니가 기초를 가르쳐 주셨고 부모님이 격려해 주셨다. 그 덕분에 내 기억으로는 사진기가 주변에 있었고 내 삶의 큰 부분이었다. 사실 썬을 떠난 후 혼자서 만들고 발표하지 않은 소프트웨어는 사진 작업을 하는 것이었다.

운 좋게도 건축학도에서 소프트웨어 개발자로 방향을 바꾼 후 10년이 된 2005년, 오라일리 컨퍼런스 그룹에서 일하는 친구의 연락을 받았다. 오라일리에서는 행사를 기록으로 남겨줄 사람이 필요했고 내게 관심이 있으면 와서 촬영을 좀 해달라고 부탁했다. 나는 받아들였지만 사진 몇 장 찍는 것 대신 해야 할 일 이상을 해냈다. 나는 일에 푹 빠져 중요한 세션을 전부 작업했고 굉장히 짧은 시간 안에 사진 공유 사이트 플리커Flickr에 이미지를 올렸다. 나는 다시 초대받았고 지난 4년간 광범위한 고객과 함께 그 일을 해나갔다.

이 글을 쓰는 지금도 나는 때때로 코드를 해킹하고 몇몇 고객을 위해 소프트웨어 일을 하기도 한다. 그러나 대체로 나는 요즘 전업 사진작가로 일한다. 하지만 바뀔지도 모른다. 어떻게 될지 아무도 모르는 일이니까. 미래에 무슨 일이 일어날지는 말하기 어렵다. 내가 아는 것은 이어지는 기회를 붙잡았다는 것이다. 나는 흥미롭고 재미있는 것을 보면 뛰어들어 성공하기 위해 무엇이든 했다. 이 말은 대개 새 기술을 배우고 새 능력을 익혔음을 의미한다. 새 기술을 쌓아나가는 것을 지루하다고 느끼는 사람이 있을지도 모르지만 어떤 이유에서인지 나는 새 일을 하는 법을 배우기를 좋아했다. 결국 새 기술을 배우면 새 일을 할 수 있다. 그리고 내 자신을 결코 기술로 정의하지 않았다. 대신 내가 한 일과 다음에 하고 싶은 일로 정의했다. 기술은 그저 성공에 이르는 한 방법일 뿐이다.

제임스 던컨 데이비슨은 프로그래머이자 사진작가다.

자신에게
투자하라

내가 색소폰 연주자로서 재능이 타고났다고 말한다면 그건 자랑하는 것이 아니다. 그게 어째서 불리한 점인지 내가 설명하는 동안만 나를 믿어 달라. 전업으로 색소폰을 연주하던 시절 나는 연주를 많이 했다. 정말 바쁠 때는 하루에 두세 번 공연을 할 때도 있었다. 아침 겸 점심 식사 시간에 재즈를, 저녁 결혼식에서 댄스 음악을, 같은 날 파티나 늦은 밤 바에서 R&B를 연주하는 식이었다. 그리고 색소폰에 재능을 타고나서인지 일하면서 좀 더 나아지고 배워나갔다. 특히 톤이 좋았고 귀로 노래를 배우고 즉흥 연주를 하는 천부적인 능력이 있었다.

그러나 나는 색소폰 연주자로서 자신에게 정말로 전혀 투자하지 않았다. 일이 굉장히 쉽게 잘 되어 만족한다고 생각했다. 또 연주하는 밴드에서 내가 늘 조언을 하는 사람이어서 동료한테서 압박감을 느끼지 않았다.

깨닫지 못했지만 나는 천천히 침체되고 있었다. 더 어렸을 때는 급속도로 성장했지만 R&B 공연을 더 많이 할수록 소리는 더 똑같아졌다. 내 톤은 매일 밤 똑같았다. 내 즉흥 독주는 전날 밤 연주한 것이나 같은 날 저녁 앞 공연에서 했던 것을 재탕했다. 지금 생각해 보니 나만 그러지는 않았다. 내 주변의 전문 음악 현장이 전부 다 그랬다. 연주자들은 스스로에게 도전하지 않았고 청중은 연주자들에게 확실히 도전 의식을 주지 않았다 (관객의 박수와 환호를 듣기는 했지만 그것은 색소폰 연주자가 한 음을 30초 이상 계속 불었기 때문이었다).

최근까지 몇 년간 일이 굉장히 바빠서 음악에 전혀 우선순위를 두지 않았다. 이로 인해 색소폰과 기타를 오랫동안 완전히 방치하게 됐다. 내 삶에서 음악의 영향력을 잃어버렸음을 깨닫고 최근에 진지하게 두 악기를 집어 들었다. 이번에는 지역 연주자 친구가 아무도 없었다. 전문적으로 연주할 시간도, 연주를 잘 할 재주도 없었다. 그래서 그냥 자신을 위해 연주했다.

아마 나이가 좀 더 들었기 때문인지도 모르겠다. 아니면 좀 더 똑똑해졌을 수도 있지만 꼭 그런 것 같지는 않다. 그러나 이번에는 조금만 투자해도 '오래' 간다는 사실을 발견했다. 그냥 악기를 꺼내 공연하러 가는 대신 나는 (어쩔 수 없이) 혼자서 연주했다. 그 덕분에 악기에 대한 접근 방식에 좀 더 집중할 수 있게 됐다. 음악을 들으며 배우고 싶은 주법 목록을 만들었다. 예를 들어 미국의 재즈 색소폰 연주자 필 우즈$^{Phil\ Woods}$가 알토 색소폰 독주를 할 때 항상 썼던 특별한 주법을 늘 하고 싶었다. 또는 프린스^{Prince}가 『Purple Rain』(프린스가 주연한 동명 영화의 OST) 음반의 「Let's Go Crazy」의 마지막 부분에서 자기 기타를 울부짖게 한 방법을 늘 배우고 싶었다.

내 타고난 재능과 결합되자 몇 시간을 투자하면 '항상 할 수 있기를 바란' 능력을 달성할 수 있었다. 그리고 투자를 시작하자 한 가지 능력 위에 다른 능력이 길러졌다. 한 주법이 다음 주법으로 이끌었고 한계를 깨는 연습 시간이 다음 연습을 하는 동기가 되었다.

의도적으로 몇 달간 집중한 후 나는 예전보다 여러 방식으로 연주를 더 잘하고 있다. 심지어 전업으로 연주할 때보다 더 잘 한다. (취미로지만) 다른 연주자의 능력을 배우는 데 투자해 체계가 잡힌 내가, 타고난 재능과 능력에 의존한 나를 완전히 압도했다.

이것이 취업 시장에서 팔 수 있게 훌륭한 제품, 즉 뛰어나고 정말 경쟁력 있는 제품을 내놓고 싶다면 그 제품에 투자해야 한다는 증거다. 사업에서 아이디어와 재능은 흔해빠진 것이다. 피와 땀과 눈물, 돈을 제품에 쏟아야 정말 가치 있는 무언가를 만들 수 있다.

2부에서는 경력을 위한 투자 전략을 살펴볼 것이다. 투자할 기술과 실력을 선택하는 것뿐 아니라 자신에게 투자하는 방법도 알아볼 것이다. 이제부터가 정말 시작이다.

11

물고기 낚는 법을
배우라

노자(老子)가 말했다. "사람에게 물고기 한 마리를 주면 그에게 하루 먹을 양식을 준 것이다. 그러나 물고기 잡는 법을 가르치면 그에게 평생 먹을 양식을 준 것이다." 훌륭한 말이다. 하지만 노자는 그 사람이 낚시 배우기를 싫어해서 내일 물고기를 또 잡아달라고 요구할 경우를 고려하지 않았다. 교육은 가르치려는 사람과 배우려는 사람 둘 다 필요하다. 그러나 마지못해 배우는 사람이 너무 많다.

말할 때까지 기다리지 말고 질문하라!

소프트웨어 산업에서 정확히 무엇이 '물고기'인가? 그것은 어떤 도구를 사용하는 과정이거나 기술의 어떤 일면, 또는 자신이 일하는 사업 분야의 정보

중 특정 부분이다. 팀의 소스 제어 시스템으로부터 특정 브랜치를 가져오는 방법이거나 개발용 애플리케이션 서버를 띄워 운영하는 것이다. 그런데 이런 세부 사항을 당연한 것으로 여기는 사람이 너무 많다. '다른 누군가가 내 대신 해주겠지'라고 생각하는 것이다. 빌드 담당자는 소스 제어 시스템을 안다. 여러분은 필요할 때 그에게 셋업해 달라고 요청할 수 있다. 인프라 팀은 여러분과 고객 사이의 방화벽 셋업에 대해 안다. 필요한 애플리케이션이 있을 때 여러분은 이메일을 보내기만 하면 인프라 팀에서 대신 해줄 것이다.

다른 사람에게 좌지우지되기를 바라는 사람이 어디 있을까? 더욱 좋지 않은 상황은 다음과 같다. 여러분을 위해 일할 사람을 뽑으려고 하는데 전문가의 말에 끌려 다니는 사람이 필요할까? 나한테는 필요 없다. 나는 스스로 알아서 할 수 있는self-sufficient 사람을 원한다.

가장 분명한 출발점은 자신이 일하는 업종에서 사용하는 도구를 배우는 것이다. 예를 들어 소스 제어 시스템은 강력한 도구다. 소스 제어 시스템의 주된 일은 개발자들이 좀 더 생산적이 되는 데 집중되어 있다. 하지만 소스 제어 시스템은 코드를 다 짜고 넣어두는 그런 곳이 아니고 그렇게 다뤄서도 안 된다. 소스 제어 시스템은 개발 과정의 필수적인 부분이다. 그렇게 중요한 것, 즉 작업한 것을 안심하고 저장할 수 있는 곳을 제대로 이해하지 않고 단순한 주술처럼 쓰면 안 된다. 스스로 알아서 할 수 있는 개발자는 자신이 꺼낸 프로젝트 버전과 저장소에 있는 마지막 안정판의 차이를 쉽게 점검할 수 있다. 또는 마지막으로 출시된 코드를 꺼내 버그를 수정할 수도 있다. 여러분의 코드에 치명적인 버그가 있다고 해서 문제를 고치기 위해 한밤중에 다른 누군가를 불러 정확한 버전을 가져와 달라고 부탁하고 싶지는 않을 것이다. 이것은 여러분의 코드나 프로세스가 올라가 있는 IDE, 운영 체제, 모든 인프라에도 해당된다.

자신이 채택한 기술 플랫폼도 똑같이 중요하다. 예를 들어 J2EE로 애플리케이션을 개발하고 있다고 하자. 다양한 클래스, 인터페이스, 배치 디스크립터^{descriptor}를 만들어야 한다는 것을 안다. 그러나 '왜' 만들어야 하는지 아는가? 이것들이 어떻게 사용되는지 아는가? J2EE 컨테이너를 시작할 때 실제로 무슨 일이 일어나는가? 애플리케이션 서버 개발자가 아니라도 이것들이 어떻게 동작하는지 알면 플랫폼에서 사용할 견고한 코드를 개발할 수 있고 뭔가 잘못됐을 때 문제를 고칠 수도 있다.

특히 게을러지기 쉬운 길은 코드를 만들어주는 여러 가지 마법사를 이용하는 것이다. 이는 윈도 개발 세계에서 눈에 띄게 유행하고 있다. 마이크로소프트 덕분에 개발 도구가 많은 작업을 정말 쉽게 해준다. 부정적인 면은 자신이 만든 코드가 실제로 어떻게 동작하는지 모르는 윈도 개발자가 많다는 점이다. 마법사가 하는 일은 마법의 불가사의로 남는다. 오해하지 않기 바란다. 코드 생성 프로그램을 정확히 사용하면 유용한 도구가 될 수 있다. 예를 들어 코드 생성 프로그램은 상위 수준 C# 코드를 닷넷 런타임에서 동작할 수 있는 바이트 코드로 바꿔준다. 물론 모든 바이트 코드를 직접 짜고 싶지는 않을 것이다. 그러나 특히 상위 수준의 코드 작업을 마법사가 알아서 하게 내버려두면 여러분의 지식은 얕아지고 마법사가 해줄 수 있는 것 이외에는 할 수 없게 될 것이다.

사업 분야에서도 그 물고기를 간과하기 쉽다. 모기지^{mortgage} 회사에서 일한다면 소프트웨어를 테스트하는 동안 필요한 이자율 계산법을 전문가에게 물어보거나 계산법을 스스로 배울 수 있다. 고객과 의사소통이 잘 되고 요구 사항을 이해하기 좋게 명료하게 만들면서(대강 이해하고 세부 사항을 스스로 써넣는 것과는 반대로) 자신이 일하는 사업 분야를 속속들이 안다면 일이 얼마나 빠르게 진행될지 상상해 보라. 사업 규칙을 모두 알 수는 없을 것이다. 그건 여러분의 일이 아니다. 그러나 최소한 기본은 배울 수 있다. 지난 수년간 함께 일했던 최고의 소프트웨어 개발자 중 많은 이가 자신의 도메인에서는 몇몇 비즈니스 고객보다 더 전문가가 됐다. 결과적으로 더 나은 제품이 나왔다. 사업 분야에 무지한 사람은 어리석은 실수를 쉽게 저지른다. 그 분야에 대해 기본 지식만 있어도 피할 수 있는 그런 실수 말이다. 말할 것도 없이 그런 사람들은 사업을 이해하는 개발자보다 속도가 더 느리다(그리고 결국 회사가 비용을 더 쓰게 된다).

소프트웨어 개발자에게 적용할 수 있는 노자의 교훈은 다음과 같을 것이다. "물고기 한 마리를 달라고 하면 하루 동안 먹는다. 물고기 잡는 법을 가르쳐 달라고 하면 평생 동안 먹는다." 그러나 가르쳐 달라고 부탁하기보다는 차라리 스스로 찾아서 배우라.

실천하기

1. '어떻게'와 '왜' — 이 책을 읽으면서 직장에서 자신의 업무 중 완전히 이해하지 못한 측면에 대해 생각해 보라. 애매한 부분까지 파고들어가야 할 특정 분야에 대해 다음과 같이 두 가지 쓸 만한 질문을 자신에게 할 수 있다. 바로 '어떻게 동작하는가?'와 '왜 이런 현상이 생기는가(일어나야 하는가)?'이다.

질문에 대답하지 못할 수도 있지만 질문을 하는 그 행위 자체로 사고의 틀이 새롭게 짜일 것이고 작업 환경에 대해 더 높은 수준으로 의식할 수 있게 된다. '어떻게 해야 IIS 서버가 내 ASP.NET 페이지에 요청을 넘길까?' '내 EJB 애플리케이션에 쓸 인터페이스와 배치 디스크립터들을 왜 생성해야만 할까?' '내가 쓰는 컴파일러는 동적 링킹과 정적 링킹을 어떻게 처리하나?' '고객이 몬태나Montana에 사는데 왜 세금을 다르게 계산할까?'

물론 이 질문들에 대답하면 또 다른 질문이 생길 수도 있다. '어떻게'와 '왜'라는 질문을 계속할 수 없다면 아마 충분히 이해했다고 할 수 있다.

2. 팁tip 시간 — 자신의 도구 중에서 중요하지만 소홀히 하는 도구를 하나 골라 집중하라. 버전 제어 시스템일 수도 있고 광범위하게 쓰지만 피상적으로 알고 있는 라이브러리이거나 프로그램을 짤 때 쓰는 편집기일 수도 있다.

도구를 골랐다면 매일 시간을 들여 자신의 생산성을 높여주거나 개발 환경을 더 잘 제어할 수 있게 해줄 만한 새로운 것을 공부하라. 예를 들어 GNU

Bourne Again Shell^{bash}을 숙달하기로 했다고 하자. 일하다가 아무 때나 슬래시닷^{Slashdot}을 보지 말고 인터넷에서 '배시 팁$^{bash\ tip}$'을 찾아보라. 1, 2분이면 셸 사용법에 대해 몰랐던 '유용한 팁'을 찾을 수 있을 것이다. 물론 새 요령을 하나 배웠기 때문에 '어떻게'와 '왜'라는 질문을 계속하면서 더 깊게 파고들 수 있다.

12
사업이 실제로
어떻게 돌아가는지 배우라

이전 장에서 자신이 일할 사업 분야를 계획적으로 선택하는 것의 중요성을 논의했다. 최선의 경우 구직자가 자신만의 차별성을 갖게 되고, 최악의 경우에라도 사람의 주의를 끌 수 있는 분야 지식을 갖는 것은 가볍게 여길 수 있는 일이 아니다. 사업 분야를 구석구석 공부하는 데 투자하기 전에 자신에게 정확히 맞는지, 시장 상황에 맞게 투자하고 있는지 확실히 해야 한다.

그러나 그렇게 기술적이지도 않지만 특정 영역에 한정되지도 않고 금방 시대에 뒤떨어지지도 않는 지식도 있다. 바로 사업 재무 분야다. 업종, 즉 제조, 의료, 비영리 또는 교육 기관에 상관없이 사업은 '사업'일 뿐이다. 그리고 사업은 그 자체로 지식의 한 영역으로 정말로 배워야 하고 누구나 배울 수 있다.

신참 프로그래머였을 때 직원회의 시간에 멍한 눈으로 앉아 있는데 어떤 거만한 리더(나와 직접 같이 일하는 사람은 아니었다)가 내게는 아무 상관없을 법한 차트를 계속해서 보여주었던 것을 기억한다. 나는 "자리로 돌아가 작업 중이던 애플리케이션 기능을 마무리하고 싶은데."라고 투덜댔다. 팀 동료도 옆에 앉아 있었지만 차를 오래 타 지겨워서 몸을 비비 꼬는 아이들처럼 보였다. 아무도 프레젠테이션 내용을 이해하지 못했고 관심도 없어 보였다. 우리는 완전한 시간 낭비라고 회의에 우리를 부른 무능한 관리자를 비난했다.

> 사업이 어떻게 돌아가는지 알아야
> 창의적으로 도울 수 있다.

되돌아보니 우리가 어리석었음을 깨닫는다. 우리는 회사를 위해 일하고 우리 일은 회사가 돈을 벌거나 절약하는 데 기여하는 것이었다. 그러나 우리는 사업에서 수익을 내는 방식의 기본을 이해하지 못했다. 더욱 심각했던 점은 그걸 아는 게 우리 일이 아니라고 생각했다는 것이다. 우리는 프로그래머이고 시스템 관리자였다. 우리 일은 우리가 몰두하는 주제들에 관한 것이라고만 생각했다. 하지만 사업이 어떻게 돌아가는지 이해하지 못하면서 사업에서 수익을 내도록 어떻게 창의적으로 도울 수 있겠는가?

이전 단락에서 나온 '창의적으로'라는 말을 사용하는 것이 열쇠다. 우리가 진짜 IT 전문가라면 비즈니스 마인드를 지녀야 한다는 시각을 갖는 것이 합리적이다. 프로젝트를 올바르게 수행하고 리더십을 갖추는 것과 같은 비중으로 사업을 돕는 일에 노력을 쏟아야 한다. 그렇다고 사업이 어떻게 운영되어 가치를 창출하는지 완전히 이해할 필요는 없다.

그러나 가치를 창의적으로 더하려면 자신이 일하는 사업 환경을 충분히 이해해야 한다. 사업 세계에서 우리는 '당기순손익$^{bottom\ line}$'이라는 말을 항상 듣는다. 당기순손익이 무엇인지, 그리고 그것에 무엇을 기여했는지 정확히 이해하는 사람이 얼마나 될까? 더욱 중요한 것은 순이익에 어떻게 기여할지 정말

이해하는 사람이 얼마나 될까 하는 것이다. 자신이 속한 조직이 돈만 쓰는 부서인가, 아니면 수익을 내는 부서인가(여러분은 수익에 기여했는가, 아니면 손해를 끼쳤는가)?

회사의 재무 업무와 용어를 이해하면 무턱대고 무엇인가를 하는 게 아니라 의미 있는 변화를 만들어낼 능력이 생길 것이다.

실천하기

1. 비즈니스 입문서를 사서 꼼꼼히 공부하라. 좋은 개론서를 찾는 요령으로는 MBA Master's of Business Administration 학위를 따는 데 필요한 책을 찾는 것이다. 특히 유용한(그리고 기쁘게도 얇은) 책으로는 『The Ten-Day MBA』가 있다. 실제로 열흘 만에 다 읽을 수 있다. 대단히 큰 투자가 아니다.
2. 회사 또는 부서의 재무 상황에 대해 설명해 줄 만한 사람을 찾으라(회사에서 직원들과 공유하기를 꺼려하지 않는 정보라면).
3. 가르쳐 준 사람에게 배운 것을 다시 설명해 보라.
4. '맨 아랫줄 bottom line'이 왜 당기순손익을 의미하게 됐는지 알아보라.

13

멘토를
찾으라

재즈 음악 문화가 정말 잘한 일 한 가지는 멘토십 관례다. 재즈 세계에서는 어린 연주자가 자신을 받아들여 재즈 전통의 계통을 전해줄 경험이 좀 더 풍부한 연주자를 찾는 것이 일반적이다. 그런데 거기에서 멈추지 않는다. 나이가 좀 더 많은 연주자는 경력 상담자, 생활 조언자, 홍보 담당자 역할을 하기도 한다. 대신 젊은 연주자는 대단히 성실하게 자신의 멘토를 지원하고 광적인 팬 네트워크를 만들어낸다.

관계가 만들어지고 연주자들은 이러한 관계를 통해 매일 고용된다. 재즈 문화 사회는 스스로 조직하는 문화와 멘토·멘티 관계 위주로 일련의 관례를 만들어냈다. 이 시스템은 매우 잘 돌아가 어떤 조직이 지도하는 게 아닌가 하는 생각이 들 정도다.

> 누군가를 의지하는 것은 좋다.
> 단지 그 사람이 의지할 만한 사람인지만 확실히 해두라.

전통적인 전문가 세계(그리고 특히 IT 업계)에서는 서로 도와달라고 부탁하는 일이 거의 없다. 흔히 다른 사람에게 의존하는 것은 약하다는 표시로 보이기 때문이다. 우리는 완벽하지 않음을 선뜻 받아들이기 두려워한다. 모든 것이 경쟁이다. 강자만이 살아남네, 어쩌네 한다. 불행히도 이 때문에 멘토링 시스템이 그다지 발달하지 못했다. "누가 당신 멘토인가요?"라고 재즈 연주자 몇 명에게만 물어봐도 대부분 대답을 한다. 같은 질문을 프로그래머에게 해보자. 미국에서는 아마 "뭐라고요?"하고 되물을 것이다.

서구 사회가 항상 이와 같지는 않았다. 서양 역사에도 중세 시대까지 거슬러 올라가면 전문적인 멘토링 시스템이 번성했던 적이 있음을 알 수 있다. 전문 훈련 방식으로서 장인 정신은 음악계에서 발전한 것보다 더 강력했고 형식도 잘 갖춰져 있었다. 젊은이들은 훌륭한 장인의 도제가 되면서 자신의 전문 경력을 시작했다. 장인에게 배운다는 특권 의식이 있어서 봉급은 보잘 것 없었지만 열심히 일했다. 이때 장인의 의무는 도제가 자신의 전통(과 기술)에 따라 물건을 만들도록 훈련시키는 것이었다.

멘토가 존재하는 가장 중요한 첫 번째 목적은 역할 모델role model이다. 자신의 좁은 한계를 벗어나 더 발전하게 해줄 사람을 만나기 전까지는 뭐가 가능한지 알기 어렵다. 역할 모델은 '좋은'이라는 의미의 표준을 세운다. 예를 들어 자신이 체스 선수라고 하자. 가까운 가족을 이겼다는 것만으로 매우 좋아할 수 있다. 그러나 토너먼트로 치루는 더 큰 시합에서 진짜 선수와 경기를 한다면 이전보다 수준이 훨씬 높음을 발견할 것이다. 최고 명인과 겨뤘다면 차원이 다른 어떤 계시 같은 것을 받은 느낌이 들 것이다. 오로지 가까운 가족과 이기기만 하는 체스를 두고 자신이 정말 체스를 잘 둔다고 착각한다면 우물 안 개구리

격이다. 역할 모델이 없으면 더 나아지려는 동기가 생기지 않는다.

멘토는 또한 배우는 과정에 체계를 세워줄 수 있다. 이전 장에서 본 것처럼 어느 기술과 영역에 투자할지 정말 선택을 많이 해야 한다. 때로는 선택할 게 너무 많아서 어찌 해야 할지 모를 수 있다. 합리적으로 생각해 보면 가만히 앉아 있는 것보다는 한 방향으로 움직이는 편이 낫다. 멘토는 여러분의 에너지를 어디에 집중할지 선택하는 데 도움을 줄 수 있다.

시스템 지원 인력으로 내 경력을 시작했을 때 켄이라는 대학 네트워크 관리자와 친하게 지냈다. 한 번은 교내 넷웨어 네트워크에 큰 문제가 생겨 컴퓨터 연구소를 이용하는 학생들이 큰 불편을 겪고 있었는데 내가 이 문제를 해결할 수 있게 켄이 도와주었다. 그 이후로 켄은 나를 따돌리지 못했다(그러려고 하지도 않았다). 어떻게 하면 지식을 더 많이 갖출 수 있고 스스로 할 수 있는지 가르쳐 달라고 켄을 괴롭히자 그는 간단한 비법을 알려주었다. 바로 디렉터리 서비스를 깊이 공부하고 유닉스 계열 운영 체제에 익숙해져야 하고 스크립트 언어를 숙달하는 것이었다.

켄은 내가 많은 것을 배울 수 있는 기술 세 가지를 골라주었다. 그리고 대가라고 여긴 켄의 충고에 확신을 갖고 그 세 가지 기술을 익히기 시작했다. 그 이후로 이 기술들은 내 경력의 토대가 됐고 이 기술들은 지금도 내가 하는 모든일과 관련이 있다. 그렇다고 켄의 지도가 완벽하게 옳은 대답은 아니었다(완벽하게 옳은 답이란 없다). 중요한 것은 켄이 내가 배울 뻔했던 긴 기술 목록을 짧은 기술 목록으로 줄여 주어 내가 그것들을 배웠다는 것이다.

멘토는 또한 신뢰할 수 있는 사람으로서 도움을 준다. 멘토는 여러분의 결정과 방법을 관찰하고 판단해 줄 수 있다. 프로그래머라면 멘토에게 코드를 보여주고 멘토링을 얻을 수 있다. 사무실에서나 지역 사용자 모임에서 발표할 계획이 있다면 멘토 앞에서 미리 발표해 보고 의견을 구할 수 있다. 멘토는 여러분이 "전문가로서 어떤 점이 달라야 할까요?"라고 질문해도 될 만큼 신뢰할 수 있는 사람이다. 멘토는 비평뿐 아니라 개선할 수 있도록 도울 것이기 때문이다.

　마지막으로 재즈 음악에서처럼 멘토에게 개인적인 애정과 신뢰를 표하는 것뿐 아니라 그 반대도 가능하다. 관계 속에서 다른 사람을 돕는 역할을 한다는 것은 그 사람의 성공을 위해 힘쓴다는 뜻이다. 내가 옳은 방향이라 믿는 길로 그 사람들의 진로를 유도할 수 있다. 그 길을 통해 성공한다면 그것은 내 성공이기도 하다.

　멘토링을 받은 사람이 성공한다면 멘토에게는 고무적인 일이다. 이미 많은 경험을 통해 성공한 사람은 일반적으로 인간관계에서 존경을 받는다. 멘토를 통해 멘토의 인맥과 긍정적으로 더 나은 관계를 맺을 수 있다. 이러한 관계의 중요성을 과소평가할 수 없다. 결국 "무엇을 아느냐보다 누구를 아느냐가 더 중요하다"라는 문구는 아무 의미 없는 진부한 표현이 아니다.

　멘토 관계에서 어느 정도 형식을 갖추느냐는 중요하지 않다. 아무도 자신의 멘토가 되어 달라고 분명하게 부탁하지 않는다(그렇게 한다고 해서 나쁜 일이라고는 할 수 없지만). 사실 멘토는 자신이 멘토 역할을 하고 있다는 것을 알지 못할지도 모른다. 중요한 것은 신뢰하고 존경하는 사람이 있고, 그 사람이 경력 안내를 해줄 수 있고, 기술을 갈고 닦을 수 있게 돕는다는 것이다.

실천하기

1. 내 자신의 멘토가 되어보자. — 우리 모두에게 적극적으로 멘토링을 해주는 사람이 있다면 이상적이겠지만 현실은 우리가 있는 곳에서 이 역할을 할 수 있는 사람을 항상 찾을 수 있는 것은 아니다. 이제부터 스스로 멘토가 되는 방법을 살펴보자.

　자신의 분야에서 가장 존경하는 사람을 생각해 낸다. 사람들은 대부분 경력의 어떤 단계에 이르면 간략하게 정리한 인물 목록 하나쯤은 갖고 있다. 함께 일한 사람일 수도, 존경할 만한 일을 한 사람일 수도 있다. 이 역할 모델의 가장 중요한 특성 열 가지를 나열한다. 역할 모델로 선택하게 된 그 사람들만의 특성을 가려낸다. 이러한 특성은 기술 습득 폭 같은 기술의 특정 분야 또는 특정 영역에 대한 지식의 깊이일 수 있다. 아니면 팀원을 편안하게 만드는 능력이거나 매력 있는 강연자 같은 좀 더 개인적인 특성일 수 있다.

이제 이 특성들을 중요도 순으로 순위를 매긴다. 1이 가장 덜 중요한 것이고 10이 가장 중요한 것이다. 여러분은 존경할 만하고 중요하다고 생각하는 특성 목록을 방금 뽑아 만들었다. 이런 방식으로 선택한 역할 모델을 닮기 위해 애쓰면 된다. 그러나 무엇에 먼저 초점을 맞출지 어떻게 고를까?

목록의 각 항목에 열을 추가한다. 자신의 역할 모델이 자신에게 어떻게 등급을 매길지(10점 만점) 상상해 본다. 진짜로 역할 모델의 마음으로 제3자인 것처럼 자신을 관찰해 본다.

특성, 순위, 등급을 다 기록했으면 마지막 열에는 순위에서 등급을 뺀 값을 적는다. 어떤 특성의 순위가 10, 즉 역할 모델의 가장 중요한 특성이고 자신의 등급이 3이라면 최종 우선순위 점수는 7이다. 이 열을 다 채우고 내림차순으로 정렬하면 자신이 개선할 필요가 있는 영역의 우선순위 10위 목록이 나온다.

1, 2위 또는 1~3위 항목부터 시작하여 자신을 향상시키기 위해 당장 시작할 수 있는 구체적인 일의 목록으로 만든다.

14

멘토가
되라

무엇인가를 정말 배우고 싶다면 그것을 다른 누군가에게 가르쳐 보라. 어떤 것에 대한 이해를 구체화하는 데 가장 좋은 방법은 다른 사람들이 이해할 수 있도록 그것을 표현하는 것이다. 말을 한다는 것은 단순한 행동이지만 불분명한 사고를 다루는 데는 특효약이다. 인형 같은 물건과 얘기하는 것은 소프트웨어 개발에서 전승되어온 잘 알려진 문제 해결 수단 중 하나다.

> 무엇인가를 정말 알고 있는지 확인해 보려면
> 그것을 다른 사람에게 가르쳐 보라.

마틴 파울러(주의: 마틴 파울러와 나는 친척이 아니다)가 방갈로르에서 개발자들에게 강연하는 것을 봤다. 그는 무엇을 정말 배우고 싶을 때마다 그것에 대해 글을 쓴다고 이야기했다. 마틴 파울러는 유명한 소프트웨어 개발자이자 저자다. 우리가 저자로서 그의 역할을 멀리 떨어진 선생이자 멘토로 본다면 그는 IT 산업에서 가장 잘 알려졌고 영향력 있는 '선생' 중 한 명이라고 할 수 있다.

우리는 가르치면서 배운다. 선생이라면 이미 알고 있다고 생각하기 때문에 역설적으로 들릴지도 모른다. 물론 다른 사람들에게 새로운 사실을 가르쳐야만 그것을 배울 수 있다는 뜻은 아니다(미리 배우지 않고 가르칠 수는 없다). 그러나 단순히 어떠한 사실을 안다는 것은 그것의 원인과 결과를 깊이 이해한다는 것과는 다르다. 다른 사람들을 가르쳐 봄으로써 그것을 더 깊이 이해할 수 있다. 우리는 복잡한 개념을 설명하기 위해 유추한다. 그리고 유추가 통하는 경우와 그렇지 않은 경우에 대해 그 이유가 무엇인지 하나하나 살펴본다. 누군가를 가르치게 되면 전에는 결코 생각하지도 못했던 질문에 대답해야 할 때가 있다. 가르쳐 봄으로써 자신의 지식 중 모호한 부분이 드러나고 그것을 분명히 인식할 수 있게 된다.

따라서 멘토를 찾아서 도움을 얻을 수 있는 것처럼 다른 사람에게 멘토가 되어도 자신에게 많은 도움이 된다.

멘토링은 긍정적인 사회적 효과도 있다. 멘토와 멘티의 유대는 강력하다. 멘토와 멘티가 집단적으로 교차하는 지점에서 빈틈없고 강력한 사회적 네트워크가 형성된다. 그래서 이러한 전문적 네트워크에 존재하는 링크는 수동적인 교우 관계 이상으로 강력하다. 다른 사람과 멘토링 관계에 있다면 서로 신의를 쌓아야 한다. 이러한 네트워크는 어려운 문제를 문의하거나 일자리를 찾는 데 유용하다.

멘토는 그만두려 해서는 안 된다.

사람을 돕는 것을 단지 '좋은 느낌이 드는' 정도라고 과소평가해서는 안 된다. 타인에게 관심이 있다면, 실제로 자신의 기술을 타인을 위해 쓸 것이다. 오늘날처럼 불확실성의 경제 환경에서 타인을 돕는다는 것은 중단할 수 없는 우리의 임무다. 그리고 그로 인해 얻는 보답은 인플레이션으로도 평가 절하되지 않는다.

멘티를 얻는 것은 밖에 나가 자신을 고수^{guru}라고 거창하게 선언한다고 되는 것이 아니라 해당 분야의 지식을 쌓고 그 지식을 참을성 있게 공유함으로써 가능하다. 자신이 어떤 주제에 관해 완벽한 전문가가 아니어도 불안해 할 필요는 없다. 자신보다 경험이나 기술이 부족한 사람을 도울 수 있는 무언가는 있을 것이다. 그런 것을 찾아 도움을 주기 시작하라.

예를 들어 PHP 일을 꽤 많이 했다고 하자. 지역 PHP 사용자 모임에 가서 경험이 부족한 사용자들을 도와 그 사람들의 특수한 문제를 해결해 줄 수 있을 것이다. 직접 만나 멘토링 할 포럼이 당장 없다면 온라인 메시지 게시판이나 IRC 대화방에서 질의응답을 시작하거나 애플리케이션 버그를 잡는 일을 도울 수 있다. 하지만 멘토링은 사람과의 관계라는 것을 기억해 두라. 온라인으로 멘토링을 하는 것은 두 사람이 같은 곳에서 만나 멘토링을 주고받는 것에 결코 비할 수 없다.

그렇다고 억지로 공식적인 멘토링 관계를 맺지 말라. 사람들을 그냥 돕기 시작하면 나머지는 자연스럽게 따라 올 것이다.

실천하기

1. 도움을 줄 만한 사람을 찾으라. 회사에서 경험이 부족하거나 나이 어린 사람을 찾을 수도 있다. 아마도 신입이나 실습 사원일 것이다. 또는 대학 정보통신학부나 컴퓨터공학부에 문의해 학부 학생들에게 멘토링을 해주는 일에 자원할 수도 있다.
2. 온라인 포럼을 찾아 주제를 고르고 참여하여 돕기 시작하라. 자신의 열정과 능력을 알리고 사람들이 배우는 것을 참을성 있게 도우라.

15

연습, 연습,
또 연습

음대 학생이었을 때 음대 건물에서 긴 밤을 보내곤 했다. 대학 연습실의 얇은 벽을 통해 들려오는 상상할 수 없을 정도로 듣기 싫은 음악 소리에 항상 묻혀 있었다. 학교 연주자들 실력이 형편없다고 말하는 것이 아니다. 완전히 그 반대다. 그 사람들은 연습하고 있었던 것이다.

악기를 연습할 때는 좋은 소리가 날 수가 없다. 연습 시간에도 항상 좋은 소리가 난다면 자신의 한계에 도전하지 않고 있음을 의미한다. 그것 때문에 연습하는 것이다. 운동에서도 마찬가지다. 선수들은 연습하는 동안 자신을 한계 상황까지 밀어붙인다. 이러한 한계를 돌파해야 진짜 실력이 나오는 것이다. 연주자들이 문을 닫고 듣기 싫은 소리를 내며 연습하지만, 실제로 연주할 때는 물론 그렇게 하지 않는다.

컴퓨터 산업에서 개발자들이 자신의 한계를 뛰어넘으려고 노력하는 것은 흔히 볼 수 있다. 불행히도 개발자들은 맡겨진 업무에 비해 자신의 자질이 떨어진다고 생각할 때 일반적으로 이렇게 한다. 컴퓨터 산업에서는 근무 중에만 연습을 하려는 경향이 있다. 전문 연주자가 무대에 올라 대학 연습실에서처럼 소음만 되풀이하는 모습을 상상할 수 있을까? 너그럽게 넘길 일이 아닐 것이다. 연주자는 대중 앞에서 공연을 하고 돈을 받는다. 연습을 하고 돈을 받는 것이 아니다. 무술가나 권투 선수가 시합 중에 압박감 때문에 피곤을 느낀다면 좋은 성적을 거둘 수 없는 것과 마찬가지다.

우리는 평소에 연습에 쓸 시간을 배치할 필요가 있다. 서양 프로그래머들은 자신이 만든 코드 품질이 해외 팀보다 상대적으로 더 높다는 사실을 근거로 자국 프로그래머들을 변호하곤 한다. 품질을 근거로 경쟁하려고 한다면 자신의 근무 시간을 연습 시간으로 삼지 말아야 한다. 기술을 연마하는 데 시간을 별도로 투자해야 한다.

몇 년 전 음악 실습 시간을 본떠 프로그래밍 실습을 시도했다. 첫 번째 규칙은 개발하고 있는 소프트웨어가 내가 바라는 프로그램이 아닐지도 모른다는 것이었다. 쉬운 길로 목적지에 도착하고 싶지는 않았다. 그래서 유용하지 않은 소프트웨어를 만들었다.

쉬운 길로 가지는 않았다 하더라도 연습하는 동안 생각해낸 많은 아이디어가 구현되지 않는 걸 보고 실망했다. 최대한 잘 하려고 했지만 내가 짜고 있는 설계와 코드는 바란 만큼 멋있지 않았다.

이제 와서 돌이켜보니, 그때 경험에서 느꼈던 서투름은 내게 좋은 신호였다. 내 코드에 뛰어난 요소들이 없는 건 아니었지만, 사고 능력을 더욱 유연하게 하고 코딩 능력을 더 쌓아야 함을 깨달았다. 이것은 색소폰 연주와 같았다. 앉아서 연습하는데 좋은 소리만 나온다면 연습하고 있다고 할 수 없을 것이다. 마찬가지로 코딩 연습을 하는데 멋진 코드만 나온다면, 지금 더 앞선 기술을 연마하는 것이 아니라 현재 역량을 그냥 보여주는 것일 뿐이다.

한계까지 연습하라.

그렇다면 무엇을 연습해야 할까? 무엇을 연습해야 한계를 넘어설 수 있을까? 소프트웨어 개발자로서 연습법에 대한 주제만으로 책 한 권을 쉽게 채울 수 있다. 출발점에서 재즈 연주자로서 경험을 다시 빌려 온다면, 재즈 연습을 다음과 같은 범주로 나눌 수 있다(독자들이 대부분 연주자가 아니기에 아주 단순하게 만들었다).

- 몸에 익히기
- 악보 읽기
- 즉흥 연주

이것은 소프트웨어 개발자로서 연습에 대해 생각할 수 있는 틀을 제공할 것이다.

몸에 익히기: 연주자는 연주하는 악기를 자유자재로 다룰 수 있도록 기량을 높이기 위해 연습해야 한다. 소리 내기, 악기와 한 몸 되기(예를 들어 손가락을 민첩하게 움직이기), 속도, 정확성이 연습해야 할 중요한 항목이다.

이러한 음악적 기초가 소프트웨어 개발자에게는 어느 부분에 해당할까? 자신이 주로 사용하는 프로그래밍 언어에서 잘 떠오르지 않는 불분명한 부분이라면 어떨까? 예를 들어 자신이 선택한 프로그래밍 언어가 정규식을 지원하는가? 정규식은 대단히 강력하지만 많은 프로그래밍 환경에서 비참할 정도로 제대로 활용하지 않는 기능이다. 개발자들은 대부분 될 수 있으면 정규식을 쓰지 않는다. 정규식으로 생산적인 일을 할 정도의 기술 수준에 이르지 못했기 때문이다. 결과적으로 불필요한 문자열 분석parsing 코드가 많이 만들어지고 유지보수가 필요하다.

같은 규칙이 언어 API나 함수 라이브러리에도 적용된다. 개발 환경의 여러

도구를 손에 익히지 않으면(연주자들이 말하는 것처럼) 정말 필요할 때 그 기능을 끌어내지 못할 것이다. 예를 들어, 선택한 프로그래밍 환경에서 멀티스레드 프로그래밍이 동작하는 방식에 대해 확실하게 파고들어 보라. 또는 스트림 라이브러리, 네트워크 프로그래밍 API, 컬렉션이나 리스트를 처리할 수 있는 유틸리티 모음은 어떨까? 현대적인 프로그래밍 언어는 대부분 이 모든 영역에 대해 풍부하고 강력한 라이브러리를 제공하지만 소프트웨어 개발자는 작은 일부분만 배우려는 경향이 있다. 결국 같은 코드를 비효율적으로 짠다. 개발자들이 활용할 수 있는 도구 전체를 습득했다면 그렇지 않았을 것이다.

악보 읽기: 특히 녹음실 연주자로서 악보를 처음 보고 거의 완벽하게 이해하고 연주할 수 있는 능력은 무엇보다도 중요하다. 비디오 대여 회사 블록버스터 Blockbuster의 광고용 노래를 색소폰으로 연주한 적이 있었다. 나는 업 템포 빅 밴드의 리드 부분과 두 번째 알토 부분을 다 연주했다. 녹음을 시작할 때 악보를 정말로 처음 봤다. 우리는 한 번은 리드 부분을, 한 번은 세컨드 부분을 연주했다. 조그만 실수라도 했다면 전체 밴드가 연주를 다시 해야 했을 것이고 녹음실 사용 비용이 늘어났을 것이다.

소프트웨어 개발자로서 코드를 보고 읽는다는 것은 무슨 의미일까? 또는 요구 명세서나 설계를 보고 읽는다는 것은 무슨 의미일까? 연습할 만한 새로운 코드를 쉽게 찾을 수 있는 곳은 오픈 소스 커뮤니티다. 오픈 소스 소프트웨어 중 좋아하는 것이 있는가? 기능을 추가해 보는 것은 어떨까? 연습하고 싶은 소프트웨어의 할 일 목록을 보고 한정된 시간 내에 새 기능을 구현하라(또는 최소한 무엇을 구현할지 결정하라).

기능을 고른 후 소프트웨어 소스 코드를 다운로드해 살펴보기 시작하라. 어디를 봐야 할 것인가? 어떤 요령으로 코드 중 주요 부분을 찾을 것인가? 출발점은 어디인가?

이것은 가끔씩, 짧은 시간 안에 할 수 있는 연습이다. 실제로 기능을 구현할 필요는 없다. 그냥 출발점으로 이용하라. 진짜 목표는 자신이 보고 있는 것을 최대한 빨리 이해하는 것이다. 반드시 다양한 소프트웨어로 작업해야 한다. 다양한 언어와 스타일로 여러 가지 소프트웨어를 다뤄 보라. 여러분이 잘 아는 것을 더 쉽게 하거나 어렵게 만드는 문제를 기록하라. 코드를 하나하나 살펴보는 데 도움이 되는 어떤 패턴을 개발했는가? 복잡한 함수의 호출 스택을 오르내릴 때 이동하는 데 도움이 될 수 있도록 『헨델과 그레텔』처럼 어떤 '가상의 빵 조각'을 남겨두었는가?

즉흥 연주: 즉흥 연주는 화성 구조에 어떤 제한을 두지만 그 구조 위에 즉석에서 새로운 무엇인가를 만드는 것이다. 프로그래머로서 나는 뭔가 스트레스를 받을 때 즉흥성이 발현된다는 사실을 알게 되었다. "아, 이런! 무선 네트워크 애플리케이션 서버가 죽었고 주문을 못 받고 있어!" 이런 때 가장 창조적이고 즉흥적인 프로그래밍을 하기도 한다. 바이너리 로그 파일에서 무선 네트워크를 통해 패킷을 수동으로 재생해 잃어버린 데이터를 복구하는 미친 짓을 하는 것도 이때다. 아무도 여러분에게 이런 일을 하라고 하지는 않는다. 더구나 충동적으로 말이다. 그런 날카롭고 빠른 프로그래밍 능력은 꼭 써야 할 때 쓰면 마법 같은 힘을 발휘한다.

사고를 날카롭게 하고 즉흥 코딩 솜씨를 향상시킬 멋진 방법으로는 스스로 제한 조건constraint을 두고 연습하는 것이 있다. 간단한 프로그램을 골라 제한 조건을 두고 작성해 보라. 내가 가장 좋아하는 연습은 싫증 날 정도로 오래된 노래인 「99 Bottles of Beer on the Wall」의 가사를 프린트하는 프로그램을 짜는 것이다. 변수 대입 없이 그런 프로그램을 어떻게 짤 수 있을까? 가사를 정확히 프린트하는 프로그램을 얼마나 작게 만들 수 있을까? 제한 조건을 하나씩 더 추가하면서 이 프로그램을 얼마나 빨리 짤 수 있을까? 타이머를 가지고 단순하지만 어려운 문제를 연습하는 건 어떨까?

이것은 연습 방법에 관한 한정된 시각일 뿐이다. 시각 예술로부터 수도원의 종교 의식에 이르기까지 어떤 훈련에서든 예를 찾을 수 있다. 중요한 것은 연습이 필요하다고 공연(근무) 도중 연습을 해서는 안 된다는 것이다. 연습 시간을 따로 내야 한다. 그것은 여러분 책임이다.

실천하기

1. 톱코더^{TopCoder} — TopCoder.com은 여러 해 동안 계속된 프로그래밍 겨루기 사이트다. 계정을 등록하면 온라인에서 시합을 해서 상을 받을 수 있다. 다른 사람들과 겨루는 데 관심이 없더라도 TopCoder.com에서 상당한 양의 연습 문제를 갖춘 연습실을 제공하므로 아주 좋은 소재로 활용할 수 있다. 참여해 한번 풀어 보라.

2. 코드 카타^{Code Kata} — 프래그머틱 프로그래머(우리가 가장 사랑하는 출판사)의 데이브 토머스는 코딩 연습이라는 아이디어에서 아주 실용적인 것을 만들어냈다. 데이브가 코드 카타라는 연재물을 쓴 것이다. 코드 카타는 작지만 뇌를 자극하는 연습 문제로서, 프로그래머는 자신이 선택한 언어로 문제를 풀 수 있다. 각 카타는 특수한 기술이나 사고 과정을 강조해 사고 능력을 구체적으로 단련할 수 있는 기회를 제공한다.

이 글을 쓸 당시 데이브는 카타 21개를 만들어 자기 블로그^{http://codekata.pragprog.com}에 공짜로 공개했다. 블로그에서 메일링 리스트 링크, 문제에 대한 또 다른 해답, 문제 푸는 방법에 대한 토론을 볼 수 있을 것이다.

도전 과제: 카타 21개를 모두 푼다. 카타를 푼 경험을 일기(아마도 블로그)에 쓴다. 문제 21개를 모두 풀었다면 자신만의 카타를 만들어 다른 사람들과 공유하라.

16

일하는 법

'소프트웨어를 개발하는 것'은 명사가 아니라 동사구다. 그것은 어떤 것을 만드는 '프로세스'다. 코드를 짤 때 개발되는 제품만큼 프로세스에도 초점을 맞추는 것이 중요하다. 프로세스에서 눈을 떼면 제품을 늦게 전달하거나 잘못된 제품을 전달하거나 제품을 전달할 수 없게 되는 위험이 있다. 이러한 결과가 나오면 고객이 눈살을 찌푸리기 쉽다.

다행히도 좋은 소프트웨어(와 제품)를 만드는 프로세스에는 많은 생각이 들어갔고, 이러한 앞선 기술 중 많은 것들이 방법론^{methodology}으로 체계화됐다. 이 방법론들은 많은 책의 주제로 온라인이나 근처 서점에서 찾을 수 있다.

그러나 불행히도 개발자들은 대부분 이러한 좋은 정보로부터 혜택을 전혀 받지 못한다. 대다수의 팀들에게 프로세스는 때늦은 생각이거나 위에서 강요

된 것이다. 방법론이란 말은 그 사람들 생각에 서류 작업, 길고 의미 없는 회의와 같은 뜻이 되어 버렸다. 관리자의 강요 때문에 방법론을 쓰는 경우가 너무 잦다.

관리자들은 어떤 종류의 프로세스를 따라해야 하는지 직관적으로 안다. 그러나 바로 사용할 수 있는 대안은 대개 알지 못한다. 그 결과로 1980년대에 강요했던 낡은 프로세스를 다시 꺼내 전문 용어가 인쇄된 리본으로 포장해(파스텔색 애자일 리본이 좋은 선택이다) 팀에 실행을 떠넘긴다. 누군가 어떤 프로세스는 되고 어떤 프로세스는 안 되는지 연구 후 악순환을 깨지 않으면, 그 팀의 개발자가 스스로 관리자가 되어 똑같은 프로세스를 되풀이하는 악순환이 발생한다.

소프트웨어를 개발하는 더 나은 방법이 틀림없이 있다고 생각할 것이다. 그리고 실제로 대부분의 팀이 사용할 수 있는 더 나은 방법이 있다.

프로그래머, 테스터, 또는 소프트웨어 설계자라면 개발 프로세스가 자기 책임이라고 생각하지 않을지도 모른다. 회사에서 관심을 두는 한 여러분이 맞을 것이다. '누구의 책임도 아니라는 사실'이 불행한 일이다. 어떤 일이 누군가에게 주어진다는 것은, '프로세스 그룹process group'이라는 웅덩이 또는 별로 연관 없는 조직이라는 구덩이에 빠지는 꼴과 비슷하게 될지도 모른다. 진실은 다음과 같다. 소프트웨어 프로세스가 성공적으로 만들어지려면 프로세스를 사용하는 사람들이 그 프로세스를 받아들여야 한다. 바로 여러분 같은 사람들이다.

이 프로세스에 주인 의식을 느끼는 가장 좋은 방법은 프로세스를 만드는 일을 돕는 것이다. 자신이 속한 조직에 아무 프로세스도 없다면 자신에게 맞는 방법론을 조사하라. 점심 도시락을 싸가지고 와서 동료들과 함께 먹으면서 현재 개발 문제와 그것들을 완화할 수 있는 표준 프로세스를 채택하는 방법을 토의해 보라. 선택한 프로세스를 조직에 적용하고 모든 사람이 받아들일 수 있게 계획을 구성하고 수행하라.

> 프로세스가 자신에게 속해 있다고 느끼고 싶으면
> 프로세스를 만드는 데 도움을 주라.

프로세스가 위에서 아래로 흐르는 환경에서 일할 수도 있다. 지시가 개발팀에 도착할 때쯤이면 해야 할 업무는 내려오다가 원래와는 다르게 해석되어 알아볼 수 없는 지경까지 뭉개지는 때가 있다. 프로세스가 '고요속의 외침 (Chinese Whispers: 귓속말로 낱말을 전달하는 게임이다. '가족오락관'이라는 TV 프로그램에서 '고요속의 외침'이란 이름으로 귀를 막고 입 모양을 보고 낱말을 전달하는 방식으로 진행된 적이 있다)' 게임의 비밀 문구 같은 운명을 겪은 것이다. 다른 한편으론 이것은 주도권을 쥘 수 있는 기회이기도 하다. 주어진 방법론을 조사해 그것이 정말 무엇을 의미하는지 팀과 경영진이 이해할 수 있게 하라. 프로세스가 강요되는 것에 대항할 수는 없으므로 프로세스를 정확하게 만들어 잘 돌아가도록 하는 편이 좋을지도 모른다.

방법론 세계가 실속 없는 유행어처럼 보이기 쉽다. 그러나 유행어로 그럴듯하게 꾸며져 있더라도 소프트웨어 프로세스를 공부하면서 항상 뭔가를 배울 수 있다. 그 방법론으로 구현하지 않더라도 말이다. 소프트웨어 프로세스 전망에 조예가 깊다면 팀이 어떻게 일해야 할지 좀 더 확실하게 논의할 수 있다.

쓸 만한 규범적 방법론prescriptive methodology이 넘쳐나도 방법론을 완전하게 실행하는 회사에서 일하지는 않을 것이다. 괜찮다. 따라야 할 가장 좋은 프로세스는 팀을 가장 생산적이게 하고 최고의 제품을 만들어 내도록 하는 것이다.

가장 높은 생산성과 가장 좋은 제품을 동시에 만족하는 유일한 방법은 (계시(啓示)가 현현(顯現)하는 것에 가깝지만) 가능한 대안을 공부해 여러분과 팀이 이행할 수 있는 부분을 골라 실제 경험에 바탕을 두고 지속적으로 다듬는 것이다. 결과적으로 프로세스를 만들 수 없다면 제품을 만들 수 없다. 소프트웨어가 돌아가게 만들 수 있는 사람을 찾는 편이 소프트웨어 개발 프로세스를 잘 돌아가게 할 수

> ### 방법론: 단지 긱만을 위한 것이 아니다
>
> 제임스 던컨 데이비슨 씀
>
> 프로젝트 관리가 반드시 소프트웨어 개발 방법론에만 매여 있지는 않지만 회사의 프로젝트 관리 기법 때문에 벽에 부딪힐지도 모른다. 수많은 프로젝트 관리 방법론이 산업에서 널리 쓰이고 있다. Project Management Institute 의 『Project Management Book of Knowledge』가 주목 받는다(http://www.pmi.org, PMI에서 운영하는 자격증 프로그램은 널리 알려져 있다).
>
> 식스 시그마 Six Sigma, http://www.isixsigma.com는 또 다른 비 소프트웨어 분야 전용의 품질 방법론이다. 제너럴 일렉트릭 General Electric과 모토로라 Motorola 같은 회사가 주도하는 방법론인 식스 시그마 접근 방식에서는 고객 만족과 효율을 끌어내기 위해 프로세스와 제품 분석과 측정을 강조한다. 소프트웨어 개발용은 아니지만 식스 시그마의 엄격하고 조직적인 접근 방식은 프로그래머의 일에 직접 적용할 수 있는 교훈을 많이 준다.

있는 사람을 찾는 것보다 오히려 쉽다. 따라서 소프트웨어 개발 프로세스 관련 지식을 '자기 무기고'에 추가한다는 것은 오직 자신에게 유익한 것이다.

실천하기

1. 소프트웨어 개발 방법론 한 가지와 책 한 권을 고르고 웹 사이트를 보기 시작하라. 그리고 메일링 리스트에도 가입한다. 방법론을 비판적인 눈으로 보라. 어떤 것이 장점이고 약점이라고 생각하는가? 자신이 일하는 곳에서 실행하는

데 무엇이 장벽이 될 것인가? 또 다른 방법론을 골라 똑같이 해본다. 그것들의 장점과 단점을 비교하라. 그 방법론들의 접근 방식을 어떻게 묶을 것인가?

17

거인의
어깨 위에서

재즈 연주자로서 나는 음악을 듣는 데 시간을 많이 들였다. 책을 읽거나 운전을 할 때 듣는 것 같이 그냥 배경 음악처럼 스쳐 지나가듯 듣지 않았다. 음악을 정말 몰입해 들었다. 재즈 즉흥 연주가 악보 상의 화음을 넘어서서 자유롭게 연주하는 것이라 하더라도, 이렇게 몰입해 들으면 어떤 부분이 잘 맞고, 어떤 부분이 안 맞는지 알 수 있는 영감이나 능력이 생긴다. 어떤 소리가 훌륭한지, 또 어떤 소리가 그저 그런지 알 수 있는 것이다.

재즈 음악 녹음의 방대한 역사는 엄청난 지식의 집합체 구실을 해 누구나 듣는 실력을 키울 수 있다. 그러므로 음악을 듣는다는 것은 재즈 연주자에게 수동적인 행위가 아니다. 그것은 공부다. 게다가 다른 음악을 이해하는 능력은 시간을 들여 계발해야 하는 기술이다. 내 연주자 친구들은 이러한 음악 듣기를 정말 확실하게 했다. 우리는 '음악 듣기 파티'를 열어 여러 재즈 연주자들이 둘

러앉아 음악을 듣고 그것에 대해 토론했다. 우리는 즉흥 연주자의 이름을 알아맞히는 놀이도 가끔 했다. 한 사람이 즉흥 연주 독주 음반을 틀면 나머지 사람들이 스타일을 바탕으로 녹음한 연주자가 누구인지 알아맞히는 것이었다.

물론 재즈 세계에 있는 우리가 특별한 것은 아니었다. 고전 음악 작곡가들도 같은 일을 한다. 소설가와 시인도, 조각가와 화가도 마찬가지다. 대가의 작품을 공부하는 것은 대가가 되기 위한 필수적인 부분이다.

재즈 녹음을 들을 때 우리는 즉흥 연주자가 음악적 포인트와 소통하려고 쓴 음악적 장치들에 대해 토론했다. "와! 형식에서 살짝 벗어나 연주하는 것 들었어?" 또는 "브리지 부분에서 불규칙하게 비트를 연주하는 방식이 정말 특이해." 같은 이야기를 나누었다. 이 토론은 우리가 다음 즉흥 연주 시간에 시도할 기교를 발견하고 정제하는 데 도움이 됐다.

> 통찰을 얻으려면 기존 코드를 파헤치라.

소프트웨어 설계와 프로그래밍은 이런 면에서 일반적인 예술과 공통점이 많다. 패턴과 비법을 배우려면 많은 분량의 기존 코드를 파고 들어야 한다. 디자인 패턴 운동(『Design Patterns』(『GoF의 디자인 패턴』, 김정아 옮김, 피어슨에듀케이션코리아)를 보라)은 일반적인 소프트웨어 개발 문제에 대해 여러 번 쓸 수 있는 해결 방법을 찾아내 문서로 만드는 데 초점을 둔다. 디자인 패턴을 통해 기존 코드를 공부하는 체계가 갖춰졌고 수많은 소프트웨어 전문가들이 쉽게 연습할 수 있게 됐다. 하지만 디자인 패턴에서 배울 수 있는 것은 우리가 코드 읽기를 즐기면서 배울 수 있는 것에 비하면 일부분에 불과하다.

프로그래머들은 특정 문제를 어떻게 알고리즘적으로 풀까? 프로그래머들은 변수, 함수, 구조체 이름 짓기를 전략적으로 어떻게 사용할까? 재버^{Jabber} 인스턴트 메시징 프로토콜을 새 언어로 구현하려면 어떻게 할까? 유닉스와 윈도 시스템 사이에서 프로세스 간 통신을 다루는 창조적인 방법은 무엇일까? 이것들은 기존 코드를 공부하면서 대답할 수 있는 질문들이다.

기존 코드를 이용해 자신의 능력을 비춰보라.

특정 문제에 대한 해결 방법을 찾는 것보다 더욱 중요한 것은 기존 코드를 자신의 스타일과 능력을 점검하는 확대경으로 삼는 것이다. 존 콜트레인의 음반을 들으면서 색소폰 연주자로서 내 실력이 어느 정도인지 항상 깨닫는다. 위대한 소프트웨어 개발자의 코드를 읽어도 마찬가지로 겸손해지는 효과를 본다. 그렇지만 그저 겸손해지는 것만은 아니다. 코드를 읽으면서 전에 해 본 적이 없는 것들과 결코 생각해 보지도 못했던 것을 발견할 것이다. '왜일까? 이 개발자는 무슨 생각을 하고 있었을까? 동기가 무엇이었을까?' 기존 코드를 이처럼 비판적으로 의식하며 탐구한다면 나쁜 코드에서도 배울 수 있다.

기존 작품에서 배우는 것은 예술 세계에서는 효과가 좋다. 음악이나 그림에는 숨겨진 소스 코드가 없기 때문이다. 음악을 들을 수 있거나 미술 작품을 볼 수 있다면 그것으로부터 배울 수 있다. 감사하게도 소프트웨어 개발자로서 우리는 오픈 소스 소프트웨어라는 형태의 거의 무한대의 기존 소프트웨어 모음에 접근할 수 있다.

전부 읽기에는 불가능할 정도로 많은 오픈 소스 소프트웨어가 있다. 확실히 좋지 않은 오픈 소스 프로젝트도 좀 있지만 뛰어난 것들도 있다. 오픈 소스 코드들은 현재 사용할 수 있는 거의 모든 프로그래밍 언어로 쓰여 있을 뿐 아니라, 소프트웨어가 할 수 있는 어떠한 태스크라도 거의 구현할 수 있다.

음악, 미술, 문학에서처럼 코드를 비판적인 눈으로 보면 자기 입맛대로 개발할 수 있다. 다양한 스타일과 기교를 보면 즐겁고 놀랍겠지만, 한편으론 화도 나고 도전 의식도 생길 것이다(제발 도전하길 바란다). 그런 것들을 정말로 기대한다면 자신을 더 생산적이게 하는 요령부터 문제에 접근하는 방식을 완전히 바꾸어 주는 디자인 패러다임까지 모든 것을 알 수 있을 것이다. 예술에서처럼 다른 사람들의 습관을 공부하고 배움으로써 자신만의 독특한 소프트웨어 개발 스타일을 계발할 수 있을 것이다.

코드 읽기의 긍정적인 부수적 효과는 기존의 것에 대해서도 더 많이 배운다는 점이다. 풀어야 할 새로운 문제가 생기면 "아, 어떤 프로젝트에서 MIME^{Multipurpose Internet Mail Extensions} 타입 핸들링을 구현한 라이브러리를 봤어"하고 기억을 떠올릴 것이다. 사용 허가 조건이 적절하고, 미리 가져다 쓸 수 있는 정보를 더 많이 알고 있으면 시간을 많이 절약할 수 있고 회사로서도 많은 돈을 절약할 수 있다. 소프트웨어 산업에서 중추적인 바퀴를 다시 만드는 일을 거듭 되풀이하느라('발명'이라는 말은 너무 관대하다) 얼마나 많은 돈을 낭비하는지 깨닫는다면 아마 놀랄 것이다.

아이작 뉴턴^{Isaac Newton}은 "내가 더 멀리 봤다면 그것은 '거인의 어깨 위에 서' 있어서다."라고 말했다. 뉴턴처럼 총명한 사람이라면 앞 세대로부터 배울 점이 많다는 사실을 알 것이다. 뉴턴처럼 되라.

실천하기

1. 프로젝트를 하나 골라 책 읽듯 읽는다. 기록을 하면서 장단점의 윤곽을 잡는다. 비평을 써서 발표한다. 해당 프로젝트에서 이용할 수 있는 요령이나 패턴을 최소한 하나라도 찾는다. 관찰하면서 최소한 나쁜 점 하나를 찾아 소프트웨어를 개발할 때 '하지 말아야 할 일' 점검표에 추가한다.

2. 의견이 같은 사람들을 찾아 한 달에 한 번씩 만나라. 만날 때마다 각자 공부할 코드(2~200줄)를 추천한다. 코드를 나눠 코드 이면에 있는 것에 대해 토론한다. 그렇게 한 결정에 대해 생각해 본다. 거기 없는 코드에 대해서도 깊이 생각해 본다.

18

자동화 기술을 이용해
일자리를 찾으라

내 경력에서 변함없는 주제는 IT 관리 부서와 충돌이었다. IT 관리 부서는 값싼(가끔씩 해외) 컨설팅 회사를 고용해 프로젝트 일을 시키려 했고 나는 개발자 임금이 아무리 싸도 비용은 결코 줄어들지 않는다고 굳게 믿었다. 나는 IT 임원이나 부사장과 여러 번 격렬한 토론을 하면서 값싸고 기술 수준이 낮은 코더 부대 대신 강력한 개발자들을 고용하자고 열정적으로 주장했다.

불행히도 논쟁 도중에 내 주장이 막힐 때가 있었다. 내 입장에서 문제는 내가 틀렸다는 것이 아니었다(분명히 아니다!). 내가 옳음을 증명할 쉬운 방법이 없다는 것이었다. 그리고 비용 관점에서 제시한 증거가 탄탄해서, 시간당 비용이 더 낮아야 실제로 회사가 고용을 하는 데 더 이득이라는 결론이 내려졌다.

상상할 수 있는 범위의 가상 소프트웨어 프로젝트를 상상해 보자. 가상의 그 소프트웨어를 석 달 동안 만드는 데 프로그래머가 몇 명이 필요할까? 다섯 명, 여섯 명(잠시 같이 상상해 보자)? 좋다. 같은 프로젝트를 두 달 동안 한다면 몇 명이 필요할까? 한 달 안에 끝내야 한다면?

IT 관리 부서의 표준 대답은 프로그래머를 추가해야 더 빨리 진행된다는 것이다. 틀렸지만 사람들이 그렇게 믿고 있다. 그리고 한 프로젝트에 프로그래머를 충원해 더 빨리 진행할 수 있다면 이 법칙의 추정에 따라 사람이 많으면 생산성도 더 오르게 된다.

문제를 해결하는 데는 여러 방법이 있다. 목표가 소프트웨어 개발 작업 처리량throughput을 향상시키는 것이라면 다음과 같은 방법 중 하나를 고를 수 있다.

- 일을 더 빨리 하는 사람을 쓴다.
- 더 많은 사람에게 일을 시킨다.
- 일을 자동화한다.

우리는 소프트웨어 개발 생산성을 정확히 측정하는 법을 아직 모르기 때문에 이 사람이 저 사람보다 빠르다고 증명하기가 어렵다. 그래서 재무 관리자는 시간 당 비용에 초점을 둔다.

이런 생각은 다음과 같은 단순한 (성격의) 공식을 이끌어낸다. 이 공식은 기간이 정해져 있다고 가정한다.

$$생산성 = \frac{프로젝트\ 수}{프로그래머\ 수 \times 시급}$$

소프트웨어 투자의 실제 수익을 계산하는 것이 실제로 가능한 환경도 일부 있다. (그런데) 대부분은 프로젝트 수나 요구 사항 수 같은 명쾌하지 못하고 불분명한 척도를 발견하게 되는데 그러한 단위 측정 방식을 모든 상황에서 똑같이 되풀이해 적용할 수는 없다.

따라서 '더 빠른 프로그래머'를 쓰는 방식은 증명하기 어렵고 '더 싼 프로그래머'를 추가하는 방식은 장려하고 싶지 않다. 이제 '자동화'만이 남는다.

1980년대에 미국에서 있었던 실직을 둘러싼 선정적인 선동을 기억한다. 그 당시 미국인들은 다른 나라들을 비난했을 뿐 아니라 기계, 특히 컴퓨터를 비난했다. 거대한 로봇 팔이 제조 공장에 설치되고 있었다. 이 로봇 팔들은 처리량과 정확성에서 비교할 가치가 없을 정도로 사람보다 능력이 뛰어났다. 모두 아니, 로봇 팔을 만든 사람들을 제외한 모두가 화를 냈다.

자, 여러분이 일하는 회사가 중소기업 웹 사이트를 만드는 일을 한다고 하자. 여러분은 연락처, 설문 조사, 장바구니 등이 있는 똑같은 사이트를 기본적으로 몇 번이고 다시 만들 필요가 있다. 정말 빠른 프로그래머들을 고용해 사이트를 만들게 하거나 저임금 프로그래머를 많이 뽑아 모든 일을 수작업으로 반복해서 하게 할 수 있다. 아니면 사이트를 만드는 시스템을 만들 수도 있다.

재무 관리자의 공식에 어떤 임의의 숫자를 넣으면 다음 그림 1에 나온 방정식을 얻을 수 있다.

$$\text{빠른 프로그래머} \quad \frac{5}{3 \times \$80} = 0.02$$

$$\text{싼 프로그래머} \quad \frac{5}{20 \times \$12} = 0.02$$

$$\text{프로그래머 1명 + 로봇 팔} \quad \frac{5}{1 \times \$80} = 0.06$$

그림 1 생산성 비교

자동화는 IT 산업 DNA의 일부분이다. 어떤 이유 때문에 우리는 소프트웨어 개발자로서 우리 일을 자동화하려 하지 않았다. 해외 외주 경쟁자보다 소프트웨어를 더 빠르고 싸고 좋게 만들 수 있음을 어떻게 증명할 수 있을까? 로봇을 만들라. 자동화 기술을 이용해 일자리를 찾으라.

실천하기

1. 평소에 되풀이하는 작업을 하나 고르고 그 작업에 대한 코드 생성 프로그램을 하나 짠다. 단순하게 시작한다. 재사용성은 걱정하지 말라. 코드 생성 프로그램 때문에 시간을 절약할 수 있다고 확신하기만 하면 된다.

생성 프로그램의 추상화 수준을 높이는 방법을 생각해 보라.

2. MDA^{Model Driven Architecture}에 대해 조사하라. 몇 가지 사용할 수 있는 도구를 써 보라. 자신의 일에 전부가 아니더라도 MDA의 개념을 적용할 수 있는 부분이 있는지 찾아보라. 자신이 날마다 사용하는 도구에 MDA 개념을 적용하는 것에 대해 생각해 보라.

IT 컨설턴트에서 이사까지

빅 채드하 씀

제너럴 일렉트릭의 IT 컨설턴트에서 비캐털리스트(bCatalyst: 자본금 500만 달러의 사업 전문화 기업)의 사내 창업가로 근무하기까지의 여정은 내 경력의 다음 단계로 상상했던 길은 아니었다.

자, 나는 어떻게 직원이 수만 명이나 되는 포춘 5대 기업에서 일하다 초기 첨단 기술 신생 기업에 투자하고 조언하는 회사에서 일하게 됐을까? 돌아보며 그 순간순간을 이어보면 중요한 패턴들이 드러난다. 그래서 독자들이 자신의 상황에 맞게 그 패턴들을 받아들일 수 있기를 바라며 내 경험을 공유하고 싶다.

버지니아 공대에서 전기공학 석사를 마친 후 바로 IT 컨설턴트로 제너럴 일렉트릭에 입사했다. 인터넷의 상업적 이용이 본궤도에 오르기 시작했고 나는 몇 개 프로젝트에서 이 놀랍도록 강력한 플랫폼과 그 기반 기술을 최대한 활용할 수 있도록 재무 IT 팀부터 기술·서비스 그룹, 판매 자동화, 마지막으로 판매 데이터 웨어하우징 그룹까지 각 그룹이 새 계획을 세우도록 돕는 일을 했다. 나는 최신 인터넷 기술을 연구하고 구현하는 일과 그것을 복잡한 비즈니스 문제를 푸는 데 적용하는 일을 무척 좋아했다.

그런데 최첨단 기술로 먹고 사는 것이 항상 재미있지는 않았다. 우리는 호시기(好時期)에 맞게 준비되지 않은 기술 때문에 늘 문제에 부딪혔고 판매사들이 제품을 디버그하는 것을 돕느라 많은 시간과 에너지를 썼다. 고객 관점에서 나는 기술이 아무리 멋져 보여도 시급한 실제 문제를 풀고 정량화할 수 있는 혜택을 제공해야 가치가 있음을 배웠다. 시간이 지나 이러한 배움이 기술 중심에서 해법 중심으로 사고방식을 바꾸는 데 도움이 됐다. 이러한 새 사고방식을 좀 더 분명하게 깨닫는 것이 몇 년 후 비캐털리스트에서 초기 기술 신생 기업을 평가하는 동안 매우 가치가 있음이 입증됐다.

하지만 제너럴 일렉트릭에서 일하는 것을 즐겼던 만큼 중요한 측면 한 가지가 빠져 있었다. 내 업무에서 IT 전문가라는 한 가지 측면에 치우쳐 내 모든 기술을 개발해 왔지, 회사가 운영되는 법과 돈을 버는 법, 지속되는 법, 혁신하는 방법을 배울 기회가 없었다. 좌절하기보다는 사업과 기업가 정신을 좀 더 배워 주도적으로 무엇인가를 해보기로 결정했다. 비즈니스 관련 과정을 다녀본 적도 없지만 회사를 시작하는 데 무엇이 필요한지 속속들이 배우는 유일한 길은 내 손을 더럽히는 것임을 알았다(즉 시행착오를 거쳐 일하는 법을 배우는 것이다).

나와 내 아내 비디아^{Vidya}, 그리고 예전 룸메이트이자 친한 친구이기도 한 사업가 라즈 하젤라$^{Raj\ Hajela}$ 셋이서 시장에서 기존에 아직 충족되지 않은 필요가 있는지 알아내려고 아이디어를 모았다. 우리는 전자 상거래 기회를 찾고 싶었으나 일용품을 팔고 싶지는 않았다. 우리는 예술에 대한 배경 지식이 있었고 정말 흥미를 느꼈으며 모든 예술 작품은 본질적으로 독특하다는 사실을 좋아했다. 내 삼촌은 평생 화가로 먹고 살려고 애를 쓰셨다. 조사를 좀 해보고 화가들이 대부분 이런 경우라고 결론을 내렸다. 우리는 화가들이 자신의 작품을 공개하고 판촉해 후원자들과 관계를 지속하는 데 도움이 되는 플랫폼을 만들어서 이 문제를 풀기로 결정했다. 이 임무를 마음에 두고 우리는 Passion4Art.com을 개설해 화가들이 우리 웹 사이트에 가입해 자기 작품의 디지털 이미지를 온라인에 올려놓도록 열심히 일했다. 먼저 화가 1000명과 계약을 맺고, 화가들이 자기 웹 사이트를 연 후 우리가 가치 있는 어떤 것을 제공하고 있다고 믿고 밖에서 투자를 받을 수 있는지 알아보기 시작했다.

당시(아마도 1999년) eMazing.com이라는 회사에서 다양한 주제에 관해 매일 팁을 제공했고 우리는 그 회사와 협력해(우리 화가와 그 회사의 배포 채널이 함께 작업하는 식으로) 매일 미술 팁을 제공할 수 있겠다고 생각했다. 그 회사 고위 간부 한 명이 우리 제안을 좋아했고 시도해 보기로 합의했다.

우리는 그에게 인프라를 구축하려고 투자자를 찾고 있다고 말했고 그는 친절하게 우리 사업 계획을 비캐털리스트라는 사업 전문화 기업에 보냈다.

며칠 후 비캐털리스트 CEO 케이스 윌리엄스$^{Keith Williams}$의 전화를 받았다. 케이스는 우리를 직접 만나서 우리 사업에 대해 좀 더 알고 싶다고 말했다. 우리는 당연히 이 만남에 신이 났다. 비캐털리스트가 신뢰할 만한 정보원으로부터 우리에 대해 들은 것이 얼마나 중요한지 나중에야 알았다. 여기에서 교훈은 벤처 투자자와 만나려면 호의적인 추천을 받을 수 있게 열심히 일해야 한다는 것이다. 그것이 성공적으로 첫걸음을 내딛는 가장 좋은 방법이기 때문이다.

케이스와 여러 번 회의를 진행하면서 우리 팀과 비캐털리스트 사이에 공감대가 잘 이뤄졌음을 알았지만 인터넷 거품이 그즈음 터졌고 시기가 이 일에 투자하기에는 좋지 못했다. 마지막 모임에서 비캐털리스트 측은 우리 팀을 정말 좋아하지만 투자의 정당성을 증명할 수 없겠다고 말했다. 하지만 그들이 좋아할 아이디어를 하나 더 가져오면 주저하지 않고 우리를 후원하겠다고 했다. 나는 비캐털리스트에 "안 되겠네요"를 공손하게 말한 것인지 우리와 진지하게 일하고 싶은 것인지 물었다. 비캐털리스트는 정말이라고 장담했다.

케이스에게 회의를 한 번 더 요청해서 제너럴 일렉트릭을 기꺼이 그만두고 다음 몇 달간 전업으로 비캐털리스트와 함께 일하면서 공동으로 다른 창업 기회를 찾아보겠다고 말했다. 나는 비캐털리스트에 장기간 투자하라고 요구하지 않고 이 내용을 위험이 낮은 제안으로 제시했다(구매 전 시험 사용과 비슷하다). 이 기회가 실현된 것은 내가 명확한 전망이 없었지만 GE를 그만두고 이 일에 기꺼이 뛰어들겠다는 의지가 있다고 비캐털리스트를 설득했기 때문이다.

다음 열두 달 동안 매일 우리는 자신의 아이디어를 선전하는 서로 다른 팀을 만났고 우리가 각 회사에 물어보는 질문 모음에 새 패턴이 생겼음을 알았다.

이 질문 목록을 정리해 두었고 독자들이 앞으로 벤처 투자자에게서 투자를 받아야 할 때를 대비해 공유하고자 한다. http://www.enterprisecorp.com/resources/assessment.htm을 보라.

비캐털리스트에서 일하는 동안 배운 기술 덕에 Enterprise Corp.의 이사가 될 수 있었다. 지난 7년간 나는 100개가 넘는 회사와 일했고 그 회사들이 7500만 달러가 넘는 투자를 받을 수 있게 도왔다. 이는 대단히 만족스러운 경험이었고 내가 주도적으로 새로운 일을 시도하는 모험을 하지 않았다면 겪어보지 못했을 일이었다. 도중에 여러 번 왔다 갔다 한 것은 그 과정에서 없어서는 안 될 부분이었다. 독자들이 내 이야기에서 영감을 얻어 자신만의 독특한 길, 즉 자신의 능력을 최대한 쓸 수 있는 길을 찾기를 바란다.

빅 채드하는 Enterprise Corp.의 이사를 역임했다.

실행

지금까지 이야기한 것을 통해 자신이 적절한 투자를 해왔고 적절한 시장에 있다고 하자. 예를 들어 자신이 무선 피자 배달 애플리케이션을 위한 서비스 지향 아키텍처Service Oriented Architecture를 구현하는 전문가가 되었고 마침 피자 배달 산업이 전례 없이 경기가 좋아졌다고 하자. 그렇다 하더라도 스스로 자랑스러워하기 전에 지금까지 이야기한 것은 전부 무언가를 실제로 해내기 위한 준비 작업일 뿐이라는 주의를 주고 싶다. 지금까지 이야기한 것들은 전부 이 순간, 즉 실제 일을 시작해야 하는 지점으로 이끌기 위한 것이다. 여러분은 무언가를 실제로 해내야 한다.

운이 정말 좋지 않는 한 최신 기술 분야를 선도하는 똑똑한 전문가가 되라고 월급을 받지 못할 것이다. 여러분은 대부분 돈을 벌려는 조직에서 일한다. 여러분이 할 일은 조직이 목표를 이루는 데 기여하는 무언가를 만드는 것이다. 지금까지 설명한 모든 것, 주의 깊은 생각과 준비 작업은 여러분이 회사에 나가 일을 잘 할 수 있도록 완벽하게 준비시키기 위한 것이다.

「자신의 달걀 전부를 다른 사람의 바구니에 넣지 말 것」에서 "J2EE 아키텍트가 되고 싶어요"라고 말한 사람처럼 사람들은 대부분 몸담고 있는 회사와의 관계 속에서 자신의 정체성을 찾지 않는다. 나는 포춘 500대 기업의 식기 세척기를 파는 걸 돕는 사람이기 이전에 프로그래머라는 뜻이다. 맞지 않은가? 나는 애플리케이션 아키텍트다. 전력 회사 직원이 아니다. 소프트웨어를 기술로 보는 관점에서는 이는 그다지 놀라운 일이 아니다. 우리가 선택하는 기술과 그 기술을 적용하는 분야를 동일시해서는 안 된다. 방위산업 청부업체 사무실을 설계하는 건축가는 건축가이지, 방위산업 청부업지가 아닌 것이다.

이렇게 정체성을 살피다 보면 몇 가지 미묘한 문제가 생긴다. 프로그래머의 목표가 크더라도 책임 문제와 충돌할 수도 있기 때문이다. 건축가가 만든 방위산업 청부업체 사무실에 문제가 있다면 그는 가치 있는 것을 만들었다고 볼 수 없다. 그가 만든 것이 미학적으로 아름다워도 그는 형편없는 건축가다.

프로그래머들은 가치를 창조한 대가로 돈을 받는다. 이는 '배움의 의자'에 안주하지 말고 일어나 일을 끝맺어야 함을 의미한다. 성공하려면 설익은 능력만으로는 갈 길이 멀다. 마지막 성공은 일을 끝맺어 마무리하는 사람의 차지다.

　일을 끝내면 기분이 좋다. 사람들이 리듬을 탄다는 것이 어려울 때가 있지만(미루는 버릇(procrastination)에 관한 책들을 검색해 보라) 일단 열정을 느꼈다면 멈추고 싶지 않을 것이다. 열정에 불을 붙여보자.

19

지금
바로

10만 달러 상금이 걸린 시합이 열린다고 하자. 새로운 수취 계정 애플리케이션을 구현한 소프트웨어를 가장 빨리 만드는 팀이 상을 받는다. 회사에서 여러분의 팀이 시합에 참가했다. 경기는 주말에 열린다. 이기려면 코드를 완벽하게 테스트해야 하고 지정한 기능의 최소 세트를 구현해야 한다. 여러분은 토요일 아침에 시작해 월요일 아침까지 애플리케이션을 완성해야 한다. 월요일 아침 전에 마무리하는 첫 번째 팀이 시합에서 이긴다. 월요일 전에 끝내는 팀이 없으면 기능을 대부분 구현한 팀이 이긴다.

여러분은 자신 있게 애플리케이션의 기능 요구 사항을 정독한다. 기능 모음을 보고 만들어야 하는 시스템이 전에 작업했던 시스템과 범위, 규모 면에서 비슷하다는 것을 발견한다. 팀 회의에서 일요일 정오께 끝내는 것으로 합의하는 동안 여러분은 문득 자신에게 다음과 같은 질문을 하기 시작한다. '사무

실에서 1주일을 들여 만든 것과 비슷한 범위의 애플리케이션을 주말에 단번에 끝낸다는 게 어떻게 가능할까?'

그러나 시작종이 울리고 코드를 짜기 시작하면 여러분은 자기 팀이 목표를 이룰 수 있음을 깨닫는다. 팀원들은 기능을 신나게 만들어내면서 서로 버그를 고치고 설계를 정확하게 결정하고 작업을 마무리한다. 기분도 좋다. 사무실에서 설계 검토와 상태 점검 회의를 할 때 작은 팀을 이끌고 관료적인 환경에서 벗어나 새 애플리케이션을 아주 빠르게 만들어 신기록을 세우는 공상에 잠겨 본 적이 있을 것이다.

많은 프로그래머들이 이런 공상을 한다. 우리는 프로세스 때문에 느려진다는 것을 안다. 그뿐 아니라 처한 환경 때문에 우리가 느려진다는 것도 안다.

지금 바로 무엇을 할 수 있을까?

파킨슨^{Parkinson}의 법칙에 따르면 끝내는 데 필요한 시간에 맞추어 작업이 늘어난다. 슬픈 사실은 이런 식으로 되는 걸 바라지 않아도 그 덫에 빠질 수 있다는 것이다. 특히 정말 하고 싶지 않은 일을 할 때는 더욱 그렇다.

주말 코딩 시합의 경우 작업을 늦출 시간이 없으므로 늦추지 않는다. 결정을 내리는 걸 미룰 수 없으므로 미루지 않는다. 지겨운 일을 피할 수 없고 일을 굉장히 빨리 해야 하므로 지겨울 수 없다.

파킨슨의 법칙은 경험적인 관찰이지, 피할 수 없는 인간의 숙명이 아니다. 조작된 상황이라도 급하다는 느낌이 들면 생산성은 쉽게 두세 배가 된다. 시도해 보면 알 것이다. 더 빨리 할 수 있다. 지금 할 수도 있다. 일을 마무리하는 것에 대해 이야기하는 대신 그 시간에 바로 끝낼 수 있다.

프로젝트를 경주라고 생각한다면 감옥살이처럼 지겨움 없이 훨씬 더 빨리 마칠 수 있을 것이다. 계속 움직이라. 밀어붙이는 사람이 되라. 편해지면 안 된다.

항상 이렇게 묻는 사람이 되라. "그런데, 우리가 '지금 바로' 무엇을 할 수 있을까요?"

실천하기

1. 지금까지 해온 일을 돌아보라. 오랫동안 덮어두고 있는 작업을 점검하라. 곰팡이가 슬기 시작하는 프로젝트는 없는가? 아니면 프로젝트가 관료주의나 분석 마비 상태에 빠져 있을지도 모른다.

평상시 일과 중 틈틈이 할 수 있는 일을 찾으라. 예를 들어 평소에 웹을 보거나 이메일을 확인하거나 점심을 오래 먹거나 하는 때가 있을 것이다. 여러 달 걸리는 프로젝트를 1주일 안에 할 수 있는 작업으로 바꿔보라.

20
마음
읽기

라오^{Rao}라는 사람과 일한 적이 있다. 라오는 남인도의 안드라 프라데시^{Andhra Pradesh}라는 지방 출신이었다. 하지만 라오는 미국에서 우리와 함께 일했다. 라오는 코드를 짜달라고 부탁하면 뭐든지 짤 수 있는 그런 사람이었다. 하위 수준 시스템 프로그래밍이 필요하면 그에게 부탁하면 됐다. 상위 수준 애플리케이션 프로그래밍이 필요하면 부탁받은 대로 역시 잘했을 것이다.

그런데 라오가 정말 남달랐던 것은 부탁받기 전에 미리 그 일을 한다는 점이었다. 이런 그의 신비한 능력은 상대방이 자신에게 무엇을 부탁할지 미리 알고 상대방이 그것에 대해 생각하기 전에 그 일을 하는 것이었다. 마법과 같았다. 라오에게 말했다. "라오, 우리 애플리케이션 프레임워크의 컨트롤러를 캡슐화하는 방식을 바꾸는 문제에 대해 생각해 봤어요. 조금만 바꾸면 웹 애플리케이션 외에 다른 애플리케이션에도 쓸 수 있을 것 같은데 어떻게 생각해요?"

라오가 말했다. "이번 주에 미리 했어요. 버전 컨트롤 시스템에 들어가 있으니 보세요." 라오는 항상 이랬다. 우연이라고 하기에는 라오가 글자 그대로 우리 팀에서 유지 보수하는 소프트웨어와 관련된 '일을 다' 하는 경우가 굉장히 자주 있었다.

당시에 나는 회사의 애플리케이션 아키텍트 팀을 이끌고 있었다. 여러 가지 일 중에서 우리는 회사 애플리케이션에 쓰는 프레임워크를 만들고 유지보수했다. 팀 동료들과 소프트웨어 개발 개선에 대해 긴 시간 이야기했다. 또한 이 개선 작업에서 핵심 기반 컴포넌트의 역할에 대해서도 이야기를 많이 했다.

라오의 마법은 바로 거기에서 시작됐다. 라오는 대화할 때 말을 많이 하지는 않았지만 대화에서 결코 벗어나지 않았다. 라오는 주의 깊게 듣고 있었다. 마법 같은 그만의 비밀은 내가 필요하다고 전에 스치듯 말했던 것을 그냥 묵묵히 했던 것뿐이었다. 내가 이야기했던 것들은 스스로도 분명히 파악하지 못한 미묘하고 민감한 내용이었다.

이런 식이었다. 커피를 끓이느라 커피 포트 주변에 서서 기다리다가 내가 우리 코드를 전과 달리 약간 유연하게 만들면 얼마나 좋을지 이야기한다. 내가 자주 이야기하거나 확신을 보이면 내가 그것을 팀의 할 일 목록에 실제로 넣지 않아도 라오는 그것들의 구현 가능성만 보는 것이 아니라 '정말 만들어 버린다.' 구현하기 쉬우면(그리고 비싸지 않으면) 라오는 그것을 재빨리 만들어 버전 컨트롤 시스템에 넣는다.

> *마음 읽기 요령은 잘만 되면*
> *사람들이 여러분에게 의지하게 된다.*

마음 읽기는 관리자뿐 아니라 고객에게도 적용된다. 고객이 어떤 신호를 주고 있으면, 여러분은 그에 상응한 기능을 추가할 수 있을 것이다. 요청하려는 것이든, 가능하리라고 판단하여 전에 요청했던 것이든 말이다. 고객이 요구할 때 항상 만들어주면 고객은 만족할 것이다. 더 나아가, 고객이 요구한 것 이상을 하거나 그 전에 미리 해놓는다면 더욱 기뻐할 것이다. 적어도 마음을 읽는 능력에 문제가 없는 한 말이다.

이러한 마음 읽기 기술이 완전히 안전한 것은 아니다. 그것은 팽팽한 줄타기 줄과 같아서 안전망이 없으면 그 위를 걷는다는 것은 위험한 일이다. 주요한 위험은 다음과 같다(위험을 덜 수 있는 방법을 함께 추천한다).

- 아무도 요청하지 않은 일을 하느라 회사 돈을 쓴다. 잘못되면 어떻게 하겠는가? 작은 것부터 시작하라. 평소 일과의 틈새 시간에 맞는 것만 해야 잘못 됐을 경우에도 영향이 거의 없다. 몹시 하고 싶다면 자유 시간에 가외 일로 맡아서 하라.
- 시스템에 코드를 추가할 때마다 변경 후 원래대로 되돌리기 쉽지 않을 가능성이 충분히 있다. 시스템을 특정한 아키텍처 방향으로 몰아가거나 시스템이 할 수 있는 일을 특정 방식으로 제한할 수 있는 예측을 피하라. 변경의 영향이 크면 사업적 결정을 내려야 한다. 그러나 개발자가 그러한 결정에 개입해야 할 경우는 매우 드물다.
- 고객이 원하는 방향으로 기능을 변경한다고 했는지 모르지만, 예기치 않게 여러분이 바꾼 기능이 고객이 요구했던 것보다 떨어진다거나 바람직스럽지 않을 수도 있다. 특히 사용자 인터페이스에 대해 추측하는 것을 주의하라.

사람과 프로젝트를 관리하는 것은 도전적인 일이다. 지도를 별로 받지 않고 프로젝트를 올바른 방향으로 계속 움직이게 할 수 있는 사람은 관리자와 고객들로부터 그 가치를 높이 평가받고 그 진가를 인정받는다. 마음 읽기는 잘만 하면 고객이 여러분에게 의존하게 될 것이다. 이것은 자신이 가려고 하는 방향으로 경력을 주도할 수 있는 훌륭한 묘안이며 탐구하고 계발할 가치가 있는 것이다.

실천하기

1. 이 책의 초기 검토자였던 칼 브로피는 "다음 프로젝트나 유지보수해야 할 시스템을 위해 사용자나 관리자가 요구할 것 같은 것에 대해 노트에 기록하라"라고 제안했다. 창의적이어야 한다. 사용자와 관리자의 관점에서 시스템을 보라. 그다지 중요하지 않은 기능 목록이 나왔다면 어떻게 해야 각 기능을 가장 효과적으로 구현할 수 있을지 생각해 보라. 사용자가 당장은 마음에 두지 않지만, 발생할지도 모르는 극한적인 상황에 대해서도 생각해 보라.

프로젝트나 요구 개선 작업을 시작하면서 적중률을 추적해 보라. 추측한 것 중 몇 가지 기능을 구현해 달라고 실제로 요구받았나? 추측한 기능이 나왔을 때 브레인스토밍 시간에 제안한 아이디어를 사용할 수 있는가?

21

매일의
성과

우리는 모두 좋은 소프트웨어 개발자이고 자연스럽게 일을 잘 할 것이며 정상급 개발자가 될 것이라고 믿고 싶어 하지만, 이런 전략이 통할 운 좋은 사람은 많지 않다(정말 일부러 '운'이란 말을 쓴 것이다).

그런데 우리가 자기 성과가 어떻게 나왔는지 잘 추적하고 그에 따라 새로운 계획을 잘 짠다면 그렇게 안 될 일도 없을 것 같다. 상식적으로 우리가 관리자의 기대 이상을 해내면 A급 명단에 오를 것이다. 기대 이상을 해내는 것이 가치 있는 목표라고 하더라도 놀라운 것은 언제, 어떻게 고용주의 기대보다 더 잘 해낼지 제대로 아는 사람이 거의 없다는 사실이다.

할 만한 가치가 있는 일을 하는 사람처럼 업무 수행이 뛰어난 사람이 된다는 것은 어떤 특수하고 계획적인 일을 좀 더 잘하는 것이다. 가장 최근에 꼭 하지 않아도 될 일을 한 때가 언제인가? 관리자가 그 사실을 알고 있는가? 어떤 모범적인 사례를 좀 더 드러낼 방법은 없을까?

매일 보고할 성과를 거두라.

동료이자 좋은 친구인 제임스 맥머리http://www.semanticnoise.com는 우리 모두가 초보사일 때 '일을 잘 할 수 있는 방법'을 알려주었다. 제임스의 경험 수준을 감안해보면 그것은 매우 통찰력 있는 것이었다(아마 그의 부모님이 해주신 조언인 것 같다). 나는 오늘날까지 그것을 사용한다. 그 방법은 이렇다. 관리자에게 알리지 않고 제임스는 매일의 성과를 추적하기 시작했다. 제임스의 목표는 매일 몇 가지 두드러진 성과를 관리자에게 보고하는 것이었다. 예를 들어 제임스가 생각했거나 구현한 아이디어로 그가 속한 부서가 더 나아지도록 할 수 있는 것들이었다.

간단하게 목표를 세우고(일간, 주간 또는 자신이 할 수 있는 아무것이나) 이러한 성과를 추적하다 보면 자신의 행동이 근본적으로 바뀔 수 있다. 두드러진 성과가 무엇인지 찾을 때, 자신의 활동이 사업 가치에 바탕을 두고 있는지 평가하여 우선순위를 정하는 과정을 자연스럽게 거치게 된다.

적절한 빈도로 성과를 추적하면 확실히 정체되지 않을 수 있다. 날마다 성과를 하나씩 내겠다고 마음먹었다면, 완벽하게 태스크를 마무리하는 데 2주가 채 걸리지 않을지도 모른다. 이러한 방식으로 생각하며 일하는 것은 굳이 주된 생산의 과정이라기보다는 일종의 습관을 기르는 것이다. 그리고 단위 테스트 스위트의 녹색 막대에 중독된 개발자처럼 오늘의 성과를 끝내지 못하면 좀이 쑤시기 시작할 것이다. 자신의 작업 프로세스를 추적하는 것에 대해 많이 걱정할 필요는 없다. 마이크로소프트 프로젝트Microsoft Project로 작업 목록을 짜야 하는 부담감에 비하면 이 정도로 일하는 것은 지극히 사소한 것이기 때문이다.

> Monday - Automate the Build! ✓
> Tuesday - Write tests for feed parsing code ✓
> Wednesday - Look into Object Relational Mapping tools so we can stop writing all that SQL! ✓
> Thursday - Script the web app deployment process
> Friday - Clean up the project's compilation warnings

그림 2 주간 성과

실천하기

1. 시간표에서 30분을 비워두고 그 시간에 연필과 종이를 들고 방해받지 않는 조용한 곳에 가 앉으라. 팀에서 매일같이 참아야 하는 시시콜콜한 문제에 대해 생각해 보라. 그 문제들을 적는다. 업무 시간을 매일 몇 분씩 낭비하지만 아무도 그것에 대해 뭔가를 하려고 하지 않는, 그 성가신 일은 무엇인가?

    현재 프로젝트에서 자동화할 수 있지만 수동으로 하는 것은 무엇인가? 그것들을 적는다. 자신의 빌드나 배치 프로세스는 어떤가? 깨끗이 정리할 것은 없는가? 빌드할 때 생기는 실패를 어떻게 줄일 수 있을까? 이에 대한 생각을 모두 적는다.

    20분 동안 차분하게 생각해 보라. 좋든 나쁘든 자신의 모든 구상을 적는다. 20분이 되기 전에 그만 두지 말아야 한다. 목록을 만든 후 새 종이에 좋아하는 (대부분 성가신 일이지만) 다섯 가지 항목을 적는다. 다음 주 월요일에 목록에서 첫 번째 항목을 골라 그것에 대해 무언가를 하라. 화요일에는 두 번째 항목을, 수요일에는 세 번째 항목을, 나머지 요일도 마찬가지다.

22

누구를 위해 일하는지
기억하라

"자신의 목표와 일을 사업 목표에 맞춰야 한다"라고 말하기는 정말 쉽다. 말은 정말 쉽지만 정작 실천하기는 정말 어렵다. 특히 프로그래머라면 매우 큰 조직 구조 밑에 묻혀 있어서 자신이 속한 사업이 무엇인지 거의 알지 못한다. 프로그래머 생활을 시작한 지 얼마 되지 않았을 때 나는 대형 운송회사의 소프트웨어 개발 아키텍처 팀에서 일했다. 팀 업무는 회사의 수익 시스템을 지원하는 것이었다. 이 회사는 수직적 위계질서가 너무 강하게 막고 있어서 운송 사업에 대해 얼핏 볼 수 있었어도 내 일과 속에서는 전혀 볼 수 없었다. 나는 우리 팀이 전체 분기 회의에서 완전히 소외됐다고 느꼈던 것으로 기억한다. "우리가 축하하는 이 성과는 뭐지? 이 수치들은 전부 뭘 뜻하는 거지?"

맞다. 당시에 나는 운송 사업의 핵심을 파고드는 것보다는 멋있는 시스템을 만들고 오픈 소스 소프트웨어를 해킹하는 데 더 관심이 있었다(좋다. 내가 그러한 것들에 '여전히' 더 관심이 많음을 인정한다). 그렇더라도 나는 내 일을 조직의 주요 목표에 맞출 수 있기를 정말로 바랐지만 어디에서 시작해야 할지 알 수 없었던 것이다.

우리 일을 회사가 추구하는 목표에 맞출 필요가 있다고, 즉 순손익 등에 영향을 미쳐야 한다고 생각하는 것은 긍정적이다. 하지만 사실을 말하자면, 많은 프로그래머가 자신이 이해하는 수준에서 어떻게 이 일을 할 수 있는지 모른다. 프로그래머들은 흔히 나무는 보면서 숲을 보지 못한다.

이는 프로그래머 잘못은 아니다. 우리에게 너무 많은 것을 요구하는 것일지도 모른다. 아마 회사의 손익에 직접 좋은 기여를 하려고 마음먹더라도 바다를 끓이려는 것처럼 막막하게 느껴질 것이다. 그래서 프로그래머들은 좀 더 세분된 시각을 취할 필요가 있다. 사업이라는 바다를 끓일 수 있게 작은 웅덩이로 나누는 것이다.

시작하기에 가장 확실한 웅덩이는 여러분이 속한 팀이다. 팀은 여러분이 이해할 수 있을 만큼 충분히 작고 집중되어 있을 것이고 여러분은 팀이 직면한 문제를 이해하고 있을 것이다. 여러분은 팀이 무엇을 개선하기 위해 집중하고 있는지, 그것이 생산성인지, 수익인지, 오류 줄이기인지, 아니면 다른 어떤 것인지 안다. 확실하지 않을 때 이를 확인할 수 있는 데가 있다. 바로 관리자다.

구조가 잘 갖춰진 환경에서 관리자의 목표는 결국 팀의 목표다. 관리자가 갖고 있는 문제를 풀라. 그러면 팀의 문제를 푸는 것이다. 게다가 관리자가 여러분과 같은 해결 방식을 취한다면 여러분이 풀려는 문제가 실은 관리자의 상사가 직면한 문제인 것이다. 그렇게 하다 보면 회사 또는 조직의 최고위층, 즉 CEO, 주주, 고객에까지 올라간다.

작은 부분부터 시작함으로써 회사의 목표 달성에 기여할 수 있다. 이를 통해 목적의식이 생기고 자신의 일에 의미가 생길 것이다.

어떤 사람들은 이 전략에 다음과 같이 거부감을 느낄 수도 있다. "상사 좋으라고 상사의 일을 해주지는 않을 거야", "그 여자는 내가 한 일을 갖고 자기 성과인 척할 거야."

글쎄, 그래, 그럴 수도 있다. 회사 일이란 게 그런 것일지도 모른다. 티모시 리스터^{Timothy Lister}와 톰 디마르코^{Tom Demarco}가 『Peopleware』(『피플웨어』, 박승범 옮김, 매일경제신문사)에서 말했듯이 좋은 관리자의 역할은 '대타 노릇', 즉 전체 팀 업무가 돌아가는 것을 완전히 파악하고 작업이 어려워질 때 대신하는 것이 아니다. 좋은 관리자의 역할은 팀을 위해 우선순위를 세우고, 팀이 일을 잘하기 위해 필요한 것을 갖춰놓으며, 지속적인 동기 부여와 함께 생산적으로 일할 수 있도록 필요한 행동을 취하고, 최종적으로는 필요한 일을 마무리하게 하는 것이다. 팀에서 잘 수행한 업무가 곧 관리자가 잘 수행한 업무가 되어야 좋은 관리자라고 할 수 있다.

관리자의 성공과
여러분의 성공을 분리하지 말라.

관리자의 일이 실무를 모두 하는 것이 아니라 우선순위를 알고 정하는 것이라면, 프로그래머의 일은 모든 일을 몸소 하는 것이다. 프로그래머가 해야 할 일은 관리자의 일이 아니다. 프로그래머는 자기 일을 해야 한다.

누가 공로를 가져가는 것이 정말 걱정된다면 여러분 경력의 열쇠를 쥔 사람이 관리자임을 기억하라(최소한 여러분이 일하는 현재 회사에서는). 조직에서는 대부분 업무 성과 평가, 급여 결정, 상여금, 승진에 영향을 미치는 사람은 직속 상사다. 따라서 여러분이 찾는 공로는 결국 관리자가 현금화하는 것이다.

누구를 위해 일하는지 기억하라. 사업 필요에 맞게 자신을 바꿔나갈 뿐 아니라 사업을 자신의 필요에 맞게 변화시켜야 한다. 자신의 일을 완전하게 해내려고 한다면 이 내용이 일을 딱 맞게 하는 데 보증이 될 것이다.

실천하기

1. 관리자와 회의 일정을 잡으라. 의제는 관리자가 세우는 월별, 분기별, 연도별 목표를 이해하는 것이다. 변화를 어떻게 가져올 수 있을지 물어보라. 회의 후 자신의 일과를 팀의 목표에 어떻게 맞출 것인지 따져 보라. 관리자의 목표를 자신이 하는 모든 일에 대한 거르개로 삼으라. 이 목표에 바탕을 두고 자신의 일에 우선순위를 매기라.

23

현재 위치에
충실하라

관리자로서 다루기에 가장 짜증나는 직원은 항상 자기 출세만을 노리는 사람이다. 말하지 않아도 그런 사람을 알 것이다. 그런 사람은 같이 앉아 점심을 먹을 때면 누가 무엇으로 승진했다는 이야기를 꼭 꺼낸다. 그런 사람은 사무실에 떠도는 뒷소문을 항상 퍼뜨리고 사내 정치에 집착하는 것처럼 보인다. 마치 TV 드라마에 폐인 수준으로 중독된 것처럼 말이다. 그는 윗사람이 무능력하다고 불평한다. 또 자기 일은 깔끔하게 마무리 못하면서 마치 윗사람보다 경영을 더 잘할 수 있는 것처럼 말한다. 윗사람이 너무 무능해 자신의 잠재력을 이해하지 못한다고 말이다.

그런 사람은 자신에게 어울리지 않는 일이 많다고 생각한다. 가능하면 일을 피하고, 그 일을 피할 수 없으면 마지못해(그리고 천천히) 일을 한다. 그런 사람은 거의 반 무의식적으로 자신에게 이익이 되고 자기 수준에 어울린다고 생각하는 일만 고른다. 다음 승진에 좀 더 가까워질 수 있는지 생각해 보고 일을 고르려는 것이다.

야망을 품으라. 그러나 드러내지는 말라.

이런 사람에 대해 서글픈 것은 다음 일만을 생각하기 때문에 평소에는 대충대충 일한다는 것이다. 내가 잔디 깎을 때와 같이 말이다. 나는 잔디 깎기를 싫어한다. 잔디를 깎다 보면 땀이 나 간지러워서 싫다. 가장 싫은 점은 하고 싶은 다른 일을 못한다는 것이다. 일당을 주고 다른 사람에게 잔디를 깎게 할 수 있다. 나도 학생 때에는 아르바이트로 잔디 깎는 일을 했지만 이미 졸업한 지 오래다. 그때 난 어떻게 잔디를 깎았을까? 난 부랴부랴 대충 해치웠다. 잔디 깎는 내내 이걸 어떻게 빨리 끝내고 내 할 일을 할까 생각했다. 다시 말해, 난 잔디 깎는 일에는 젬병이었다.

다행스러운 일은 아무도 내 잔디 깎기 작업에 점수를 매기지 않는다는 것이다(하지만 내가 집에서 잔디를 깎지 않으면 아내는 굉장히 짜증을 낸다). 잔디를 다 깎고도 모양이 예쁘지 않다면 또한 내 문제다. 내가 잔디 깎은 걸 보면 아무도 내게 "그냥 계속 잔디 깎으세요."라고 하지 않을 것이다. IT 일의 경우에도 이러한 행동 때문에 경력에 큰 실패를 맛볼 수 있다. 전 단락에서 언급한 사람 이야기로 돌아가 보자. 윗사람이 그 사람을 어떻게 보리라 생각하는가? 윗사람이 오판해서 그의 탁월함을 보지 못했음을 깊이 반성하고 그를 승진시키기로 결정할까? 윗사람이 그의 월급을 올려 그를 기쁘게 해 줄까?

당연히 아니다. 그는 업무 능력은 평범한데 태도까지 나쁜 사람일 뿐이다. 그가 정말 잠재력이 크다면 어떻게 될까? 그는 지금 당장 잠재력을 보여주지 않고 있는 것이다. 자고 있는 잠재력은 돈을 벌어다 주지 못한다. 주주는 회사에 가능성이 없으면 투자하지 않는다. 더구나 그의 태도로 보아 관리자는 그에게 투자하기를 그만두고 싶을 것이다. 이것이 관리자의 관점이다.

당연히 내 자신도 여기에서 완전히 무죄는 아니다. 나 역시 어느 정도는 그런 사람이었다. 반대편에서 보니 그것은 정말 좋지 않았다. 여러분은 무언가를 바라느라 시간을 낭비하고 있다. 욕망은 충족의 반대편에 있다. 아침에 출근해 '고된 일'을 하는 그곳에서는 아무도 여러분의 잠재력을 알아주지 않는다. 불만에 가득 찬 상태로 일하면서 다른 사람보다 앞서 가는 것에 대해서만 머리를 굴린다. 최근 관리자가 다그치는 일에 대해 '나 같으면 저렇게 안 해!'라고 공상만 한다. 자신에게 자격이 있다고 생각하는 위치에서 자기 식으로 일할 수 있을 때까지 일터에서 책임을 버린다.

비밀은 여기에 있다. 그런 욕망은 결코 끝나지 않는다는 것이다. 어찌하여 꿈꾸던 큰 승진을 마침내 이루더라도 금방 또 싫증이 날 것이다. 더 높은 단계를 또 원할 것이다. 악순환이 다시 시작된다. 아직 오르지 못한 정상에 다다를 수 있다는 자신만의 예감에 집착한다. 그러나 어느 순간 문득 자신의 앞을 보니 허상을 쫓고 있었음을 깨닫는다. 전문가로서 삶을 헛되이 낭비한 것이다.

그런데 야망을 품으면 안 되나? 위대한 사업가가 야망과 목표가 없었다면 마이크로소프트나 제너럴 일렉트릭이 있었을까?

물론 야망이 있어야 한다. 나는 무감각한 사고방식을 옹호하지 않는다. 목표를 갖고 성공하고 싶어 하는 것은 올바른 것이다. 그러나 이번 장 시작 부분에서 묘사한 사람을 생각해 보라. 부정적으로 불평불만만 하는 사람이 성공하리라고 생각하는가? 뒤쳐지는 것 같지만 지금 현실에 집중하면 목표 자체에만 매달리는 것보다 훨씬 더 목표에 다가갈 것이다.

처음에는 어렵게 들릴 것이다. 심지어 선문답 같을 것이다. 성공하려는 일상적인 욕구를 포기한다는 것이 금욕적이고 도달하기 어려운 목표처럼 들릴 수 있다. 하지만 그것이 매우 실질적임을 발견할 것이다. 현재에 집중하다 보면 일과 생활의 작은 성취를 즐길 수 있게 된다. 예를 들면 일을 잘 했을 때의 느낌, 중요한 사업 문제에 전문가로서 참여할 때의 느낌, '잘 나가는' 팀의 필수 멤버가 되는 느낌 같은 것들이다. 이 느낌들은 늘 공상에 잠겨 있다면 놓칠 수 있는 것들이다. 많은 사람이 항상 큰 것만을 바라면서 자신의 일을 돋보이게 할 일상의 작은 것들은 무시하고 있다.

자신이 유쾌할 뿐 아니라 주위 사람들도 기분이 좋을 것이다. 동료, 관리자, 고객들도 느낄 것이다. 현재에 집중하면 하는 일에 그것이 나타날 것이다. 쉽게 이해할 수 없을지도 모르지만, 성공하려는 욕망을 놓아 버려야 성공할 수 있는 능력이 더 향상될 것이다.

고객, 리더, 의사 결정자와 밀접한 관계를 유지해야 한다. 이 사람들이 단기적으로 어쩌면 장기적으로, 여러분의 경력을 구체화해줄 사람들이다. 인도나 필리핀 개발자들은 이런 이점을 누릴 수 없지만 여러분은 누릴 수 있다. 따라서 여러분이 지금 있는 그 자리에 충실하라.

실천하기

1. 자신의 경력 목표를 1주일간 내버려 두라. 현재 업무 목표를 적으라. 다음에 어디로 가고 싶은지 생각하는 대신 지금 하는 일을 끝낼 때 이루고 싶은 것을 생각하라. 이 일을 훌륭하게 마치면 무엇을 만들어낼 수 있을까? 전략적이면서 전술적인 계획을 세우라. 이 일을 '마친다'는 장기 목표를 지원하는 데 이 전술들을 실현하며 한 주간을 보내라.

동료들과 점심을 먹거나 쉴 때 이 목표에 관해 대화의 초점을 맞추라. 자신과 동료들이 경력상 출세나 사내 정치와 가십에 대해 아무 대화도 나누지 않게 이끌라.

그 주의 마지막에 이 목표들을 만족시켰는지 진행을 평가하라. 현재 역할에서 필요하다고 느끼는 모든 것을 이루는 데 얼마나 걸릴까? 다 해냈는지 어떻게 알까? 다음 주를 계획하고 반복하라.

24

오늘은 얼마나
잘할 수 있을까

 일을 잘하고 인정을 받으면 보상이 따른다. 사람들은 대부분 이를 직관적으로 알지만 남보다 앞서기 위해 특히 언제, 어디서 더 노력할지에 대해서는 매우 조심스럽다. 우리는 마케팅 부서가 제안한 '차기 대박 프로젝트'를 설계하기 위해 맹목적으로 빠져든다. 또한 눈에 띄는 큰 실패에 직면해서는 하루라도 벌기 위해 땀나게 뛰어 다닌다. 우리의 뇌가 이 순간들을 자신의 재능을 발휘할 수 있는 기회로 이해하기 때문이다. 평소라면 지루해서 못 견딜 일을 세세한 것까지 집중해 밤을 새더라도 해낸다. 흔히 이렇게 긴박한 상황에서는 최선을 다하게 된다.
 시스템 운영 중단과 마감 시간을 맞추지 못했을 때도 이러한 열정 덕에 나는 항상 깨어서 효과적으로 일했다. 심한 압력에 직면해야만 이처럼 몸도 돌보지 않고 엄청나게 생산적인 열정을 발휘하는 것은 왜일까? 이와 같은 열정을 지녔더라도 가장 흥미 없고 성가신 업무를 한다면 얼마나 잘 할 수 있을까?

자신의 일을 얼마나 더 재미있게 할 수 있는가?

    이 질문은 이렇게 다시 말하면 더 나을 것 같다. 엄청 재미없고 성가신 업무를 잘 해야 한다고 생각할 때와 같은 열정으로 똑같이 잘 처리할 수 있다면 자신의 일이 얼마나 재미있을까? 우리는 재미있으면 일을 더 잘한다. 그래서 일에 아무런 흥미가 없을 때 우리는 지겨워하고 또 그 결과 때문에 고통스러워한다.

    지겨운 일을 어떻게 하면 더 재미있게 할 수 있을까? 그 질문에 대한 답은 질문을 뒤집어 보면 더 분명해질 것 같다. 지겨운 일은 왜 지겨울까? 왜 그렇게나 재미가 없을까? 몹시 싫어하는 일과 즐기는 일의 차이는 무엇일까?

    기술자에게 대부분 일이 지겨워지는 것은 다음과 같은 두 가지 근본적인 이유 때문이다. 좋아하는 일을 하면 창조력이 발휘된다. 소프트웨어 개발은 창조적인 행위이고 많은 사람이 이 이유 때문에 이 분야에 끌린 것이다. 개발자가 좋아하지 않는 일 중에 사실상 창조적이라고 볼 수 있는 것은 거의 없다. 그런 일에 대해 잠시만 생각해 보라. 목록에 있는 다음 주에 할 일을 생각해 보라. 그냥 넘어가고 싶은 일들은 창조력을 발휘할 여지를 주지 않는 일일 것이다. 그런 일들은 그저 하는 일로 다른 사람에게 시키고 싶은 것들이다.

    지겨운 일이 지겨워지는 두 번째 이유는 첫 번째 이유와 명백히 밀접하게 연결되어 있다. 지겨운 일은 도전적이지 않다는 것이다. 개발자들은 실패한 어려운 문제를 파고들어 푸는 것을 좋아한다. 그것은 사람들이 위험을 감수하면서 계곡 다리에서 번지 점프를 하거나 바위에 오르는 것과 같은 느낌이다. 사람들은 할 수 있다는 것을 증명하는 일을 좋아한다. 지겨운 일은 대개 손쉬운 일이다. 그런 일들을 하는 것은 쓰레기 봉투 치우는 일만큼이나 도전적이지 않다.

그렇다면 어떻게 해야 일과 중의 평범하고 자질구레한 일(아마 개발자들의 시간 중 80% 이상을 차지할 것이다)을 하면서도 창조력을 발휘하고 스스로에게 도전 의식을 불러일으킬 수 있을까?

지겨운 일을 완벽하게 하려고 노력해 보는 건 어떨까? 예를 들어 단위 테스트를 싫어한다고 하자. 프로그래밍은 좋아하지만 자동화된 테스트 코드를 짜야만 하는 것은 성가시다. 테스트를 완벽하게 하려고 애써보는 것은 어떨까? 그렇게 하면 자신의 행동을 바꿀 수 있을까? '완벽'이란 것이 단위 테스트와 관련해서는 무엇을 의미할까? 아마 테스트 범위와 관계가 있을 것이다. 테스트 범위가 완벽하다는 것은 실제 코드의 기능을 100% 테스트했음을 의미한다. 완벽한 단위 테스트는 또한 깔끔하여 유지보수하기 쉽고 다른 컴퓨터에서는 복제하기 어려운 외부 요소에 그다지 의존하지 않는다. 또 바뀐 컴퓨터에서도 코드를 새로 꺼내온 후 바로 실행할 수 있다. 그리고 당연히 모든 테스트는 100% 통과해야 한다.

이 내용이 어렵게 느껴지기 시작할 것이다. 100% 완벽한 테스트 범위는 거의 불가능한 것처럼 들린다. 외부 의존 없이 실행할 수 있게 테스트를 분리하는 일에는 많은 도전이 따른다. 사실 이 일을 가능하게 하려면 코드를 바꿔야만 할 수 있을 것이다. 그러나 그 일을 할 수 있다면 테스트가 믿을 수 없을 정도로 좋아질 것이다. 나는 독자들을 잘 모르지만 내게는 그 일이 재미있게 느껴진다. 맞다. 작위적인 예이지만 이와 같은 생각을 현재 닥친 일에 대부분 적용할 수 있다고 본다. 내일 당장 시도해 보라.

하루 일과를 보고 스스로 물어보라. "나는 오늘 얼마나 일을 잘할 수 있을까?" 아마 자신의 일을 더 좋아하게 될 것이다. 그리고 일도 여러분을 좋아할 것이다(이 아이디어를 준 앤디 헌트(http://blog.toolshed.com/2003/07/how_good_a_job_.html)에게 감사한다).

실천하기

1. 눈에 띄게 하라. — 지겨운 일을 가지고 동료들과 경쟁해 보라. 누가 그 일들을 더 잘하는지 본다. 단위 테스트 짜기가 싫은가? 날마다 체크인하는 코드에 대한 테스트 단언^{assertion} 수를 인쇄하라. 그리고 그것을 칸막이벽에 걸라. 전체 팀원용 점수판을 계속 걸어둔다. 자랑할 권리(또는 상품도 좋다)를 놓고 경쟁하라. 프로젝트가 끝날 때 우승자에게는 그 사람의 허드렛일을 한 주 내내 다른 팀원들에게 시킬 수 있게 해준다.

25

자신이 얼마나
가치가 있는가

하던 일을 잠시 멈추고 자신이 회사에 정확히 어느 정도 가치가 있는지 생각해 본 적이 있는가? 즉, 자신의 봉급이 지닌 의미를 아느냐는 뜻이다. 쉽게 알 수 있다. 그렇다면 임금 내역에 나타나지 않은 이익 공헌도, 관리 비용, 교육 훈련, 기타 사항들에 대해 어떻게 생각하는가?

그냥 회사에 좀 더 바라기만 하는 상태로 익숙해지기는 쉽다. 사실 불행히도 그것은 사람의 본성에 가깝다. 봉급이 오르면 얼마간은 기분이 좋다. 하지만 다음 인상을 생각한다. "10%만 더 오르면 새 ~을(를) 살 수 있을 텐데…." 우리는 모두 그렇게 생각해 왔다. 어떤 시점에 이르면 숫자는 추상적이 된다. 1년에 약 5000달러씩 더 벌고 싶다는 이야기가 아니다. 최소한 이만큼은 벌어야 한다는 기준점이 계속 높아진다는 것이다. 하지만 해마다 봉급이 만족할 만큼 오르지 않으면 회사와 일에 불만이 생긴다. "내 성과를 왜 인정하지 않는 거지?"

여러분에게 쓰는 비용은 과연 얼마일까? 이미 말했듯이 기본 봉급보다 더 많은 것이 분명하다. 논의를 위해 기본 봉급의 약 두 배라고 어림잡아 보자. 따라서 여러분이 1년에 6만 달러를 받는다면 회사는 여러분을 계속 고용하는 데 실제로는 약 12만 달러를 쓴다.

여기까지는 쉽다. 지금부터 어려운 부분이다. 지난해 여러분은 얼마나 많은 가치를 만들었는가? 회사의 순이익에 끼친 긍정적인 영향은 무엇인가? 위에서 회사는 여러분에게 약 12만 달러를 쓴다고 가정했다. 여러분은 무엇을 돌려주었는가? 회사가 비용을 얼마나 절약할 수 있게 했는가? 총수익에는 얼마나 기여했는가?

그 액수가 봉급의 두 배 이상인가?

자세히 조사하기는 어려운 문제다. 일의 모든 측면을 회사의 순이익과 연관 짓기가 어렵기 때문이다. 비현실적인 질문처럼 보일 수도 있다. "그걸 어떻게 알아요? 난 그냥 코드 짜는 사람이에요!" 물론 그게 정답이다. 회사에 속해 일하면서 실제 가치를 제공하지 않는다면 돈을 낭비하는 것이다. 그러나 급여 인상을 권리라고 생각하는 함정에 빠지기 쉽다. 회사가 해마다 제품 가격을 인상할 권리가 있다고 여기는 것과 비슷하다. 그러나 소비자는 가격이 적당하지 않으면 그 제품을 사지 않을 권리가 있다.

회사에서 쓰는 돈과 회사를 위해 만들어낸 가치를 비교해 보라. 어느 정도 가치를 전달해야 회사는 훌륭한 투자라고 여길까? 대략 봉급의 두 배라고 이야기했지만 그걸로 충분할까? 여러분이 봉급의 두 배만큼 가치를 전달한다면 회사로서는 본전치기다. 그게 돈을 쓰는 괜찮은 방식일까?

참고로 전형적인 보통예금의 이자율을 생각해 보자. 이자율이 높지 않다. 그래도 이자율이 0%인 것보다는 확실히 낫다. 그렇다고 1년치 예금을 이자율이 0% 또는 3%인 보통예금에 넣겠는가? 자신이 월급의 두 배 정도 가치를 낸다면 회사로서는 매력적이지 않은 투자다. 이자율이 0%인 예금처럼 말이다. 1

년 동안 12만 달러를 현금으로 묶어 두었는데 실물 경제의 물가 상승률을 따라잡기에도 충분하지 않은 가치를 내고 있는 것이다. 이 경우에 본전치기는 실제로 손해다.

나는 이런 생각에 몰두했던 때를 기억한다. 한 달이 지나면 "이 달에는 어떤 가치를 냈나?"라고 생각하고, 그 다음에는 주 단위, 하루 단위로 생각했다. "오늘 나는 그만한 가치를 했나?" 편집증이 있는 것처럼 보일지도 모르겠다.

> *"오늘 나는 그만한 가치를 했나?"*
> *라고 질문하라.*

구체적으로 질문할 수 있다. 얼마나 많은 가치를 냈는가? 그 가치의 양을 가장 잘 잴 수 있는 방법에 대해 관리자와 이야기해 보라. 자신이 기여한 가치의 양을 재고 싶다는 사실 자체는 좋게 받아들여질 것이다. 어떻게 하면 회사 비용을 독창적으로 절약할 수 있을까? 어떻게 하면 개발 팀이 좀 더 효율적으로 변화될 수 있을까? 또는 소프트웨어의 최종 사용자는 어떤가? 이런 질문들을 하기 시작한다면 얼마나 많은 기회를 발견할 수 있는지 놀랄 것이다. 이제 그것들 중 몇 가지를 실천해 보라. 1년 동안 봉급의 두 배라는 수를 머릿속에 간직하고 그걸 넘을 때까지 최선을 다하라.

실천하기

1. 회사가 투자를 할 때는 가능하면 가장 좋은 방법으로 돈을 쓰려고 한다. 투자 수익률을 단순하게 계산하는 것(100달러를 들여 120달러를 되찾는 것)을 현명한 결정이라고 볼 수는 없다. 다른 여러 요소 중에서 회사는 인플레이션, 기회 비용, 위험을 고려해야 한다. 화폐의 시간적 가치 time value of money라는 개념은 경영 대학원을 다니지 않은 개발자들에게는 특히 이해하기 어렵다. 지나친 단순화의

위험이 있지만 다음과 같이 설명할 수 있다. 오늘의 1달러는 내년의 1달러보다 더 가치 있다. 오늘의 1달러로 더 많은 돈을 버는 데 쓸 수 있기 때문이다.

회사에서는 대부분 회수율을 결정하고 그 아래로는 투자하지 않는다. 투자는 합의된 기간 내에 합의된 이익을 내야 한다. 그렇지 않으면 투자하지 않는다. 이 수치를 최소 기대 수익률$^{hurdle\ rate}$이라 한다.

회사의 최소 기대 수익률을 알아내고 여러분의 봉급에 적용해 보라. 여러분은 좋은 투자 대상인가?

26
물 양동이 속 자갈

사무실에서 걸어 나와 사무실에 돌아가지 않으면 무슨 일이 생길까? 많은 프로그래머가 그러한 장면을 상상하는 것을 낙으로 삼는다는 사실을 안다. 그냥 일어나 상사의 사무실에 가서 사표를 내는 것 말이다. "그 사람들에게 내가 왜 필요한지 보여줄 거야!" 이것은 정말 고약한 날들을 그럭저럭 보내는 데에서나 필요한 공상이다. 항상 가지고 있지만 결코 생산적인 태도라 할 수 없다.

그뿐 아니라 그것은 진실이 아니다. 사람들은 매일 회사를 떠난다. 그들 중 많은 사람이 해고되고 또 많은 이가 떠나는 것을 선택한다. 어떤 사람들은 심지어 공상을 현실로 만들어 알리지도 않고 사무실에서 나가 버린다. 그러나 직원들이 떠난 결과로 심각한 영향을 실제로 느끼는 회사는 거의 없다. 중요한 직책이라 하더라도 대부분 그 영향은 의외로 작다. 직장에서 여러분의 존재는 회사로서는 물 양동이 속 자갈과 같다. 정말이다. 자갈 때문에 물 높이는 더 올라간다. 일을 다 하면 자기 몫을 다 한 것이다. 그러나 양동이에서 자갈을 꺼내고 되돌아서 물을 보면 실제로는 차이를 별로 느낄 수 없을 것이다.

여러분을 우울하게 하려는 것이 아니다. 우리 모두 자신의 기여가 무엇을 의미하는지 느낄 필요가 있다. 그리고 실제로도 그렇다. 그러나 우리는 나만 생각하는 데 너무 많은 시간을 쓰느라 다른 사람들도 자기만 생각한다는 점을 쉽게 잊는다. 회사에서 일하는 사람들은 모두 지각 있고 자율적인 사람들이지만 자아라는 것에 빠져 있다. 이 자아는 자기 직업을 보는 유일한 창이다. 이렇게 생각해 보자. 동료가 떠나도 (평균적으로) 그다지 영향이 없듯이 여러분이 내일 떠나도 마찬가지일 것이다.

나는 한때 어떤 CIO 밑에서 일한 적이 있다. 그 CIO는 업계에서 굉장히 유력한 사람이었다. 그와 그의 팀(나도 그 팀원이었다)은 상이란 상은 모조리 휩쓸었고 회사의 모든 IT 표준을 세웠다. 그는 마법 같은 능력을 발휘해 2000년 파티 때는 공짜 점심과 저녁을 제공하기도 했다.

이 CIO에게 들었던 진정한 충고 한 가지(그리고 몇 번이고 들었다)는 결코 편해지면 안 된다는 것이었다. 그는 매일 일어나면서 자신이 언제든지 현재 지위에서 떨어질 수 있다고 의도적으로, 그리고 분명하게 상기한다고 고백했다. "그게 오늘일지도 몰라요." 그가 말했다.

그 CIO의 직원들은 그를 의아하게 봤을 것이다. 오늘일 리 없다고, 일이 다 잘 되고 있고, CIO도 성공했다고 생각했다.

> 자신만의 성공 때문에
> 눈이 머는 것을 경계하라.

그 점이 그가 말하려던 것이다. 겸양의 태도를 기르는 것이 단지 정신적으로 좀 더 성숙해지기 위해서만은 아니다. 겸손해지면 자기 행동을 좀 더 명확하게 볼 수 있다. 그 CIO가 가르쳤던 것은 '성공하면 할수록' 치명적인 실수를 저지를 수 있다는 것이다. 모든 게 잘 되면 자기 결정에 의문을 품지 않게 된다. 늘 해오던 방식대로 다 잘 되면 더 잘할 수 있는 새로운 방법을 찾지 않을 수 있다. 거만해질 것이고 건방을 떨다 보면 맹점이 생긴다. 아무도 자신을 대신할 수 없다고 생각할수록 누구나 자신을 대신할 수 있게 된다(그럴수록 자신은 점점 더 매력 없는 사람이 될 것이다).

자신을 대신할 수 없다고 자만하는 것은 나쁜 징조다. 특히 소프트웨어 개발자에게는 더욱 그렇다. 여러분을 대신할 수 없다면 그것은 여러분이 다른 사람이 할 수 없는 방식으로 일을 한다는 것을 의미한다. 우리는 모두 자신을 '특별한 천재'라고 주장하지만 아무리 탁월해도 그를 대신할 수 없는 개발자는 거의 없다.

많은 프로그래머가 농담 반 진담 반으로 유지보수할 수 없는 코드를 짜서 '고용 보장'을 쟁취하겠다고 이야기하는 것을 들었다. 그리고 그런 일을 하는 프로그래머들을 실제로 봤다. 어떤 경우라도 이런 사람들은 '요주의 인물'이 된다. 물론 회사에서 그런 사람들을 해고하는 것을 꺼려하긴 한다. 그렇지만 두려움은 결국 최악의 상황을 만들곤 한다. 자신을 대신할 수 없게 만드는 행위는 자신을 방어하기 위해 만든 계책일 수 있지만 고용자(그리고 동료)와 전에 없던 적대적 관계를 만들어낼 수 있다.

같은 논리로 자신이 떠나도 다른 사람이 대신할 수 있게 만드는 사람이 되면 적대적이지 않은 업무 관계가 생길 수 있다. 우리는 모두 대체될 수 있다. 이 것을 사실로 받아들이고 그렇게 일하는 사람은 자신을 실제로 변화시킬 수 있고 두말할 것 없이 자신만의 기회를 활용할 수 있다. 그리고 여러분이 누구와도 대체될 수 있다면, 더 크고 나은 직장으로 떠나는 것은 당연한 일로 아무도 못 말린다.

실천하기

1. 만들었거나 유지보수하는 코드와 수행하는 모든 태스크를 목록으로 만들라. 팀에서 전적으로 자신에게 의존하는 것을 기록한다. 자신이 애플리케이션 배치 프로세스를 완전히 이해하는 유일한 사람일지도 모른다. 또는 자신이 짠 코드 중 일부가 특히 어려워서 나머지 팀원들이 이해하기 힘들 수도 있다.

　이 각각의 항목을 할 일 목록에 적는다. 각각의 코드나 일을 문서로 만들고, 자동화하거나 리팩터링해 팀원 누구나 쉽게 이해할 수 있게 하라. 이 목록이 다 없어질 때까지 이 일을 하라. 팀의 리더, 팀원들과 문서를 적극적으로 공유하라. 문서는 어딘가에 반드시 저장해 팀원들이 쉽게 볼 수 있게 해야 한다. 이 연습을 정기적으로 되풀이하라.

27

유지보수를
즐기라

몇 년 전 나는 250명 인원의 소프트웨어 개발 센터를 바닥부터 세우는 일에 관여했다. 우리는 빈 건물에서 시작해 전체 개발 조직을 고용하고 채우는 일을 맡았다. 개발 센터를 세우면서 전혀 예상하지 못한 도전에 직면했다. 모두가 새 시스템을 만들고 싶어 했다. 아무도 옛 시스템을 유지보수하고 싶어 하지 않았다. 우리는 열정적인 문화를 지닌 새 환경을 만들고 싶었으므로 옳은 길에서 출발하려면 새 직원들이 원하는 것에 주의를 기울여야 했다.

많은 사람이 창조하는 것을 좋아한다. 창조한 것에는 자신의 흔적을 확실히 남길 수 있고 그것을 소유한 것처럼 느끼기 때문이다. 또 우리는 창조적인 결과물을 통해 자신이 잘 드러났다고 느낄 때 즐거워한다. 우리는 또 새 프로젝트가 조직에서 가장 눈에 잘 띈다고 믿는 경향이 있다. 물론 새로운 세대를 만드는 사람이 반드시 영광을 얻는다. 그렇지 않은가? 이 같은 경험을 전에 함께 일한 프로그래머들에게서 봤기 때문에 이러한 태도가 널리 퍼져 있다는 사실은 알고 있었다. 하지만 면접자 명단을 채운 소프트웨어 개발자 수백 명을 상대하면서 이런 경향이 전혀 예상치 못할 정도로 극단적이었음을 알게 됐다.

소프트웨어 개발자는 대체로 창조적이고 자유를 사랑하는 사람들이지만 프로그래머 '사회'는 놀랍게도 카스트 제도 같다. 프로그래머는 설계자가 되려 하고 설계자는 아키텍트가 되고 싶어 한다. 아키텍트는 또 뭐가 되고 싶어 하고 이런 식이다. 유지보수 작업은 해봐야 훈장을 받는 것도 아니고 부모님이나 대학 친구에게 자랑스럽게 말할 수 있는 확실하고 상승된 역할(아키텍트 같은)이 주어지는 것도 아니다.

따라서 대부분 동기 부여는 창조적인 능력을 갖게 되거나 승진할 기회가 있을 때 생긴다. 재미있는 것은 유지보수 프로젝트가 이 두 가지 중 어떤 것에도 좋은 환경은 아니라는 점이다.

유지보수 작업은 낡고 망가진 시스템과 억지스러운 최종 사용자 때문에 어지러운 것이 전형적이다. 소프트웨어는 다 만들어진 것으로 생각하기 때문에 IT 부서에서는 보통 이 시스템의 유지보수 비용을 줄이는 데 집중한다. 그래서 시스템을 계속 운영할 수 있는 가장 싼 방법을 찾는다.

그 때문에 대개 아주 적은 자원을 할당해 시스템을 돌보고 시스템을 갱신하는 데 필요한 투자는 하지 않는다.

다른 한편, 새로 시작하는 프로젝트는 쾌적하고 깨끗하며 신선한 현장에서 한다. 잘 운영되는 회사에서는 모든 프로젝트가 돈을 버는 데 기여하므로 일반적으로 프로젝트를 마칠 때까지 자금을 충분히 지원받는다(하지만 여기에서 실제 경험은 다를 수 있다). 프로그래머가 조심해야 할 옛 코드의 지뢰밭이 없으므로 기능을 '정확히' 개발할 수 있다. 기존 시스템을 다루고 있었다면 여러 장애물에 부딪혔을 것이다. 요약하면 프로젝트 환경이 일반적으로 더욱 이상적이라고 할 수 있다.

내가 여러분에게 1000달러를 주고 커피 한 잔 사다 달라고 부탁했는데 여러분이 돈만 쓰고 커피를 가져오지 않는다면 매우 불쾌할 것이다. 정말 좋은 커피를 많이 가져왔지만 두 시간이나 걸렸다면 역시 불쾌할 것이다. 한 푼도 주지 않고 커피를 사다 달라고 부탁했는데 커피를 정말 가져온다면 매우 감사할 것이고 가져오지 못해도 이해할 것이다. 프로젝트 일은 첫 번째 시나리오와 같고, 유지보수는 두 번째 시나리오와 같다.

나쁜 코드를 물려받았다는 제약이 없고 다룰 수 있는 자금이 부족하지 않다면 관리자와 고객은 우리에게 당연히 더 많이 기대한다. 그리고 프로젝트를 할 때는 업무가 개선되리라는 기대가 있다. 업무가 개선되지 않으면 실패한 것이다. 회사는 업무 향상에 의지하기 때문에 언제까지, 어떻게 그것을 만들어낼 것이냐고 심하게 닦달할 것이다. 우리의 창조적인 놀이터가 상명하달에 의해 모든 것이 움직이는 군대처럼 느껴지기 시작한다.

> 유지보수가
> 자유와 창조를 위한 환경이 될 수 있다.

유지보수 상황에서 우리에게 요구하는 것은 소프트웨어가 계속 부드럽게 동작하게 하는 것과 될 수 있으면 돈을 적게 쓰는 것이다. 아무도 유지보수 담당자들에게서 번뜩이는 무엇을 기대하지 않는다. 모든 것이 잘 돌아가면 고객은 유지보수자의 일일 관리와 작업에 간섭하지 않을 것이다. 버그를 고치고 사소한 기능 요구를 구현하고 계속 동작하게 만들라. 그것만 하면 된다.

버그가 나타나 애플리케이션 하부 시스템을 다시 설계해야 한다면 어떻게 될까? 하부 시스템 재설계는 버그 수정의 일부다. 설계는 낡고 진부할 것이고 깨진 창문[1]은 시스템 여기저기에 흩어져 있을 것이다. 자신의 리팩터링 능력을 시험해 볼 기회다. 어떻게 하면 이 시스템이 우아해질 수 있을까? 이번 리팩터링으로 다음번에는 얼마나 더 빨리 이 부분을 고치거나 개선할 수 있을까?

소프트웨어를 지속적으로 동작하게 하고 사용자 요구에 시기적절한 방법으로 응답하는 한 유지보수 작업은 자유롭게 창조할 수 있는 장이다. 자신이 프로젝트 리더, 아키텍트, 설계자, 코더, 테스터다. 창의력을 원하는 만큼 마음껏 발휘할 수 있을 뿐 아니라 시스템의 성공 또는 실패를 측정하는 것도 자신에게 달려 있다.

시스템을 유지보수하고 있다면 좀 더 눈에 띄는 개선 계획도 세울 수 있다. 3년 된 웹 시스템은 현대적인 웹 브라우저의 멋진 사용자 인터페이스 기능을 이용하지 못할 수 있다. 시스템 운영과 버그 수정 작업 과정에서 그 일을 할 수 있다면 시스템에 대한 사용자 경험을 눈에 띄게 개선할 수 있다. 고객이 기대하지 않은 편리한 부가 기능을 몇 가지 추가하는 것은 아내에게 갑자기 꽃을 줘 놀라게 하거나 아이가 부모님이 장 보러 나간 동안 집을 치우는 것과 별반 다르지 않다. 그리고 본격적인 프로젝트에서 나타나는 관료주의적인 모습이 없이도 여러분 스스로 그런 틈새를 잘 메우는 것을 보고 놀랄 것이다. 고객도 마찬가지일 것이다.

오늘날 많은 프로젝트 팀의 계약 환경과 달리 유지보수 일의 숨겨진 장점은 유지보수를 하는 프로그래머는 고객과 직접 대화할 기회가 꽤 있다는 것이다. 사업에서는 사람을 많이 알면 알수록 후원자 기반을 넓힐 기회가 더 많아진다. 또한 자신이 일하는 사업의 내부 짜임새를 정확히 배울 수 있는 가장 좋은 위치에 있게 된다. 비즈니스 애플리케이션 전체를 책임지고 있으며 최종 사용자와 함께 문제와 질문을 하나씩 해결해 간다면 크게 노력하지 않아도 애플리케이션의 실제 성능뿐 아니라 많은 비즈니스 사용자를 이해할 수 있을 것이다. 비즈니스 규칙은 애플리케이션 로직으로 인코드되는데 비즈니스맨들은 대개

---

1 깨진 창문에 대한 좀 더 자세한 내용은 『The Pragmatic Programmer』(『실용주의 프로그래머』 34~37쪽)를 보라.

이를 읽을 수 없다. 회사에서 특정 업무가 어떻게 처리되는지 완전히 이해하는 사람은 유지보수 프로그래머뿐인 경우를 많이 봐 왔다. 유지보수 프로그래머만이 신뢰할 수 있게 인코드된 비즈니스 규칙을 직접 다룬다.

프로젝트와 유지보수의 분열을 둘러싼 커다란 아이러니는 프로젝트가 곧 유지보수라는 것이다. 프로젝트 팀이 코드 첫 줄을 쓰자마자 이후에 추가되는 기능은 모두 살아 있는 코드 기반에 접목되는 것이다. 물론 전부터 쓰던 레거시 애플리케이션을 다루는 것보다는 코드도 더 깨끗하고 적겠지만 기본 행동은 같다. 새 기능이 추가되면서 기존 코드에 있는 버그가 수정된다. 이 일을 더 빠르고 더 낫게 하는 법을 누가 알까?

실천하기

1. 측정하고 개선하고 또 측정하라. — 자신이 유지보수하는 가장 중요한 애플리케이션이나 코드에 대해 애플리케이션 품질을 나타내는 측정 요소 목록을 만든다. 애플리케이션 응답 시간이나 프로세스에서 생긴 처리하지 못한 예외일 수도 있다. 그러나 지원 업무를 직접 한다면 애플리케이션 품질 문제에 대해 직접 언급하지 말라. 지원 응답 소요 시간(얼마나 빨리 응답하고 문제를 해결하는가)은 애플리케이션에 대한 사용자 경험의 중요한 부분이다.

이렇게 측정할 수 있는 속성 중 가장 중요한 것을 골라 측정하기 시작한다. 기준이 되는 측정법을 마련한 후 현실적인 목표를 세우고 애플리케이션 성능(또는 자신의 성과)을 개선해 그 목표를 채운다. 개선한 후 다시 측정해 바라던 개선을 정말 했는지 검증한다. 개선했다면 팀, 고객과 공유하라.

또 다른 측정 기준을 골라 다시 하라. 첫 번째 과정을 거친 후로는 게임처럼 재미있어질 것이다. 이처럼 뭔가를 눈에 띄게 향상시키는 것은 중독성이 있다.

8시간
열중하기

익스트림 프로그래밍 운동을 둘러싼 수많은 논쟁의 근원 한 가지는 팀원들이 한 주에 40시간 이상 일해서는 안 된다는 최초의 주장이다. 부하를 혹사시키는 관리자에게는 당혹스런 말이다. 이런 관리자는 팀에서 생산성을 최대한 많이 높이려고 팀을 닦달하는 관리자다. 심지어 어떤 개발자들도 당황스러워 한다. 맥주 파티에서 쉬지 않고 맥주를 얼마나 마시는지 자랑하는 클럽 남학생들처럼, 쉬지 않고 일한 시간을 과시해 온 개발자들 말이다.

익스트림 프로그래밍 커뮤니티를 이끄는 사람 중 한 명인 로버트 마틴^{http://www.objectmentor.com}은 이 주장을 켄트 벡의 원래 의도를 정확히 계승하면서 관리자, 개발자 양쪽이 받아들일 만하게 바꾸었다. 마틴은 주당 40시간 근무를 '8시간 열중하기^{eight-hour burn}'로 이름을 새로 붙였다. 아주 집중해서 일해 8시간을 넘기면 더 이상 할 일이 없게 하자는 생각이다.

열중하는 것에 대해 깊이 논하기 전에 왜 일하는 시간을 줄이는 것을 강조할까? 이 장에서는 일을 완료하는 것에 대해 이야기하려고 한다. 더 오래 일하는 것에 대해 이야기해야 하지 않을까?

일에 관해서라면 적게 하는 것이 실제로는 더 많이 하는 것이 될 수 있다. 익스트림 프로그래머들이 이렇게 언급한 주된 이유는 피곤하면 쉬었을 때만큼 효과적으로 생각할 수 없기 때문이다. 힘이 빠지면 작업 품질이 눈에 띄게 떨어져 창조적일 수 없다. 어리석은 실수를 하기도 한다. 결국 시간과 돈을 낭비하는 것이다.

> 프로젝트는 마라톤이지,
> 단거리 경주가 아니다.

프로젝트는 대부분 오래 지속된다. 단거리 경주 속도로 달리다가는 마라톤을 완주할 수 없다. 단기 생산성은 상당히 오르겠지만 장기적으로는 녹초가 되어 회복 시간이 더 길어질 것이다. 이는 주당 80시간 일해 얻는 생산성이 즐기면서 일한 생산성보다 더 좋지 않다는 말이다.

돈에 대해 생각하는 것과 똑같이 시간에 대해서도 생각할 수 있다. 10대였을 때 최저 시급을 받는 시간제 일을 했던 기억이 난다. 지금 낭비하는 데 쓰는 돈 정도만 갖고 살았어도 행복했을 것 같다. 지금은 10대 시절보다 쓸 수 있는 돈이 훨씬 더 많아서인지 1달러 쓰는 것 정도는 의식하지 못한다. 어쨌든 그때도 살아나갈 수 있었다. 살 곳, 몰 차, 먹을 음식이 있었다.

오늘도 같은 것들이 있다. 또 지금 특별히 낭비벽이 심한 생활 방식으로 살지는 않는다. 돈이 부족했을 때 돈을 더 효과적으로 관리하는 법을 배웠음이 분명하다. 그리고 결과는 본질적으로 같다.

우리는 부족한 자원을 더 가치 있게 다루고 더 효율적으로 쓰려고 한다. 이

것을 돈 문제가 아닌 시간에도 적용할 수 있다. 지난주 일한 70시간 중 나흘째 되는 날을 떠올려 보라. 물론 여러분은 부지런히 일하고 있었다. 그러나 나흘째가 되자 시간을 느슨하게 쓰기 시작한다. '10시 30분이네. 다른 사람이 집에 간 후에도 난 몇 시간 더 일할 테니까 최신 기술 소식 좀 잠깐 볼까'하고 생각할지도 모른다.

일할 수 있는 시간이 너무 많으면 근무 시간은 파악할 수 있는 가치 측면에서 눈에 띄게 줄어든다. 즉, 일할 수 있는 70시간이라면 각각의 시간은 40시간 일할 수 있을 때보다 가치가 떨어진다.

달러 가치가 인플레이션 때문에 떨어지면 같은 물건을 사는 데 달러가 더 많이 필요하다. 시간의 가치가 떨어지면 일하는 데 시간이 더 많이 필요하다. 로버트 마틴의 8시간 열중하기는 여러분에게 제한을 두고 그 제한을 다루는 법을 알려준다. 여러분은 일하면서 다음과 같이 생각한다. '8시간밖에 없어! 자, 부지런히 일해야지!' 시작과 끝 시간에 엄격한 제한을 두면 자연히 시간을 더 효율적으로 조정한다. 그날 해야 할 업무를 우선순위에 따라 나열하고 한 번에 하나씩 해치우기 시작할 것이다.

'8시간 열중하기'를 통해 아주 생산적으로 한 주를 보낸 것 같은 느낌이 드는 환경을 만들 수 있다. 대학 시절 게을리 하던 시험 과목을 벼락치기하거나 질질 끌던 기말 보고서를 억지로 썼을 때처럼 말이다. 차이점은 제한이 있는 '벼락치기'라는 것이다. 벼락치기 시간은 보통 대단히 생산적이다. 시간이 부족하므로 아주 귀하기 때문이다. '8시간 열중하기'는 일찌감치 벼락치기를 해 각성제의 일종인 노도즈^{NoDoze}를 먹고 일반 콜라에 비해 카페인 함유량이 두 배나 되는 졸트 콜라$^{Jolt\ Cola}$를 마시며 밤을 샐 일이 없게 하는 방법이다.

지식 노동자로서 프로그래머는 컴퓨터 앞에 있지 않거나 사무실에 있지 않아도 일할 수 있다. 배우자와 저녁 먹으러 가거나 영화를 보는 동안에도 일할 수 있다. 일은 프로그래머들을 따라다니며 성가시게 한다.

일에 주의를 충분히 기울이지 않으면 성가신 일이 생기는 게 보통이다. 특정한 일을 빠뜨리거나 일을 쌓아놓고 처리하지 않을 수 있다. 이렇게 하면 집에까지 일을 가져와 쉬지도 못하고 일 때문에 괴롭게 된다. 일을 매일 집중해서 하면 일을 집에 가져가지 않아도 될 것이다. 일부러 초과 근무를 하지 않을 뿐 아니라 실제로 초과 근무를 할 마음도 생기지 않을 것이다.

신중하게 근무 시간 계획을 세우라. 적게 일하면 더 많은 것을 성취할 것이다. 쉬어야 일도 더 즐겁다.

실천하기

1. 오늘 밤 확실하게 푹 자라. 내일 아침을 먹고 정시에 일을 시작하라(이왕이면 평소보다 조금 일찍 시작하라). 네 시간 동안 치열하게 일하라. 한 시간 동안 점심을 먹는다. 그런 다음 완전히 지쳐서 더 이상 일하지 못하겠다는 느낌이 들 정도로 치열하게 네 시간 더 일하라. 집에 가서 쉬면서 재미있게 보내라.

29

실패하는 법을
배우라

프로그래머인 우리는 개발 과정에서 소프트웨어 결함을 빨리 발견할수록 소프트웨어가 더 견고해진다는 것을 안다. 단위 테스트에서 이상한 버그를 최대한 일찍 찾을 수 있다. 코드에서 기괴한 오류를 찾거나 오류가 일찍 나타나면 운이 좋은 것이다. 오류가 있다는 것은 개발자가 프로그래밍 오류를 만들었다는 것을 나타내지만 오류를 일찍, 자주 발견한다는 것은 소프트웨어가 안정되고 있다는 좋은 조짐이다.

우리는 프로그래밍 오류가 처음부터 야단스럽고 번잡스러워야 한다고 배웠다. 오류가 생기면 오류에 대해 알고 싶어 한다. 그래야 정확하게 고치거나 방어적 조치를 적절히 내릴 수 있다. 코드를 짤 때 개발하는 동안 생길 수밖에 없는 작은 소프트웨어 결함에 대해 억지로 쉬쉬하면 안 된다. 오류는 개발자가 코드에 문제가 있음을 알 수 있는 수단이다. 그러한 작은 결함들은 프로세스를 강화하는 한 부분이다. 그래서 뭔가가 잘못되어도 놔두면 프로그램이 죽고 뭔가 실수하면 단위 테스트에 빨간 막대가 나타난다고 단언할 수 있다.

또한 부닥치는 작은 결함을 통해 어떤 종류의 결함이 생길지 예상하는 것도 배울 수 있다. 지뢰밭 사이로 걸어본 경험이 전혀 없다면 어떤 흙무더기를 밟지 말아야 하는지 모를 것이다. 소프트웨어에서 오류가 정기적으로 나타나지 않으면 위험한 구석과 틈새가 어디에 있는지 알 수 없을 것이다. 어니에 문제가 있는지 모른 채 코드를 짠다면 프로그램을 매우 조심스럽게 만들 수밖에 없다.

더불어 방어적으로 프로그램을 짜는 것이 중요하다. 소프트웨어 품질을 위해 뭔가 잘못되어 간다고 느낄 때 반드시 테스트를 받아야 한다. 미리 대비하지 못하면 사고가 생기는 것은 필연적이다. 제품 코드에서 세그폴트^{segfault}와 파란 화면$^{blue\ screen}$이 나온다는 것은 프로그래머들이 예측할 수 없는 결함이지만 제대로 처리하지 못했음을 의미한다.

> 모든 잘못된 음정은
> 올바른 음정에서 단지 반음 정도 벗어났을 뿐이다.

같은 원칙이 일에도 적용된다. 장인은 오류가 생기면 제대로 테스트한다. 실수를 처리하는 방법을 배우는 것은 대단히 가치 있지만 가르치기는 어려운 기술이다. 재즈 즉흥 연주자로서 나는 모든 잘못된 음정은 올바른 음정으로부터 단지 반음 정도 떨어졌을 뿐이라는 것을 알게 되었다. 즉흥 연주가 잘 안 되는 것은 연주자가 잘못된 음이 튀어 나왔는데 뭘 해야 할지 모를 때다. 밴드를 뒤로 하고 관중 앞에서 연주할 때 듣기 싫은 소리가 나면 아마추어는 뼛속까지 얼어버린다. 심지어 대가들도 틀린 음정을 연주한다. 하지만 대가들은 청중이 모든 것이 의도적인 것이라고 느끼게 하여 실수를 만회한다.

우리는 모두 일을 하다 어리석은 실수를 할 것이다. 그것은 지극히 인간적 모습이다. 코드를 짜다가 고객이 스택 추적 정보 stack trace를 보게 하는 실수를 하거나 치명적인 설계 실수로 궁지에 빠지기도 한다. 틀린 주장을 하거나 지키지 못할 약속을 하거나 팀원에게 기술적인 조언을 잘못해 그 사람들의 시간을 낭비하게 하기도 한다.

우리는 모두 실수하기 때문에 다른 사람들도 실수한다고 생각한다. 따라서 우리가 저지르는 실수에 대해 서로를 비난하지 않는 것이 합당하다. 판단해야 할 것은 그러한 필연적인 실수를 어떻게 잘 처리할 것인가이다.

기술적 실수이든, 의사소통 실수이든, 프로젝트 관리 실수이든 다음과 같은 규칙이 적용된다.

- 알게 되자마자 문제를 제기하라. 오래 숨기려 하지 말라. 소프트웨어 개발과 테스트에서처럼 실수를 일찍 잡아내면 늦게 잡아내는 것보다 문제가 줄어든다. 더 일찍 문제를 끄집어내 자신이 한 것을 드러낼수록 부정적인 영향이 줄어들 것이다.

- 책임을 지라. 할 수 있더라도 속죄양을 찾으려 하지 말라. 혼자서 다 비난 받는 게 아니더라도 책임을 지고 나아가라. 목표는 최대한 빨리 이 시점을 지나는 것이다. 문제는 해결해야 한다. 누구 잘못인지 책임자를 가리지 못해 질질 끄는 것은 논쟁만 오래 갈 뿐이다.

- 해결책을 제시하라. 자신에게 해결책이 없으면 해결책을 찾기 위한 착수 계획을 제안하라. 구체적이고 예측할 수 있는 기간으로 말하라. 팀을 궁지에 몰아넣었다면 문제를 되돌리는 데 필요한 노력이 얼마나 필요한지 판단해 그 기간을 알려주라. 작고 하찮더라도 구체적으로 달성할 수 있는 목표가 이 단계에서 중요하다. 목표가 있으면 상황을 계속 호전시킬 수 있을 뿐 아니라 프로세스에서 다시 신뢰를 쌓는 데 도움이 된다.

- 도움을 구하라. 문제에 대한 비난을 혼자서 받는다 하더라도 자존심 때문에 해결 과정에서 도움을 거절해 상황을 악화시키지 말라. 팀이 상황을 헤쳐 나가는 것을 돕는 동안 겸손한 태도로 자의식을 잠시 제쳐 둔다면 팀원, 경영진, 고객은 훨씬 더 긍정적인 눈으로 여러분을 볼 것이다. 책임감을 지나치게 느껴 많은 부담을 어깨에 올려놓고는 결국, 다른 누군가가 강제로 개입할 때까지 헛수고하는 일을 하지 말아야 한다.

식당에서 겪을 수 있는 고객 서비스 문제에 대해 생각해 보자. 굉장히 오래 기다렸는데 결국 엉뚱한 요리가 식탁에 나왔다. 종업원이 여러분의 항의에 어떻게 반응했는지 생각해 보라.

> 긴장이 가득한 상태는
> 신뢰를 쌓을 수 있는 가장 좋은 기회다.

종업원의 잘못된 반응은 변명을 하거나 요리사에게 책임을 떠넘기는 것이다. 종업원이 주문을 다시 내러 급히 자리를 떠나 시야에서 사라져 버려 그냥 앉아서 굶으며 도대체 음식이 언제 나올지 마냥 기다리게 하는 것도 종업원의 잘못된 반응이다. 물론 정말 잘못된 반응은 종업원이 엉뚱한 요리를 가지고 나왔으면서도 손님이 눈치 채지 못하거나 따지지 않기를 바라는 것이다.

회사가 실수를 했을 때 고객에게 어떻게 대하느냐의 차이가 신뢰를 쌓는(또는 부수는) 결정적인 요인이 될 수 있다. 서비스 문제를 전혀 경험해 보지 못했을 때보다 실수를 잘 처리하면 더 열성적인 고객으로 만들 수 있다. 일하다 실수할 때 이를 기억하고 고객을 대하라.

30
"아니오"라고
말하라

약속을 지키지 못하는 지름길(?)은 지킬 수 없는 약속을 하는 것이다. 당연한 소리임을 안다. 그러나 우리는 매일 그런 약속을 한다. 우리는 곤란한 상황에 처해도 리더를 실망시키고 싶어 하지 않는다. 그래서 불가능한 일정으로 불가능한 일을 하는 데 동의한다.

> 실망시키지 않으려고 "예!" 하는 것은
> 단지 거짓말일 뿐이다.

"예"라고 말하는 것은 습관적이고 유해한 버릇이다. 그것은 좋은 사람인 척 하려는 나쁜 버릇이다. '할 수 있다'는 태도와 자신의 능력을 '거짓으로 말하는 것'은 차이가 크다. 후자는 자신뿐 아니라 자신이 약속한 사람들에게도 문제를 일으킨다. 내가 관리자로서 고객 주문 처리 시스템의 배송 추적 방식을 '월말까지' 다시 짤 수 있느냐고 여러분에게 묻는다면 어떤 이유 때문에 '월말'이라는 기간에 대해 분명하게 물어본 거라고 할 수 있다. 아마 누군가가 내게 그때까지 다 되냐고 물어봤을 것이다. 아니면 중요한 업무 변경을 해야 하는데 이것이 고객 주문 처리 시스템에 의존하고 있을 수도 있다. 그래서 날짜를 맞출 수 있다는 여러분의 장담만 믿고 나는 고객(그 누군가)에게 달려가 할 수 있다고 약속한다.

이런 식으로 "예"라고 말하는 것은 거짓말이나 마찬가지다. 악의적이라고 말하는 것이 아니다. 우리는 약속을 한 사람들에게 하는 것만큼이나 스스로에게도 거짓말을 한다. 결국 "아니오"라고 말하는 것이 나쁘다고 느끼는 것이다. 우리는 본성적으로 항상 성공하기를 바라도록 프로그램됐다. 그리고 어떤 일을 할 수 없다고 말하면 실패했다고 느낀다.

"예"가 항상 바른 대답이 아니라는 점을 사람들은 받아들이지 못한다. "아니오"가 잘못된 대답이 아닐 때도 있는데 말이다. 이 사실을 내면화하라고 말하고 싶다. 우리가 모두 이것이 사실임을 안다고 생각하기 때문이다. 결국 우리 중 누구도 잘못된 약속을 받고 싶어하지 않는다.

"아니오"라고 말하지 못하는 것은 인도 문화에서도 공통적으로 나타난다. 해외 이전을 경험하지 못한 회사는 거의 대부분 이 문제에 항상 부딪힌다. 시간이 지나면 뭔가가 불확실하다는 낌새를 알아차리고 적절한 질문을 하게 된다. "하루만 더 하면 끝나요"라는 말을 자주 듣다 보면 더 꼼꼼히 캐묻도록 자연스럽게 훈련된다. 이것은 IT 문화만의 문제가 아니었다. 방갈로르에서 살 때 회사에 출근도 않고 집에서 다섯 번이나 케이블 모뎀 설치를 기다렸지만 설치되지 않았던 경험이 있다. 처음 세 번 약속을 지키지 않았을 때, 그 설치 회사는 설치에 필요한 부속품조차도 가지고 있지 않은 것으로 밝혀졌다. 그러나 그 설치 기사는 나를 실망시키고 싶어 하지 않았다. 그래서 나는 그 사람들에게 다음 주까지 케이블 모뎀을 설치하라고 연기해 주었다. 물론 그 기사는 꼭 설치하겠다고 약속했다. 하지만 그는 다음 주에도 안 될 것임을 잘 알고 있었을 것이다.

의도는 긍정적이라고 봐줄 수 있지만 효과는 부정적이다. 나는 결국 케이블 모뎀 설치 기사 때문에 기분이 몹시 나빴고 휴일에 그 사람들을 집에 불러 모뎀을 설치하게 했다. 나는 '휴일 후, 내일' 설치된다는 약속을 믿지 않았다. 약속을 연거푸 어겼으니 그 사람들을 도저히 믿을 수 없었다. 사실은 그 사람들에게 적개심까지 생겼다.

반대로 중요한 업무를 요구하는데 여러분이 할 수 없다고 말하면 어떻게 될까? 국내 및 해외 이전 팀 관리자로서 나라면 오히려 "아니오"라는 대답 때문에 안심이 된다. "아니오"라고 말할 용기 있는 팀원이 있고 그 말이 사실이라면, "예"라고 말할 때에는 그것이 거짓말이 아님을 알 수 있다. 이런 사람이 하는 약속은 더 믿을 만하다. 매우 중요한 문제다. 약속한 목표를 실제로 이루면 목표를 달성할 수 없다고 말할 때 나는 의문을 품지 않을 것이다.

어떤 사람이 항상 "예"라고만 한다면 엄청나게 재능이 있거나 거짓말을 하는 것, 둘 중 하나다. 대개 후자다.

적절한 상황에서 "모릅니다"라고 말하는 것 역시 좋다. 날짜를 맞출 수 있을지 대답하거나 약속을 하기 전에 일에 대해 조사할 시간이 필요할 수 있다. 또는 기술이 어떻게 유효한지, 프로젝트 코드의 어떤 부분이 어떻게 구현되는지 질문을 받을 수 있다. 약속의 경우와 똑같이 질문에 대답하지 못하면 작은 실패로 느낀다. 그러나 여러분이 어떤 것을 잘 모른다고 말할 때 동료와 관리자들은 여러분을 더 신뢰할 것이다. 어떤 분야의 진짜 고수를 만나면 고수는 자신이 무언가를 모른다고 인정하기를 전혀 꺼려하지 않음을 알 수 있다. "모릅니다"는 불확실함을 뜻하는 문구가 아니다.

위와 같이 상부에서 내려온 결정을 다룰 때도 용기 있게 행동해야 한다. 관리자 지시로 기술이 결정되는 모습을 얼마나 많이 봐 왔는가? 그런 관리자들은 팀원들이 탁자 주위에 앉아 자기 신발만 조용히 쳐다보게 만들고, 팀원들은 회의실을 빠져 나가 끼리끼리 불평할 기회만 기다린다. 모두가 결정이 좋지 않음을 알지만 용기 있게 말하기를 두려워한다. 관리자는 '벌거벗은 임금님' 현상의 표적이 될 때가 있다. 관리자로서 나는 결정을 하고 항상 강하게 제안한다. 하지만 직원을 로봇으로 만들지는 않는다. 거리낌 없이 말하고 더 나은 제안을 용기 있게 할 수 있는 사람이 내가 신뢰하는 사람이다.

'아니오' 게임도 도가 지나치면 안 된다. '할 수 있다'는 태도는 여전히 인정받으므로 목표를 크게 잡는 것이 좋다. 할 수 있을지 확실하지 않지만 한번 시도해 보고 싶다면 그렇게 말하라. "어렵겠지만 한번 시도해 보고 싶어요."라고 말하는 것이 훌륭한 대답이다. 물론 때로는 간단히 "예!"라고 대답해도 된다.

솔직해질 수 있도록 용기를 내라.

실천하기

1. 칼 브로피는 지켜야 할 모든 약속을 목록으로 만들 것을 제안한다.

· 만기일까지 뭘 하도록 요구 받았나?
· 무슨 약속을 했나?
· 자신이 무시당했다면 자신이 생각했던 것과 받아들여진 것을 둘 다 기록하라.
· 언제 마무리했는지 기록하라.

이것을 매일 연습하라. 실패할 것 같으면 바로 이야기하라. 이것을 다달이 연습하라. 적중률은 얼마인가? 옳은 때는 얼마나 자주 있나?

31
당황하지
말라

나는 비디오 게임 때문에 컴퓨터 프로그래머로서 경력을 시작했다. 8비트 가정용 컴퓨터 코모도어 64$^{Commodore\ 64}$에서 테이프로 게임을 읽어 실행하던 시절부터 나는 게임의 에워싸는 듯이 상호작용하는 경험에 푹 빠졌다. 전에는 그 사실을 인정하기 부끄러웠지만 이제는 전혀 부끄러워할 것이 아님을 깨달았다. 내게 컴퓨터 게임은 화면 위 환경(아마도 운영 체제)을 편안하고 흥미진진한 환경으로 바꿔주는 것이었다.

가장 좋아한 게임은 이드 소프트웨어$^{id\ Software}$의 둠^{Doom}이었다. 특히 게임의 일대일, 플레이어 대 플레이어, 데스 매치$^{death\ match}$ 부분을 무척 좋아했다. 플레이어는 모뎀이나 직렬연결로 접속해 작고 빠르게 변하는 환경에서 전투를 벌인다. 나는 둠 데스 매치를 정말 잘했다. 지금까지 내 인생에서 가장 잘하는 것일지도 모른다고 가끔씩 농담을 하기도 했다. 데스 매치 게임은 놀라울 정도로 복잡했다. 데스 매치는 기술적이면서 심리적이었는데 빠르게 앞으로 나아가는 체스와 펜싱을 정신없이 섞어 놓은 것 같았다.

대부분의 기술처럼 둠에 능숙해지는 훌륭한 방법은 달인이 게임하는 것을 지켜보는 것이다. 내가 둠을 하던 시절에 노스킬^{Noskill}이라는 반어적인 온라인 별명으로 통하는 그러한 달인이 한 명 있었다. 노스킬은 사실상 둠 챔피언으로 군림하고 있었다. 북미 사람들은 장거리 전화비를 내며 노스킬을 상대로 자신의 운을 시험했다. 이 시합들은 둠에 내장된 게임 기록 기능으로 전부 기록됐다. 나는 모든 시합을 봤다.

노스킬의 비밀을 배우는 데는 오래 걸리지 않았다. 확실히 노스킬이 대체로 게임을 잘하기는 했지만 그의 성공에는 명백한 비결이 하나 있었다. 바로 노스킬은 절대 당황하지 않았다. 둠은 한 라운드가 시작한 후 문자 그대로 몇 초 만에 끝날 수 있는 종류의 게임이었다. 정말 빨랐다. 내 첫 번째 데스 매치 게임이 기억난다. 스폰^{spawn}하고 죽고 스폰하고 죽고 스폰하고 죽었다. 마침내 몇 초 이상 가까스로 살아남을 수 있게 됐을 때 나는 방향을 잃고 이리저리 뛰어 다니고 있었고 내가 어디에 있는지 거의 알 수 없을 정도임을 깨달았다.

그러나 노스킬은 그렇게 움직이지 않았다. 상황이 아무리 어려워도 기록을 보면 노스킬은 항상 느긋했고 다음에 무엇을 할지 늘 생각하고 있었음을 알 수 있었다. 노스킬은 늘 자신의 현재 상황이 시합의 전체적인 형세에 어떻게 맞아 들어갈지 아는 것처럼 보였다.

영웅은 결코 당황하지 않는다.

이제 다른 게임, 특히 운동에 대해 생각해 보면 가장 뛰어난 선수들이 이러한 자질을 공유하고 있음을 알 수 있을 것이다. 사실 책, 텔레비전, 영화에서 우리가 존경하는 등장인물들마저도 이러한 자질을 공유한다. 영웅은 결코 당황하지 않는다. 그런 사람들은 도시에 핵폭탄이 떨어지거나 비행기가 추락해도 사람들을 조직할 수 있고 생존자를 도우며 적보다 한 수 앞서거나 최소한 울며 주저앉지는 않을 사람들이다.

이는 실제 삶에도 확장된다. 계획을 아주 잘 세웠어도 전문가로서 내 삶은 위기와 재난의 연속이었다. 프로젝트는 정말, 정말 느리게 진행된다. 소프트웨어 애플리케이션이 죽어서 고용주의 시간과 신용을 잡아먹는다. 잘못된 일을 부적당한 부사장에게 이야기하고 정치적인 적을 얻는다. 대부분 이런 일들은 물밀듯이 한꺼번에 밀려들지, 결코 한 번에 하나씩 오지 않는다.

최악의 순간에 나는 당황했다. 나는 옴짝달싹 못하고 기껏해야 전술적으로만 생각했다. 나는 명쾌하게 큰 그림을 보지 못하고 작은 일에 일일이 대응했다.

그러나 문자 그대로 '모든' 재앙을 돌아보면 어느 하나도 나 내 경력에 지속적이고 주목할 만한 영향을 미치지 못했다. 즉 처참해 보이는 상황에 내가 당황하고 절망하고 화낸 것만큼 그 어느 것도 진정한 재앙은 아니었다.

당황해서 내가 얻은 것은 무엇이었을까? 이러한 각각의 상황에 부정적으로 대응해 얻는 이익은 무엇이었나? 아무것도 없었다. 당황하면 정말 최상의 능력을 발휘해야 할 때 능력을 최대로 발휘할 수 없었다.

긴장을 많이 한 상황에서 당황하지 않는 것은 말은 쉽지만 실천하기 어렵다는 것을 이제 인정해야겠다. 그것은 "행복하세요"라고 말하는 것이나 같다. 물론 좋은 충고지만 어떻게 그렇게 할 것인가? 일이 실패로 돌아가는 것처럼 보일 때 어떻게 해야 당황하지 않을 수 있을까? 이 질문에 대답하려면 왜 우리가 당황하는지 조금 생각해 보는 것이 도움이 된다.

균형감을 잃어버리면 우리는 당황한다. 뭔가 잘못되면 문제에 모든 주의를 집중하게 된다. 어느 정도까지는 그게 문제를 푸는 좋은 방식이다. 불행히도 그것은 문제도 만들어낸다. 문제가 아무리 작아도 실제보다 더 중요하게 보인다는 것이다. 문제가 부풀려지고 긴장 수준이 높이 올라가면 우리의 뇌는 작동을 멈춘다.

자신이 아는 최악의 컴퓨터 사용자는 누구인가? 내게는 아마 부모님 중 한 분이거나 친인척일 것이다(누구인지 알아도 여기에서 그 이름을 댈 정도로 난 어리석지 않다). 그 사람이 자기 컴퓨터 앞에 앉아 하던 일을 끝내려 하는데 뭘 하려고 할 때마다 에러 메시지가 튀어나오기 시작한다고 상상해 보라. 우리는 모두 이러한 광경을 봤다. 미숙한 컴퓨터 사용자는 바로 당황하고 놀란다. 허둥지둥 클릭을 하거나 화면 여기저기로 드래깅을 하기 시작하면서 여러 번 되풀이해 다시 튀어나오는 에러 메시지 텍스트가 잠재적으로 도움이 될지도 모른다는 사실을 무시한다. 결국 너무 당황해 도움을 요청하게 되지만 대개는 그 전에 컴퓨터에서 한두 가지 일을 더 망치게 마련이다.

내가 짓궂다고 생각하지 말고 이 상황을 자신이 아는 적당한 사람을 주인공으로 그려보고 속으로 웃기 바란다. 이러한 행동은 정말 바보 같다. 그렇지 않나? 우스꽝스럽다.

그런데 정말 재미있는 점은 우리가 방금 상상한 것이 편안한 장소가 아닌 곳에서 일하다 문제에 부딪혀 당황하는 사람에게서 실제로 나타나는 상황이라는 점이다. 프로젝트가 느리게 진행되거나 뜻하지 않게 시스템을 고장 내거나 근무 중에 고객이 불만을 느끼거나 할 때 내가 대응한 방식과 전혀 다르지 않다. 단지 상황이 다를 뿐이다.

자, 당황하지 않는 법을 내가 어떻게 배웠는지 이제 설명하겠다. 뭔가 나쁜 일이 생기면, 쳐지고 스트레스로 지친 느낌이 당황함으로 이어진다고 생각하기 시작한다. 내 자신을 좌절한 컴맹과 비교하고 조용히 웃는다. 워드 프로세서를 쓰다 재앙을 당한 가족을 돕는 것처럼 제3자 관점에서 상황을 분석한다. 어려워 보이던 문제가 갑자기 더 쉬워진다. 나빠 보이는 상황이 갑자기 그다지 나쁘지 않게 된다. 그리고 해법이 단순함을 발견하고 에러 대화 상자가 다음에 무엇을 할지 정확히 알려주는 것과 같은 방식으로 자신을 응시한다. 그냥 침착하게 에러 메시지를 읽기만 하면 문제가 풀릴 것이다.

실천하기

1. 당황한 일지를 꾸준히 쓰라. 당황스러움이 생기기 전에 그것을 붙잡는 열쇠는 그런 일이 일어날 때 자신의 지각과 감정을 실시간으로 인식하는 능력이 더 강화되게 계발하는 것이다. 나는 정말 운이 좋아서 일이 일어난 후 내가 상황에 어떻게 대응했는지 분석함으로써 이렇게 하는 법을 배울 수 있었다. 나는 그다지 똑똑하지 못해서 자연스럽게 '백그라운드 스레드를 돌리면서' 당황스러운 일이 일어날 때 내 생각을 분석하지는 못하지만, '일이 끝난 후' 분석하는 연습을 한다면 실시간으로 분석하는 것을 더 잘 할 수 있음을 발견했다.

자신의 대응을 분석하는 것을 더 잘 할 거라고 말하는 것과 실제로 하는 것은 서로 다른 일이다. 일지를 계속 쓰면 그 과정에 짜임새를 더하는 데 도움이 된다. 매일 특정 시간에(알림 기능이 있는 달력을 쓰라!) 텍스트 파일을 열고 아주 조금이라도 당황했던 상황을 무엇이든지 기록하라. 일주일에 한 번씩 지난 주 목록을 돌아보고 당황을 유발한 각 상황의 지속되는 영향에 대해 점검하라. 당황할 만한 상황이었나? 상황에 대해 가장 생산적인 대응은 무엇이었나? 자신의 삶을 극화해 영화로 찍는다면 영웅은 당황하는 대신 무엇을 할까?

연습을 좀 한 후에는 당황스러움이 생기는 동안 분석이 시작됐음을 발견할 수 있을 것이다. 당황한 이유를 실시간으로 합리적으로 찾다보면 당황이 눈에 안 띄게 되고 결국 사라짐을 발견할 것이다.

32

말하고 행하고 보여주라

전혀 아무것도 하지 않는 가장 쉬운 방법은 절대 아무것도 약속하지 않는 것이다. 마감 기한이 없으면 일을 끝내려는 압력이나 동기가 없다. 해야 할 일이 전혀 흥미롭지 않을 때 정말 그렇다.

나쁜 관리자라도 본능적으로 개발자들에게 계획을 세우는 것이 중요하다고 평소에 말한다. 계획이란 말을 끄집어내면 자신이 경고를 받고 있다고 생각하는 개발자들도 있다. 뾰족 머리 상사[1]가 아무도 이해하지 못하고 쓰지도 않는 마이크로소프트 프로젝트로 만든 엄청난 분량의 계획안을 갖고 셀 수도 없이 회의를 주도한다면 확실한 경고다. 그래서 개발자들은 이러한 과잉 계획에 대

---

1 (옮긴이)「Dilbert」(http://www.dilbert.com)의 등장인물로 주인공 딜버트의 직장 상사

한 반항 심리로 특별한 경험이나 지식을 쌓는 대신 계속 감에 의존해 일함으로써 심리적 위안을 삼으려고 한다.

계획은 억지로 삼키려고 숨을 가다듬어야 할 정도로 입에 쓴 약이 아니다. 계획을 세우면 오히려 자유로워지는 경험을 할 수 있다. 할 일이 너무 많을 때 계획을 세우면 하루 일을 헷갈리거나 애매하지 않게 시작할 수 있고, 일을 미리 착수할 때 명료한 확신이 생긴다.

계획은 크거나 길 필요가 없다. 텍스트 문서로 만든 목록을 이메일로 자신에게 보내면 더할 나위 없이 좋다. 계획은 긴 기간을 포함할 필요가 없다. "오늘 뭘 할 거지?"라는 질문에 대답하고 하루를 시작할 수 있다면 대단한 첫 걸음을 뗀 것이다. 너무 바빠 이렇게 하지 못하는 사람이 많다는 걸 안다. 오후에 시간을 내서 다음 날 하고 싶은 일을 모두 목록으로 만들어 우선순위대로 나열하라. 첫 출발로서 그만하면 괜찮다. 계획을 잘못 세우거나 특히 과도하게 세울 수도 있지만 현실적으로 하루 계획을 채울 수 있도록 노력하라.

하루 계획을 세울 때 바라는 만큼 꼼꼼할 수도, 느슨할 수도 있다. 대학 시절 크리스Chris라는 룸메이트가 있었다. 크리스는 매일 아침 일어나 1교시 수업에 지각할 위험을 무릅쓰고 하루 계획을 아주 세세하게 짰다. 자기 피아노 연습 일정(크리스는 재즈 피아노가 전공이었다)에 특히 더 신경을 썼다. 크리스의 시간표는 들어야 할 수업들로 이미 상당히 빡빡했다. 크리스는 수업 사이 15분을 이용해 금방 할 수 있는 루틴을 연습하는 것까지 실제로 계획을 세웠다. 크리스가 듣는 수업 중 상당수가 같은 건물에서 열렸다. 그래서 수업 사이사이에 자판기에서 음료수를 뽑아 마시거나 친구들과 어울릴 수 있는 한가한 시간이 많았다. 우리가 앉아서 다음 수업 시작을 기다리는 동안 크리스는 음계 연습 또는 듣는 연습으로 시간을 다 채웠다. 심지어 시간표를 3~5분 단위까지 나누어 주어진 10분 동안 하나 이상의 연습을 하기도 했다. 크리스는 결국 우리 도시에서 굉장히 훌륭한 연주자 중 한 명이 됐다. 물론 타고난 재능 덕도 있었겠지만, 나는 그 이후로 크리스가 음악적 엘리트의 길을 가기로 계획을 세우고 그것을 실천했다고 믿는다.

자, 여러분도 계획을 세웠다. 크리스가 세운 계획만큼 꼼꼼하지 않을지도 모른다. 하지만 하루 동안 뭘 할 것인가라는 질문에 대답할 수 있을 정도면 충분하다. 내일 일을 할 때 목록을 꺼내 첫 번째 항목부터 시작하라. 목록에 있는 일들을 처리하다 점심을 먹으러 가라. 점심을 먹고 돌아와 하다 만 일을 다시 시작하라. 그리고 목록에 있는 일들을 끝내도록 노력하라.

목록에 있는 각 항목을 끝낼 때마다 '완료!'라고 표시하라. 눈에 띄게 표시하고 "다 했어."라고 말하면서 즐거워하라. 하루가 끝났을 때 '완료!' 목록을 보면서 무언가를 성취했음을 느낄 것이다. 여러분은 오늘 하기로 한 일을 알았을 뿐 아니라 이제 끝낸 일을 알게 되었다.

모두 다 하지 못했어도 걱정할 필요는 없다. 하루에 얼마나 할 수 있을지 정확히 가늠하지 못할 수도 있다. 어쨌든 끝내지 못한 항목을(일과 여전히 관련되어 있다면) 내일 할 일 목록으로 그냥 옮기고 그 과정을 다시 시작한다. 그것은 활기찬 과정이고 리듬감 있는 과정이다. 하루와 한 주를 나눠 계속 이어지는 승리감을 맛볼 수 있고 각각의 승리감 덕분에 더 잘할 수 있다. 이런 연습을 통해 무엇을 성취하는지 볼 수 있을 뿐 아니라 일들을 자세히 보지 않았을 때보다 일을 정말 더 많이 하게 될 것이다.

계획하고 착수하는 리듬이 확실히 생기면 주, 월 단위로 생각하기 시작할 준비가 된 것이다. 물론 계획을 짜려는 기간이 더 길수록 수준이 더 높은 계획을 짤 수 있다. 일일, 주간 계획을 전술 계획으로 생각하라. 그리고 성취하고 싶은 좀 더 전략적인 목표에 초점을 둔 30일, 60일, 90일 계획을 세우라.

90일 만에 달성하고자 하는 것을 현장에서 생각해내는 것은 전장에 있는 프로그래밍 병사들에게는 자연스런 일이 아니다. 우리는 전술 요원이다. 90일 후 시스템의 최종 상태, 팀 프로세스, 경력에 대해 상상해 보면 전혀 예상하지 못했던 일들이 떠오를 것이다. 현장에서 보는 것과 지면 위에서 보는 것은 매우 다르다. 처음에는 어려울 것이다. 그러나 계속 하라. 기술 연마처럼 연습을 하면 더 쉬워진다. 여러분, 그리고 함께 일하는 사람들(여러분이 계획을 세우는지 모르더라도)에게 그 성과가 보일 것이다.

*상황 보고를 통해
자신을 적극 선전할 수 있다.*

자신의 계획을 관리자에게 알리기 시작해야 한다. 계획을 알리기 시작할 가장 좋은 때는 계획을 최소한 한 주기를 실행한 후다. 그리고 관리자가 요구하기 전에 그것을 시작하는 것이 중요한 핵심이다. 제 정신을 지닌 관리자라면 직원으로부터 지난주에 한 일과 다음 주 계획을 알리는 간결한 이메일을 받고 기뻐하지 않을 사람은 아무도 없을 것이다. 이와 같은 자발적인 메시지를 정기적으로 받는 것은 관리자의 꿈이기도 하다.

주간 계획과 실행 상황을 알리기 시작하라. 이 과정이 익숙해지면 30, 60, 90일 계획대로 일하기 시작하라. 그 계획들은 자신이 유지 보수하는 프로젝트나 시스템에 대해 더욱 장기적이고 수준이 높으며 뚜렷한 진보를 보여주는 것이어야 한다. 이 장기 계획을 항상 관리자에게 제안하고 의견을 구하라. 시간이 지나면서 어떤 항목이 평소에 주목을 받지 못하고 어떤 주제가 많이 거절당하는지 알다 보면 이러한 시도는 관리자의 교정을 점차 덜 받을 것이다.

계획을 세울 때 명심해야 할 가장 중요한 요소는 나중에 언제든지 설명할 수 있어야 한다는 점이다. 모든 항목은 마무리되거나 연기되거나 빠지거나 대체되는 것이 반드시 뚜렷이 드러나야 한다. 설명할 수 없는 항목이 있어서는 안 된다. 어떤 항목이 계획에 올라왔는데 다시 언급되지 않는다면 사람들은 여러분의 계획을 신뢰하지 않을 것이고 여러분이 짠 그 계획이 오히려 관련 계획을 효율적으로 짜는 일을 방해하게 될 것이다. 결과가 나빠도 그대로 알려야 한다. 우리는 모두 실수한다. 자신을 구별 짓는 방법은 자신의 실수와 무능력을 공개적으로 알리고, 그것들을 해결하는 데 도움을 구하는 것이다. 계획한 업무를 꾸준히 추적하다 보면 뒤죽박죽된 상황 속에서도 중요한 일을 놓칠 리가 없다는 자신감을 응당 가지게 될 것이다.

이 과정을 계속 해나가면서 자신을 전략적으로 경영진의 눈에 노출하라. 계획을 만들고 실행하는 모습에서 여러분이 단지 코드를 쓰는 로봇이 아니라 리더임이 드러날 것이다. 회사에서 비용을 줄이는 데 필요한 것은 이러한 독립적인 생산성이다.

계획에 관하여 의사소통하면 사람들이 여러분을 더욱 신뢰하게 되는 이점이 있다. 계획을 말하고 그것을 실천하면 여러분은 '실천가'라는 평판을 얻을 것이다. 신뢰가 쌓이면 영향력도 생긴다. 조직에 애자일 개발 방법 http://www.agilemanifesto.org 같은 새 프로세스를 도입하고 싶다거나 새 기술을 들여오고 싶다고 하자. 약속을 하고 지키는 능력이 증명됐으므로 새로운 것을 시도하는 데 더 여지가 있을 것이다.

방갈로르 소프트웨어 센터에서 1년 이상 야간 근무를 한 팀이 있었다. 그 팀의 일곱 명 중 두 명은 항상 야간 근무를 했다. 팀원들은 주마다 교대 근무를 하므로 3, 4주마다 각 팀원은 저녁 일곱 시부터 새벽 세 시까지 근무해야 했다. 팀원들은 마치 비행 시차로 인한 만성 피로를 겪는 듯 거의 항상 녹초가 되어 있다고 불만이 심했다. 그러나 미국에 있는 고객들은 그 팀이 중요한 지원 업무를 하고 있어서 그 팀의 실시간 도움이 없으면 안 된다고 요지부동이었다.

팀원들은 이 문제를 해결할 계획을 세웠다. 다양한 지원 프로세스와 관련 업무량을 조사하고, 다시 하루 단위 교대로 돌아가면서 동시에 고객 경험을 눈에 띄게 향상시킬 수 있는 계획을 만들었다. 소프트웨어 센터 운영 책임자로서 나는 팀원들이 계획을 잘 다듬는 것을 도왔고 미국에 있는 관리자에게 공식 제안을 할 때 그 자리에 있었다(양심상 돕고 싶었다).

팀원들은 이것이 관리자에게는 예민한 주제임을 알고 있었다. 관리자는 미국 고객에게 직접 대답해야 하는 위치에 있었기 때문이다. 회의가 시작되자 팀원들 사이에서 높은 긴장감이 감돌았다. 그러나 팀 관리자는 굉장히 감명을 받아 제안을 흔쾌히 승인했고 팀은 계획을 실행에 옮겼다. 몇 주 안 되어 모두 주간 근무로 돌아왔고 녹초가 된 몸도 회복됐다.

근무 시간 변경을 다루는 것뿐 아니라 팀 업무 수행 능력을 전략적으로 개선하는 계획이 충실했기에 관리자, 그리고 결국 고객에게까지 큰 확신을 줄 수 있었다. 팀 관리자는 고객과 변경 사항에 대해 협의할 때 그 계획을 사용했다. 그리고 팀은 그 계획대로 했다. 몇 달 안 되어 팀은 더 효율적으로 운영됐다. 팀원들은 그 이후로 신뢰와 확신을 얻어 팀 업무에 대해 독립성과 주인의식을 가질 수 있었다.

팀은 계획을 문제에 대한 구체적인 대응 방안으로 이용했다. 팀원들은 불평불만이 아니라 해결책을 제안함으로써 관리자에게 다가갔다.

리더는 여러분이 독립성과 주인의식을 갖길 바란다. 계획을 만들고 실행하고 알림으로써 두 가지를 모두 손에 넣을 것이다.

실패와 베끼기

패트릭 컬리슨 씀

래리 월Larry Wall은 위대한 프로그래머에게 게으름, 조급함, 오만이라는 특성이 있다고 썼다. 이 특성들이 선천적인 것인지, 아니면 성실한 자기 개선으로 얻은 것인지 나는 모른다. 어느 쪽이든 이 정보를 이용해 더 나은 프로그래머가 될 수 있는지도 확실하지 않다. 그래서 특성이 아니라 향상되는 데 도움이 될 활동을 봐야 한다.

두 가지를 골라야 한다면 나는 실패와 베끼기를 고르겠다.

나는 내가 아는 대부분의 프로그래머들보다 더 많이 실패했다. 확실히 내 프로젝트는 대다수가 실패했다. Projects 폴더에는 뭔가 흥미로운 것을 해보려다 방치된 파일 무더기가 들어 있는데 각각은 냄비에서 나와 자유롭게 헤엄치려는 왕새우처럼 그 폴더에서 탈출해 성공하고 싶어 하는 것 같다. 그것들은 약간 흥미가 있었다. 가족처럼 성공한 프로젝트들은 서로 비슷하지만 성공하지 못한 프로젝트는 모두 저마다의 방식으로 실패한다.

회사를 실패한 적이 있다는 것은 굉장한 경험이라고 말하는 것이 낡은 표현이기는 하지만 같은 아이디어가 프로그래밍에까지 확대되는 이야기는 들어보지는 못했다.

(그런데 나는 실패와 베끼기 둘 다 잘한다. 나도 사업에 실패했다.)

상업적으로 실패하면 매우 직접적인 경험이 쌓이게 된다. 현금 절약의 중요성을 배우거나 좀 더 단호해진다. 그러나 프로그래밍으로는 실패할 것 같은 프로젝트에서 일하면서 얻은 지식만큼 가치 있는 실패의 경험을 하는 사례가 그리 많지 않다.

프로그래밍을 시작했을 때 나는 운영 체제, 파일 시스템, 가상 기계, 네트워크 프로토콜 재구현, 인터프리터, JIT 컴파일러 등 온갖 매력적인 것을 짜다가 실패하면서 많은 시간을 보냈다. 그것들은 대부분 전혀 제대로 돌아가지 않았고 지금도 꽤 형편없다. 물론 기술적인 측면을 무시하더라도 대부분 시작부터 실패할 운명이었다. 새 운영 체제가 성공할 확률이 얼마나 될지는 모르지만 크지는 않다.

내게는 여전히 이 프로젝트들이 가장 즐거운 프로그래밍 작업이다. 그것들은 외부 요인을 배제한 소프트웨어 공학 본연의 문제다. 그 문제들은 모두 공간, 빠르기, 신뢰도, 복잡도를 절충하는 것들로 둥근 모서리나 API 버그는 신경 쓰지 않는다.

그 문제들은 일종의 순수한 문제로 몇 달간 몰두할 수 있으나 내가 늘 시연하는 것처럼 동작하는 무언가가 나오지는 않는다.

이유는 정확히 모르지만, 오늘날 프로그램을 배우는 사람은 이를 그다지 경험하지 못하는 것 같다.

이러한 현상이 부분적으로는 웹 기반 소프트웨어의 증가 때문인 것 같다. 며칠 전 해커 뉴스 Hacker News, http://news.ycombinator.com/에서 어떤 사람이 클라이언트 단 소프트웨어 개발에 관심 있는 사람이 아직도 있느냐고 물었다. 과장이기는 하지만 사실과 동떨어지지도 않았다. 그리고 웹 기반 소프트웨어 정말 멋지지 않나!

하지만 프로그래밍 관점에서 이러한 변화에는 문제가 있다. 규모가 거대해지기 전까지 웹 애플리케이션에는 골치 아픈 기술적 도전이 수반되는 일이 거의 없다(인터넷 익스플로러 6 호환이라는 문제가 있기는 하지만).

다른 말로 하면 실패로 진입하는 장벽이 더 높다는 뜻이다. 먼저 성공해야 한다.

따라서 특히 웹 기반 소프트웨어로 몰리는 이러한 움직임 때문에 실패하기 쉬운 프로젝트를 적극적으로 찾는 것이 중요하다고 생각한다.

베끼기는 어떨까? 더 나은 프로그래머가 되려면 좋은 코드를 읽어야 한다는 이야기를 들어봤을 것이다. 짐작건대 문자 그대로의 의미는 아니겠지만(너무 지루하다) 실제로 '읽기'는 잘못된 아이디어일 수 있다. 대신 적극적으로, 광범위하게, 부끄럽게 느끼지 말고 베껴야 한다고 생각한다.

당연히 이는 많은 것에 적용된다. 미국의 저널리스트 헌터 톰슨(Hunter S. Thompson)은 좋은 책을 읽기만 하지 않았고 헤밍웨이(Hemingway, 대표작 『노인과 바다』)와 피츠제럴드(Fitzgerald, 대표작 『위대한 개츠비』) 작품을 타자했다. 그리고 알려진 가장 오래된 바흐의 악보는 바흐가 다른 오르간 연주자의 작품을 편곡한 것이다. 아마도 더 유명한 사례로는 빌 게이츠가 하버드 대학교 휴지통에서 프로그램을 뒤져 찾은 것을 들 수 있다.

베끼기가 어떻게 도움이 되는지는 쉽게 알 수 있다. 베끼면 기억력이 길러진다. 원본의 어감과 형식을 맛볼 수 있다. 이런 세부 사항은 빠르게 훑어봐서는 놓치는 것들이다.

코드의 경우 덜 두드러지지만 의미심장한 혜택이 있다. 실패할지도 모를 프로젝트가 베끼기 덕분에 좀 더 나아갈 수 있다. 말하자면 이것은 해시 테이블 구현의 필사(덕분에 내가 짠 첫 인터프리터가 덜 엉망이었다)일 수도 있고 아니면 원본에서 영감을 얻어 형태를 갖춘 디자인일 수도 있다(리눅스가 미닉스에서 비롯됐듯이).

잘 되면 이것은 일종의 실패와 베끼기의 선순환으로 이끌어 서서히 자기 계발이 될 것이다. 어려운 문제에 부딪히거나 극복할 수 없는 문제 때문에 실수할 때 다른 사람의 해법을 베끼라. 그러면 무슨 문제든 푸는 법을 알게 될 것이다.

이렇게 무제한으로 훔치면서 다양한 기법을 진지하게 빨아들이다 보면 새로운 방식으로 문제를 정리하는 법을 알아낼 것이다. 피카소가 "좋은 화가는 베끼지만 위대한 화가는 훔친다."라고 한 말이 무슨 뜻인지는 잘 모른다. 피카소가 의도적으로 비딱하게 굴었는지도 모르지만 앞서 이야기한 의미가 내가 추측하는 내용이다.

프로그래밍에는 특이한 아이디어가 가득하다. 더 짧고 설명이 부족한 이름이 전체적으로는 좀 더 읽기 좋은 코드를 만들어낼 때도 있다. 가장 강력한 언어는 대개 덜 강력한 언어보다 개념이 더 적다. 그리고 실패와 베끼기는 아마도 성공적이고 독창적인 작업을 해내는 가장 좋은 방법일 것이다.

패트릭 컬리슨은 MIT 학생이다.

마케팅은
높으신 분들만
하는 게 아니다

여러분은 가장 재능 있는 소프트웨어 개발자다. 여러분의 창의력은 마르지 않는 강과 같아 우아한 디자인이 끊임없이 흘러나온다. 아키텍처적 통찰력도 직장에서 최고다. 회사에서 지금까지 고용한 어떤 직원보다 코드를 **빠르고 정확하게 짤** 수 있다.

그래서 그게 어떻다는 건가?

많은 소프트웨어 개발자들, 특히 자만심이 강한 사람들은 실력이란 것이 뭘 좀 아는 관리자나 경영진에게는 그냥 드러나게 마련이라고 오해하며 사는 것 같다. 그런 사람들은 겸손한 척하는 것이 도덕적이라고 생각한다. 너무 '겸손해서' 자기 능력을 팔지 못한다. 능력을 굳이 알리려는 것은 잘 보이려고 '아부'하는 것이라고 생각한다. '그분'에게 잘 보이려고 하는 프로그래머들은 자신의 자긍심을 버린 사람들이라고 생각한다.

전부 핑계일 뿐이다. 사실 그 사람들은 두려워하는 것이다.

프로그래머 유형의 사람들은 대부분 학교 다닐 때 어느 팀에도 뽑히지 못한 아이였을 것이다. 일반화할 수는 없지만, 그런 사람들은 가능하면 사회적 관계의 어려움을 피하거나 그렇지 않으면 비참하게 실패하는 경향이 있다. 그 원인이 주위의 시선을 무릅쓰고 다른 사람에게 자기 능력을 보여주기를 두려워하는 데 있다는 건 놀랄 일이 아니다.

의혹은 잠시 접어두고 겸손한 척 하는 태도가 결국 겉치레가 아니었다고 가정해 봐도, 의도와는 상관없이 여러분이 무엇을 할 수 있는지 사람들에게 알리지 않는 것은 어리석은 일이다. 다음과 같이 생각해 보자. 여러분은 회사에 가치를 창출할 소프트웨어를 개발하기 위해 고용됐다. 팀 리더는 팀을 발전시켜 회사에 최대 가치를 창출해야 할 임무가 있다. 그 리더가 팀원들이 어떤 일을 할 수 있는지 모르고 자기 일을 어떻게 할 수 있을까?

최근 만난 어떤 관리자가 내게 말했듯이, 누군가가 정말 대단한 일을 했는데 아무도 모른다면, 그가 보기에는 아무것도 일어나지 않은 것이다. 잔인하게 들리겠지만 회사의 관점에서는 일리가 있다. 실무적으로 말하자면 관리자에게는 직원들이 각자 매일 뭘 하는지 자세히 확인할 시간이 없다. 그리고 회사나 직원들도 관리자가 자신의 시간을 이런 시시콜콜한 일에 쓰기를 바라지 않을 것이다. 회사는 관리자가 팀원의 일상 업무나 추적하며 시간을 보내기보다는 큰 그림에 초점을 맞추기를 바란다. 그리고 직원(특히 프로그래머) 역시 세세한 점까지 관리 당하는 걸 싫어한다.

간단히 말하면 역사상 가장 좋은 제품을 갖고 있어도 광고를 하지 않으면 아무도 그것을 사지 않을 것이다. 특히 소프트웨어 세계에서는 최고의 제품이 항상 이기는 것이 아님을 우리는 알고 있다. 뛰어난 제품을 갖고 있지 않아도 시장에서 성공하는 방법은 많다. 인력 시장에서도 이 사실을 잊지 말자.

충분한 설명이 됐을 것이다. 그렇다면 무엇을 해야 할까?

자신이라는 상품을 파는 건 겉보기에는 간단하다. 두 가지 목표뿐이다. 자신의 존재를 사람들에게 각인시키는 것, 즉 사람들이 밤을 새고도 풀지 못한 어려운 문제를 풀 수 있는 사람이 바로 자신임을 알려주는 것이다. 이것은 인력 시장에 일반적으로 적용될 뿐 아니라 현재 일하는 회사에서도 적용된다. 회사에 고용됐기 때문에 경영진이 자신을 알 거라고 추측하지 말라. 리더가 여러분의 이름을 알기 때문에 여러분의 능력을 어렴풋하게라도 알리라고 추측하는 것은 더욱 안 된다.

4부에서는 자신의 현재 리더에게 자신이 무엇을 할 수 있는지 확실히 이해시키는 것뿐 아니라 자신의 영역을 업계 전반으로 넓히는 방법을 보여줄 것이다. 이 책에서 지금까지는 자신의 시장성을 높이는 법에 대해 이야기했다. 이제는 그러한 시장성을 드러내는 법을 배울 것이다.

33

인식이
대수롭지 않다고?

이상가인 양 행동하거나 다른 사람이 여러분에 대해 어떻게 생각하는지 관심 없는 척하는 게 편할 수 있다. 그러나 이것은 게임이다. 자신을 속일 수는 없다. 다른 사람이 여러분을 어떻게 생각하는지 관심을 기울여야 한다. 인식되는 것이 진실이다. 이겨 내라.

낡고 상투적이지만 다음과 같은 철학적 질문을 아마 알 것이다. "아무도 듣는 사람이 없는 숲에서 나무가 쓰러지면 소리가 났을까?" 질문에 대한 정답은 "무슨 상관인가요?"다.

아니, 쓰러지면서 소리가 났을지도 모른다. 형이상학적인 차원에서는 그다지 흥미로운 대답은 아니지만 소리가 났을 것이다. 그러나 아무도 나무가 쓰러지는 소리를 못 들었다면 소리가 났다는 사실은 실제로는 중요하지 않다. 일도 마찬가지다. 여러분이 일을 아주 잘하는데 아무도 보지 않으면 정말 일을 잘한 것일까? 누가 신경이나 쓸까? 아무도 안 쓴다.

인도의 IT 관료주의라는 하위문화에서 나는 사람들이 이 단순한 사실을 알지 못하는 것을 보고 놀랐다. 이를테면 인도에서 만난 거의 모든 사람은 관리자가 그들이 무엇을 하고 있는지 아는 것이 왜 중요한지 이해하지 못했다. 여러분이 그저 그런 사람보다 더 낫다면 성과 평가, 등급, 봉급에 반영되어야 한다. 그들은 다른 사람이 그들을 어떻게 인식하는지는 '진실'(그게 뭐든지 간에)보다 중요하지 않다고 생각했다.

이 진실이란… 무엇인가? 누가 그것을 정의하는가? 절대적인 의미에서 무엇이 옳고 무엇이 그른가?

답은 절대선이나 절대악은 없다는 것이다. 창조적인 지식 노동자 일에 최소한 누가 더 나은지 판단하는 데는 절대적인 기준이 없다. 무엇이 좋은 노래인지 어떻게 정의할까? 좋은 그림은 어떨까? 자신만의 정의가 있겠지만 그에 동의할 수 있을지는 확실하지 않다. 그런 것들은 주관적이다.

성과 평가는
결코 객관적이지 않다.

끔찍한 위험 회피형 회사의 더 끔찍한 위험 회피형 인적 자원 부서는 고용한 사람에 대해 객관적인 척도를 찾아내려 헛수고를 하지만, 가끔은 '객관적인' 평가 체계를 만들어내기도 한다. 인도에 있는 내 팀원들은 전부 이런 방식으로 평가 받기를 바랐다. 전에 그런 것을 전혀 경험하지 못했기 때문이다.

지식 노동자의 질과 그들이 한 일의 품질을 객관적으로 측정할 방법은 없다. 동의할 수 없다고? 이제 잠시 동안 여러분이 하고 싶은 반론에 대해 생각해 보라. 허점이 보이는가?

자, 회사(업계나 인력 시장 또는 뭐든지)에서 우수성의 척도가 주관적이라면 그것은 무엇을 의미하는가? 그것은 여러분이 다른 어떤 사람의 인식에 의해 항상 평가받는다는 것을 의미한다. 잠재적인 승진, 급여 인상, 심지어 계속 고용될지에 대한 결정까지도 철저하게 다른 사람의 인식에 달려있다.

주관성은 개인의 취향에 바탕을 두고 있어 서로 다른 두 가지 의견이 있더라도 본질적으로 다른 것이라고 볼 수 없다. 각기 사람들은 저마다 서로 다른 요소에 영향을 받는나. 어떤 사람은 고정된 구조를 좋아하는 반면 또 어떤 사람은 느슨하고 자유로운 창조성을 더 좋아한다. 어떤 사람은 이메일로 이야기하는 것을 더 좋아하고 또 어떤 사람은 직접 만나거나 전화로 이야기하는 것을 좋아한다. 어떤 관리자들은 직원이 과감한 것을 좋아하는 반면 어떤 관리자들은 직원이 부하처럼 행동하는 것을 더 좋아한다. 어떤 사람은 "그리고"라고 하고 또 어떤 사람은 "그라고"하는 것과 비슷하다.

그러나 개인의 취향으로만 끝나지는 않는 게 문제다. 사람들은 역할과 관계가 서로 다르면 인식도 다르게 형성한다. 즉, 사람들은 특정 관계에서 가장 중요한 특성을 기준으로 인식을 만들어간다. 내가 프로젝트 관리자라면 소스 코드의 질이 의사소통의 우수성보다 더 중요하다. 내가 동료 프로그래머라면 여러분의 업무 완수 여부보다는 실제 능력이나 창의력에 더욱 주목할 것이다. 그러나 관리자에게 실제 능력이란 그걸로 뭔가를 실제로 하지 않는 한 전혀 의미가 없다.

우리는 남에게 잘 보이려고 하는 것이 다소 지저분하고 부끄러운 행동이라고 인식하도록 문화적으로 길들여졌다. 그러나 여러분이 본 것처럼 다른 사람에게 좋은 인상을 주려는 것은 실용적이다. 어떤 요소가 사람들에게 자신을 인식시키게 하는지 분명하게 주의를 기울이면 고객을 만족시키는 법을 더 확실하게 알 수 있을 것이다. 여러분은 자신의 객체지향 설계 기술로 비전문가인 고객에게 깊은 인상을 주려고 하지는 않을 것이다. 여러분이 설계 천재일 수도 있지만 효과적으로 소통하지 못하고 일을 제때 끝내지 못하면, 고객은 여러분을 아무 쓸모없다고 생각할 것이다. 고객 잘못이 아니다. 자신이 정말 쓸모가 없는 것이다.

어떻게 인식되는지가 정말 중요하다. 이것 때문에 회사를 계속 다니기도 하고 실직 상태에 머물기도 한다. 이 때문에 승진하거나 몇 년간 같은 일에서 벗어나지 못하기도 한다. 그리고 급여가 오르기도 깎이기도 한다. 인식을 관리하는 방법을 빨리 배울수록 더 빨리 제 궤도에 오를 것이다.

실천하기

1. 인식은 대상이 누구냐에 따라 여러 요소에 좌우된다. 어머니는 여러분이 객체지향 시스템을 얼마나 잘 설계할 수 있는지 별로 신경 쓰지 않지만 팀 동료는 신경 쓸 것이다.

각각의 관계에서 무엇이 중요한지 이해하는 것은 서로 영향을 주고받는 사이에서 신뢰할 수 있는 인식을 쌓는 데 중요한 부분이다. 사무실에서 사람들과 맺는 서로 다른 유형의 관계에 대해 생각해 보라. 이를테면 같은 일을 하는 동료가 있을 것이다. 직속 관리자가 있고 한 명 이상의 고객과 프로젝트 관리자도 있을 것이다.

이 서로 다른 집단들을(또는 직장 구조에 실제 적용할 수 있는 아무것이나) 목록으로 만들라. 각 집단 목록 옆에 그 집단에서 여러분의 어떠한 모습을 보고 인식할지 한번 적어보라. 예를 들면 다음과 같다.

집단	인식에 영향을 미치는 요소
동료	기술적 숙련도, 사회 적응도, 팀워크
관리자	지도 능력, 고객 중심, 의사소통 기술, 임무 완수, 팀워크
고객	고객 중심, 의사소통 기술, 임무 완수
프로젝트 관리자	의사소통 기술, 임무 완수, 생산성, 기술적 숙련도

자신의 목록을 보며 잠시 생각해 보라. 이 목록의 결과로 자기 행동을 어떻게 바꾸겠는가? 각 집단과 일할 때, 자신이 집중해야 할 점을 어떤 방식으로 조정했는가? 어떤 방식을 썼을 때 자신의 행동을 적절하게 조정했는가(하지 못했는가)?

34
모험 여행
안내자

뻔한 이야기이지만, 일터에서 말을 주고받을 때 가장 중요한 측면은 의사소통 능력이다. 서버실 가장 깊숙한 곳 구석진 터미널 아래서 몸을 웅크리고 앉아 환한 모니터 불빛 앞에서 코드를 짜던 꾀죄죄한 모습, 이런 해커의 시대는 갔다. 마법사가 묘기 부리다가 이따금 한마디씩 툭 내뱉는 것처럼 말하는 것은 이제 더는 통하지 않는다.

불온한 주장일 수 있지만 관리자나 고객(이 장에서는 둘 다를 가리키는 데 '고객'이라고 그냥 사용할 것이다) 입장에서 생각해 보라.

아주 중요한 무엇인가를 책임지는 사람은 고객인데, 결국 고객은 책임질 뭔가를 만드는 일을 험상궂게 생긴(?) IT 사람들에게 믿고 맡겨야 한다. 고객은 진행 과정에서 지원 역할을 하지만 결국 일은 이 프로그래머들에 의해 좌우된다. 게다가 고객은 프로그래머들의 일에 대해 기술적으로 대화할 수 없거나 프로그래머들을 어떻게 통제할지 모를 수 있다. 이 상황에서 고객이 팀원에게서 기대하는 가장 중요한 태도는 무엇일까? 최신 디자인 패턴을 외웠는지 아니면 프로그래밍 언어를 얼마나 많이 아는지 알아보려고 가는 것이 아니라는 데 이 책값을 걸겠다.

고객은 자기가 하는 프로젝트에 대해 편하게 말해줄 사람을 찾으려 한다.

고객은 개발자를 두려워한다.

우리가 이야기하는 이 관리자와 고객들에게는 사소하지만 불편한 비밀이 있다. 고객은 개발자를 두려워한다. 당연하다. 개발자가 똑똑하기 때문이다. 고객 입장에서 개발자는 자신이 이해하지 못하는 신비한 말을 한다. 개발자는 때때로 비꼬듯 말해 고객이 스스로가 바보 같다고 느끼게 하기도 한다(비꼬려는 의도가 없었을지도 모른다). 가장 불편한 것은 개발자가 프로젝트 구상과 탄생 사이에서 마지막까지 가장 중요한 위치에 있다는 점이다.

개발자는 IT 세계라는 까다로운 세계를 여행하는 고객의 안내자다. 개발자는 고객이 낯선 곳을 여행하는 동안 편안하게 안내해야 한다. 개발자는 고객에게 전망을 보여주고 고객이 가고 싶어 하는 곳으로 데리고 다녀야 하지만 자신이 전에 만났던 불편한 곳은 피해야 한다.

고객은 프로그래머가 아니지만 평균적으로 프로그래머만큼 지적이다(대부분은 그다지 지적이지 않지만 정말 지적인 사람도 있다). 고객이 개발자만큼 똑똑할 가능성이 높다고 하더라도 어떻게 프로그래밍하는지는 알지 못할 것이다. 좋다. 반대로 개발자는 고객이 어떻게 하루 일을 하는지 잘 모를 것이다. 이 때문에 고객과 개발자가 있는 것이고 같이 일하라고 보수를 받는 것이다.

지능에 대해 약간 언급했다. 프로그래머들은 컴퓨터를 다룰 줄 모르는 사람은 지적이지 않다고 추측할 때가 자주 있기 때문이다. 이런 생각을 이처럼 노골적으로 말하는 것은 바보 같은 짓이지만, 그와 같은 편견이 있다는 것은 사실이다. 이러한 편견은 너무 많은 사람에게 깊게 스며들어 있어 그걸 어렴풋이 느낄 뿐 분명히 알지 못한다. 확실히 뿌리 뽑으려고 해도 잘 되지 않는다.

역지사지(易地思之)로 생각해 보라고 조언하고 싶다. 자신이 컴퓨터 천재이고 컴퓨터 천국에서 내려와 불쌍한 고객을 연옥^{purgatory}에서 구한다고 느끼는 대신 상대방 처지에서 생각해 보라. 예를 들어 보험업계에서 일한다면 여러분이 일을 잘 마무리하기 위해 보험 전문가인 고객에게 배워야 한다.

앞에서 말했듯이, 소프트웨어 관련 문제를 토론할 때는 고객에게 약간 쉽게 이야기할 필요가 있다. 너무 기술적이지도 너무 우둔하지도 않게, 섬세하게 균형을 잡아야 한다.

"왜, 고객을 어떻게 배려할지에 대해서만 이야기하는 건가요? 자기를 마케팅하는 방법을 이야기한다고 알고 있었는데요."라고 물을지도 모른다. 전형적인 IT 기업에서 일한다면, 현재의 고용 상태를 계속 유급으로 유지하게 하는 예산의 대부분은 비즈니스로부터 나온다. 즉, 지금의 고객은 그 비즈니스를 하고 있고 그것을 결정하는 데 영향을 끼친다는 말이다. 승진과 인사 결정이 내려질 때 개발자에게 필요한 최고의 후원자는 바로 지금의 고객이다. 이들이 개발자가 생색만 낸다고 생각한다면 어떤 영향이 미칠지 상상해 보라. 고객은 비즈니스의 요구를 표현하고 개발자는 그 필요를 충족시키기 위해 돈을 받는다. 이 사실을 잊지 말라.

실천하기

1. 자신을 점검하라. — 여러분은 모두가 두려워하는 심술궂고 고루한 도깨비인가? 확실한가? 사람들이 말하기를 두려워하는 건 아닌가?

편지함을 조사해 기술에 대해 잘 알지 못하는 동료, 관리자, 고객에게 보낸 이메일들을 찾으라. 읽으면서 받는 사람의 관점에서 보라. 메시지를 보내고 시간이 좀 지났다면 제3의 관찰자로서 자신을 볼 수 있을 것이다.

더 좋은 방법은 그 이메일을 어머니에게 보여주는 것이다. 함께 일하는 어떤 사람이 고객에게 보낸 메시지라고 말하고 어머니가 메시지를 보고 어떻게 느끼는지 물어보라.

2. 벽을 뛰어넘으라. — 자신이 전문가가 아니어서 전문가에게 의지해야 하는 상황에 처할 수도 있다.

왼발만 두 개인 자신이 축구팀 일원이라고 상상해 보라. 왼쪽 엄지만 두 개인 자신이 국가대표 뜨개질 팀 일원이라고 상상해 보라. 팀 동료들이 자신과 어떻게 의사소통하기를 바라겠는가?

나를 글이 잘 정말 써…[1]

말수가 적은 프로그래머의 시대는 갔다. 회사가 프로그래머들과 의사소통을 하는 데 불편을 겪기를 바란다면, 차라리 그들을 다른 대륙, 다른 시간대로 옮겨 놓고 전화와 이메일로만 소통하려 할 것이다. 그건 독자들과 내가 피하고 싶은 것이다.

따라서 의사소통 문제가 중요하다. 회사에 계속 다니기 위해 해야 할 일 목록에 '의사소통 능력 향상'이 있다니 작위적이고 어리석고 하찮게 느껴질 것이다. 고등학교 국어 시간으로 돌아간 것처럼 느낄지도 모른다. 괜찮다. 그러나 이번에는 정말 주의를 기울여야 한다.

---

1 (옮긴이) 원문 제목은 'Me Rite Reel Nice'로 이는 글쓰기에 서투른 개발자들이 의외로 많은 상황을 약간 우습게 표현하여 글쓰기의 중요성을 강조하기 위해 지은이가 'I write really nice'의 철자와 어순을 바꾼 것이다.

우선 가장 지겨운 것부터 시작할 것이다. 문법과 철자가 중요하다. 여러분에게는 아마도 공학이나 컴퓨터 과학 같은 학위가 있을 텐데, 난 여기에서 철자법을 배우라고 이야기한다. 뻔뻔스럽다고 생각하는가?

그러나 최소한 미국에서는 문제가 있다.

「National Commission on Writing」의 보고서에 따르면 절반 이상의 회사가 채용과 승진을 결정할 때 작문 실력을 고려한다고 한다. 조사에 응한 서비스 분야 회사 중 40%는 회사가 요구하는 작문 실력을 지닌 신입 사원이 전체의 3분의 1 또는 그 이하라고 말했다http://www.writingcommission.org/report.html.

실제로 한 발짝 물러서서 전체를 보면 작문 능력이 필요하지만 작문 실력이 좋은 사람은 별로 없다.

알다시피 노동력은 세계적으로 분산되고 있다. 이러한 경향이 계속되면 회사에서 대부분 인스턴트 메시징이나 이메일을 통해 글로써 의사소통을 하는 때가 올 것이다. 현재 실제 그렇게 하고 있는 경우도 많다.

글을 많이 쓰게 될 것이다. 일 중 많은 것이 글쓰기와 관련 있다면, 당연한 얘기지만 글을 잘 쓰는 것이 못 쓰는 것보다 낫다. 그 어느 때보다 자신에 대한 인식이 글쓰기 능력에 바탕을 두고 형성될 것이다. 뛰어난 코더지만 글로 자신을 잘 표현할 수 없다면 지리적으로 멀리 떨어진 팀에서 유능한 사람으로 인식될 수 없을 것이다.

글쓰기 능력이 있으면 자신을 잘 인식할 수 있을 뿐 아니라 내적으로는 자신이 어떤 길로 가고 있는지에 대해 진정한 통찰도 생긴다. 다른 사람이 분명하게 이해할 수 있도록 자신의 모국어로 자기 생각을 구성할 수 없는데, 프로그래밍 언어로 그렇게 할 수 있다고 어떻게 기대하겠는가? 논리적 사고 과정을 통해 자신의 구상을 다듬고 독자를 합리적인 결론으로 이끄는 능력은 후임 유지보수자들이 이해할 수 있는 깔끔한 디자인과 시스템 구현을 만드는 능력과 별로 다르지 않다.

이는 평가에 대한 것만은 아니다. 다른 시간대와 먼 장소에 팀원이 있다면 뭘 했는지, 뭘 어떻게 디자인했는지, 팀원이 뭘 할 필요가 있는지 설명해야만 하는 유일한 방법이 바로 글쓰기일지도 모른다.

설명할 수 없으면

아무것도 아니다.

의사소통, 특히 글쓰기를 통한 의사소통은 모든 훌륭한 아이디어가 반드시 통과해야 하는 병목이다. 설명할 수 없으면 아무것도 아니다.

실천하기

1. 개발 일기를 쓰기 시작하라. 매일 조금씩 쓰면서 뭘 했는지 기록하고, 설계 결정에 대해 타당성을 증명하고 어려운 기술적 또는 전문적 결정을 자세히 조사하라. 자기 자신만 보는 것이라 하더라도 자신의 입장을 분명하게 표현할 수 있도록 작문 품질과 능력 향상에 주의를 기울이라. 이따금 옛 글을 다시 읽고 비평해 보라. 옛 글에서 좋았던 것과 나빴던 것을 바탕으로 새 글을 수정하라. 이 일기를 쓰면서 글쓰기가 개선될 뿐 아니라 자신이 내린 결정을 좀 더 잘 이해하는 데 이용할 수 있다. 또 과거에 어떤 일을 왜, 어떻게 했는지 다시 봐야 할 필요가 있을 때 참고할 수도 있다.

2. 타자를 능숙히 칠 수 있도록 배우라. 아직도 키보드를 보지 않고 모든 자판을 능숙하게 칠 줄 모른다면 강좌를 듣거나 타자 소프트웨어를 내려 받아 연습하라. 모든 자판에 능숙해지면 더 자연스럽고 편해질 것이다. 당연히 글을 쓸 때 타자를 빨리 치는 것을 배움으로써 시간도 절약할 것이다.

36

현장에서
부대끼라

여러분에게는 팀 리더, 비즈니스 고객과 직접 만난다는 장점이 있다. 기회를 낭비하지 말라.

방갈로르에 있는 소프트웨어 개발 센터에서 CTO로 일할 때 어떤 관리자에게 보고하면서 기분 나쁜 경험을 했다. 미국 현지에 있는 그 관리자는 내가 싫어했을 뿐 아니라 그 사람도 나를 싫어했다. 우리는 지역적인 차이 때문에 늦은 밤이나 이른 아침에 전화 통화를 했는데, 이따금 잡음이 들리고 전화가 이유 없이 끊어져 짜증이 났다. 거리와 시간대 차이를 줄이려고 장문의 이메일을 자세하게 쓰려고도 했지만 무시할 게 뻔했다. 그리고 내 의견을 무시했다고 불평하면 오히려 이메일을 길게 썼다고 비난할 것이었다. 승산이 없는 상황처럼 보였다.

그 당시 내가 일하던 회사에는 관리자들이 직원의 장점, (이른바) 계발 요구 사항을 목록으로 만드는 연간 성과 평가 과정이 있었다. 그해 내 계발 요구 목록 중 가장 중요한 것은 '존재감^{presence}'이라 부르는 것이었다.

자, 이 문맥에서 존재감이란 매우 애매한 리더십의 어떤 특성을 묘사하는 것으로 회사에서는 잘 쓰지 않는 말이다. 존재감을 잴 수는 없다. 특히 얼굴을 마주 보는 상황에서는 말이다. 리더처럼 행동하는 것 역시 잴 수 없는 자질에 포함된다.

앉아서 친애하는(?) 관리자와 (전화로) 내 성과 평가에 대해 이야기할 때, 그녀가 '존재감 문제'를 언급하자 나는 송화기를 막았다. 웃음이 들리는 걸 바라지 않았기 때문이다. 대화를 나누는 동안 계속 내가 얼굴을 반쯤 찡그리고 입에서 미소를 지우지 못한 걸 관리자가 알아챘는지 궁금하다. 그 관리자와 나의 진짜 문제는 일반적인 의미로 같은 현장에 있지 않아서 발생하는 것이었다. 더구나 나는 그녀와 같이 미국에 있는 것도 아니었기 때문이다.

정(情)을 기꺼이 나누려고 하는 사람들은 대부분 이 관리자를 싫어했다. 그 관리자는 존경받을 만한 일을 하지 않아서 별로 놀라운 일은 아니었다. 그 관리자와 관계가 좋지 않은 직원들은 전부 그와는 다른 장소에서 일하는 게 패턴이 될 정도였다.

인도, 헝가리, 영국(인원이 많은 순으로)에서 일하는 직원들은 그 관리자와 관계가 부자연스러웠다. 우리는 물리적으로 분리되어 있었을 뿐만 아니라 시간대, 인프라, 문화, 언어 영역도 달랐기 때문이다.

미국에 있는 직원들도 이 관리자를 피하려고 갖은 수를 다 쓰는 것처럼 보였지만, 가까이 있으면 정든다고, 이따금씩 얼굴을 보고 이야기하다 보니 이 관리자와 그럭저럭 지내는 것 같았다. 물론 나는 인도에 도착하자 '안 보면 멀어진다'는 속담을 입증이라도 하듯 그 관리자와 멀어졌다.

그냥 나쁜 관리자에 대해 얘기하는 것이 아니다. 이 경험에서 배울 것이 있다. 가까이 있다는 것은 회사 생활에서 장점이다.

최근에 컴퓨터를 잘 알지 못하는 친척이나 친구가 여러분에게 컴퓨터 문제를 해결해 달라고 부탁했다고 생각해 보자. 전화로 문제를 해결해 보려는데 친척이나 친구가 이해하지 못하면 여러분은 점점 더 소리를 질러댈 것이다. '내가 보여줄 수만 있다면….' 직접 보고 이야기하면 믿을 수 없을 정도로 효과적이다. 상대방 이야기를 좀 더 분명하게 들을 수 있다. 핵심을 이해시키기 위해 손동작을 쓰거나 화이트보드에 그리는 것 같은 시각적인 것을 사용할 수 있다. 우리는 의식적으로 깨닫지 못해도 많은 내용을 은연중에 얼굴로 표현한다.

마주 보고 대화를 하면 생산성이 올라가고 관계가 나아질 뿐 아니라 개인적인 유대도 더 단단해진다. 누군가를 직접 만나지 않는다면 우정이라는 것을 만드는 데 시간이 더 오래 걸릴 것이다. 15년 전만 해도 만나지 않고도 우정이 생긴다는 이야기는 들어보지 못했다. 요즘에는 인터넷이 도처에 있기 때문에 전통적으로 직접 만나기만 하는 우정은 그다지 일반적이지 않지만 전화, 이메일, 채팅으로 만든 관계 역시 효과적이지 않다. 이메일과 채팅 기반 대화(다음 세대에는 기억하지 않을지도 모르는 것)의 부자연스러움으로 인한 불편도 한몫한다. 그리고 대부분의 경우 서로 멀리 떨어진 근무 환경에서 만들어진 관계는 업무 차원으로만 집중될 것이다.

효과적이고 활발한 의사소통으로 맺어진 강력한 팀 관계는 더 좋은 소프트웨어를 더 빨리 전달하는 데 기여한다. 대부분의 환경에서 중요한 프로젝트 결정은 커피를 마시며 쉬면서 가벼운 대화를 나눌 때 이루어진다. 이는 분명한 연구 결과이고 이렇게 함으로써 얻는 장점 또한 매우 분명하다. 그럼에도 우리 긱geek들은 서로 만나는 것의 중요성을 잘 이해하지 못한다.

나는 은행에 절대 가지 않는다. 처리할 은행 업무가 있으면 온라인으로 하거나 자동 입출금기를 이용한다. 그러나 내 할아버지, 할머니는 다르시다. 두 분은 실질적으로 모든 은행 업무를 은행에 있는 '진짜 직원'을 통해 하신다. 전화로 하는 것도 싫어하신다. 단지 불편하기 때문이다. 두 분은 또 당신들이 아시는 사람이 있는 식료품점에 가신다. 두 분은 물건 값을 계산하시면서 식료품점 사람들과 이야기를 나누신다. 두 분은 다른 식료품점(또는 은행)에 가는 걸 생각지 않으실 것이다. 아는 사람이 있는 은행이나 식료품점에 가는 것은 실용적인 것(가격과 편리함) 이상의 무엇이 있기 때문이다. 그것은 바로 인간적인 부분이다.

우리의 성과를 측정할 컴퓨터 프로그램이나 로봇을 가질 때까지는 모든 사업은 계속 인간이 수행할 것이다. 사람들은 타인과 직접 대하기를 선호한다. 어쨌든 개발자 중에도 그런 사람들이 있긴 하다.

평상시 프로그래머의 작업 방식은 칸막이나 사무실에 틀어박혀 헤드폰을 쓰고 밥 먹을 시간이 될 때까지 '몰입'하는 것이다. 더글러스 쿠플랜드$^{Douglas\ Coupland}$는 자기 책 『Microserfs』에서 근무 중인 프로그래머의 사무실 문 밑으로 밀어 넣기 위해 납작한 음식을 사야만 했던 팀에 대한 재미있는 일화를 들려준다. 이 정도로 일에 집중하기 위해 격려하는 것은 전해 내려오는 소프트웨어 산업 문화의 일부분이 됐다.

여러분의 경력을 위해 말하는 것인데, 이것은 불행히도 자신의 일에 좋지 않다. 사무실에 갇혀 이메일이나 전화로만 연결하고(받는다면) 심지어 밤새 일하고 그 때문에 늦게 잔다면 해외에 있는 것과 아무 차이가 없다. 회사에 '딱 맞는' 직원이 되는 큰 기회를 놓치는 것이다. 다른 사람들과 함께 일하고 싶어 하는 것이 자연스러운 인간의 성향임을 기억하라. 관계를 '인간적'으로 만들어야 한다. 음성 사서함이나 이메일, 인스턴트 메시징이 아니라 진짜 사람이다.

직장 동료에 대해 배우라.

오늘날 분산된 환경에서 함께 일하는 사람들은 같은 나라에 있지만 다른 시나 도에 있을 수도 있다. 그 사람들이 여러분과 회사에 유능한 사람이라면 이러한 상황에는 가능하면 얼굴을 마주보고 회의를 할 수 있게 정기적으로 출장을 가는 것이 아주 좋다. 하지만 지금은 잘 해봐야 전화를 들고 상사나 동료에게 전화를 거는 게 전부일 것이다. 할 수 있다면 스피커폰을 쓰지 말라. 예정된 회의에만 의지하지 말라. 같은 공간에서 살거나 일했던 적이 있는 것처럼 가볍고 편한 대화를 시도할 필요가 있다. 자연스럽게 대화할 수 있는 시간을 (확실하게) 잡으라. 가끔 기회를 잡아 사적인 대화를 해 보라. "오늘 어때요?"에서 "주말에는 보통 뭐 하세요?"로 대화를 이어가라. 함께 일하는 사람에 대해 실제로 알려고 시도해 보라. 직장에서 자리를 좀 더 확고히 잡을 수 있을 뿐 아니라 자신의 삶도 훨씬 풍성해진다.

실천하기

1. 다음 주 중 하루를 잡아 (될 수 있는 한) 아무에게도 이메일을 보내지 말라. 평소처럼 이메일을 보내지 말고 이메일을 받을 사람을 전화로 부르거나 (더 나은 방법을 소개하자면) 그 사람 사무실로 가서 직접 이야기해 보라.

2. 잘 이야기하지 않는 동료, 상사, 고객 명단을 만들라. 달력에 정기적인 약속을 잡고 출근할 때 인사하라(전화를 쓰든지 직접 하든지). 대화는 짧고 의미 있게 한다. 대화를 하면서 일과 관련된 것에 대해 의견을 나누고 간단하게나마 인간관계를 만들라.

37
적절한 표현으로
말하기

내 어린 조카들은 모두 컴퓨터를 잘 다룬다. 상대적으로 컴퓨터에 대해 잘 아는 편이다. 그 아이들은 컴퓨터로 세계 도처에 있는 친구들과 이야기를 나눈다. 조카들은 인스턴트 메시징, 이메일, 웹 브라우징, 개인 출판 그리고 고등학생들이 숙제를 할 때 사용하는 다른 여러 가지에 매우 익숙하다.

그러나 내가 조카들에게 내 컴퓨터에는 1만 RPM짜리 SATA$^{Serial ATA}$ 하드 드라이브가 달렸다고 자랑하면 그 아이들은 기껏해야 10대들이 으레 그렇듯이 흥미를 보이는 척 만할 것이다. 또 내가 겨우 5년 전에 썼던 시스템의 CPU보다 더 빠른 GPU와 수 기가바이트 RAM을 쓴다고 조카들에게 말해도 그 아이들은 별 감흥을 못 느낄 것이다.

하지만 최신 1인칭 슈팅 게임을 시각적 효과 손실 없이 최대 해상도로 실행할 수 있다고 말하면 조카들은 벌떡 일어나 귀를 쫑긋 할 것이다.

기가 헤르츠와 RPM은 보통의 열네 살 아이에게는 흥미롭지 않다. 컴퓨터 게임이 흥미로운 것이다.

사업가도 기가 헤르츠와 RPM에는 관심이 없다. 사업가들은 애플리케이션이 빠르면 좋아한다. 고객과 전화하거나 분기마다 장부를 정리할 때 기다릴 필요가 없기 때문이다. 그런데 사업가들은 새로운 맞춤형 애플리케이션 서버 프로세스가 초당 요청을 얼마나 많이 처리할 수 있는지 신경 쓰지 않는다.

> 자신의 성과를 비즈니스에서 쓰는
> 평범한 언어로 적극 알리라.

비즈니스를 운영하는 사람들은 비즈니스 결과에 관심이 있다. 그래서 비즈니스 언어가 아닌 다른 언어로 자신의 성과를 적극 알리는 것은 효과적이지 않다.

미국 소비자에게 독일어로 제품을 팔지 않을 것이다. 청량음료 회사가 음료에 들어 있는 화학 성분을 모두 나열하며 소비자에게 팔려고 하지 않을 것이다. 상식적으로 소비자에게 제품을 팔려면 소비자가 이해할 수 있고 소비자와 관계가 있는 언어로 이야기해야 한다.

소프트웨어 개발자로서 그것은 자신의 성과를 사업 맥락^{context}에 맞게 나타내야 함을 의미한다. 좋다. 일을 끝마쳤다. 그런데 그게 뭐였나? 그게 왜 중요했나? 이른바 성과라는 것이 회사 시간을 낭비하지 않은 것이 되려면 어떻게 해야 할까?

여러분이 지난 몇 달간의 성과에 대해 생각해야 한다면 처음에는 그것이 왜 유용한 일이었는지 분명히 말할 수 없을지도 모른다. 그 일들을 해야 한다고 들었던 것은 확실할 것이다. 그런데 그 성과가 사업에 어떤 혜택을 가져다주었을까?

제너럴 일렉트릭에는 다음과 같은 전설이 있다. 전 CEO 잭 웰치Jack Welch는 GE 건물 중 한 건물에 있는 승강기를 타는 걸 즐겼다고 하는데, GE 직원이 잭 웰치와 같은 승강기를 타는 경우가 자주 있었다. 잭 웰치는 돌아서서 화들짝 놀란 부하에게 다음과 같이 질문한다. "무슨 일을 하나?" 그리고 나서 잭 웰치는 또 묻는다(아마도 상처를 준 질문이었을 것이다). "그 일에는 무슨 이득이 있지?" 이 이야기의 교훈은 만일에 대비해 '승강기 발표'를 항상 준비해야 한다는 것이었다.

CEO가 여러분에게 같은 질문을 불시에 한다면 무엇이라고 이야기하겠는가? 준비할 시간이 몇 분이라도 주어지면 자신이 하고 있거나 최근에 했던 일의 사업적 이익을 설명할 수 있는가? 기술적으로는 비전문가인 고위 경영진이 '이해'할 수 있을 뿐 아니라 '판단'할 수 있는 말로 설명할 수 있는가?

실천하기

1. 최근 성과 목록을 만들라. 각각의 사업적 이익을 적는다. 목록에 있는 성과 중에 사업적 이익을 쓸 수 없는 것이 있다면 관리자나 믿을 만한 사람에게 어떻게 설명할 것인지 질문하라.
2. '승강기 발표'를 준비해 외워 두라.

38

세상을
바꾸라

직장 사람들이 여러분이 없는 자리에서 여러분에 대해 물을 수 있는 최악의 질문은 "그 사람은 뭘 하나요?"다. 이런 질문을 하는 것은 직장 사람들이 여러분이 뭘 하고 있는지 모른다는 뜻이다.

슬프지만 나는 대기업 IT 부서에서 함께 일했던 대다수 사람들이 뭘 했는지 모른다. 사람들은 그렇게 생각하지 않지만 말이다. 회사에 가서 부여받은 일을 하고 집에 간다. 그러나 그들이 남긴 코드의 자취, 문서, 이메일 외에는 남아서 영향을 주는 것이 없다.

이런 일은 사명감 없이 출근할 때 생긴다. 그저 앉아 뭘 하라는 말만 기다린다. 시킨 일을 할 때 여러분이 한 일을 나중에 아는 유일한 사람은 그 일을 시킨 사람뿐이다. 소매 영업을 하고 싶다거나 심지어 해외 외주 프로그래머가 되고 싶다면 그것도 괜찮다.

> 사명감을 가지라.
> 사람들이 그것을 반드시 알게 하라.

그러나 고임금 국가에서 소프트웨어 개발자가 되고 싶다면 사명감을 가지고 일해야 한다. 여러분이 변화를 가져와야 한다. 자신의 변화나 일의 변화가 아니다(그것은 주어지는 것이다). 팀이나 조직, 회사에 눈에 보이는 변화를 가져와야 한다.

변화가 작을지도 모른다. 여러분이 단위 테스트 운동을 일으켜 회사 내 프로그래머들의 중심에 단위 테스트 관례를 가져올 수도 있다. 더 나아가 더 큰 변화일지도 모른다. 예를 들어 급진적인 새 기술을 도입해 더 싸고 나은 시스템을 더 빨리 만드는 것이다.

이런 일들을 하는 것은 자신의 내면에서 무언가가 강하게 이끌기 때문이다. 여러분은 사람들이 일을 잘못하는 것을 두고 볼 수 없다. 일을 더 낫게 하는 걸 알기에 바꿔야만 한다.

물론 세상을 바꾸려고 애쓰면 몇몇 사람을 화나게 할 수밖에 없다. 그러나 의도가 올바르면 괜찮다. 서두르면 안 되지만 빙빙 돌리지도 말라. 항상 신중하면 된다.

몇몇 사람을 발끈하게 한 걸로 끝난다 해도 사람들이 "그 사람은 무슨 일을 해?"라고 질문하지 않을 거라는 사실을 최소한 위안으로 삼을 수 있다.

자신이 무엇을 혁신해야 하는지 모른다면 아마도 아직 절실히 느끼지 못한 것이다. 자신을 드러내려고 활발하게 시도해 본 것이 없다면, 아마도 아직은 성공하지 못한 것이다.

실천하기

1. 개인적으로 직장에서 목격했던 혁신 운동 목록을 만들라. 함께 일했던 사람

들 중에 사명감을 품고 행동했던 사람들을 생각해 보라. 자신이 일했던 곳에서 가장 주도적이고 유능한 사람을 떠올려 보라. 그 사람들의 사명은 무엇이었는가? 부적절했던 사명을 생각해낼 수 있는가? 의욕과 광신의 경계선은 어디인가? 사람들이 그것을 넘는 것을 본 적이 있는가?

39
자신의 목소리가
들리게 하라

지금까지 살펴본 것은 매우 보수적인 아이디어였다. 직장에서 인정받는 것에 초점이 맞춰졌기 때문이다. 현재 일하는 회사에서 주목받고 승진하거나 계속 일하고 싶다면 우리가 지금까지 다룬 주제가 매우 유용할 것이다.

그러나 이런 주제는 정말 따분하다.

세상이 바뀌고 있다. 스스로 장래 계획을 세우고 싶다면 과거의 IT 노동자보다 폭넓게 생각해야 한다. 프로그래머로서 한 단계 승진하는 것이 경력의 단기적인 목표일지 모르지만 현재 고용 상태나 다음 승진을 넘어서 한 차원 높은 것을 생각해야 할 필요가 있다.

시선을 더 높게 두라. 자신을 특정 회사에서 일하는 프로그래머가 아니라 업계의 정회원participating member으로 생각하라. 결국 한 회사에 영원히 있지 않는다는 말이다. 여러분은 장인이거나 예술가다. 인적 자원 부서에서 사용하기 위해 개발하는 지출 보고 애플리케이션이나 회사의 이슈 추적 시스템에 쌓아놓은 버그, 이런 것들을 뛰어넘는 어떤 역할을 해야 한다.

회사는 전문가를 고용하고 싶어 한다. 프로젝트 목록이 충실하게 들어 있는 이력서도 경력을 선전하는 좋은 방법이지만, 그 면접관이 여러분에 대해 이미 알고 있는 것이 가장 좋다. 면접관들이 여러분의 기사나 책을 읽었거나 컨퍼런스에서 발표하는 것을 보고 알았다면 특히 좋다. 여러분이라면 배치하려고 하는 기술이나 방법론에 관한 '책을 쓴' 사람을 고용하고 싶지 않겠는가?

전에 색소폰 연주자였을 때 나는 멤피스 빌 거리에 있는 클럽들에서 많이 연주했다. 컴퓨터 산업에 적응하기 시작했을 때 컴퓨터 산업에서 명성을 얻는 방식이 음악 분야와 많이 겹친다는 것을 알았다. 연주자가 일거리를 찾으려 할 때 다음과 같은 경우가 꼭 생긴다.

- (가장 중요한 것이다) 최고의 색소폰 연주자라고 항상 무대에 서는 것은 아니다.
- 누구와 연주하느냐가 적어도 얼마나 잘 연주하느냐만큼 중요하다. 잘 맞는 연주자와 함께 어울려야 더 멋진 연주를 할 수 있다.
- 때때로 더 나은 연주자를 고려 대상으로 삼지 않기도 한다. 많은 사람이 그런 사람은 섭외가 너무 많이 들어와 시간이 나지 않을 거라고 추측한다.
- 음악 일도 인맥을 통하면 효과적으로 구할 수 있다. 사회적·음악적 인맥이 어떤 훌륭한 연주자에 이르지 못하면, 그 중간 단계의 네트워크가 어지간히 튼실해지기 전까지는 그 사람과 함께 연주해 달라는 섭외를 받지 못할 것이다.

컴퓨터 산업도 마찬가지다. 소프트웨어 개발자를 고용하는 객관적인 등급 평가 시스템은 없다. 실력이 좋다고 해서 항상 취업이 잘되지는 않는다. 컴퓨터 산업도 음악 산업처럼 사람들이 서로 거미줄처럼 연결되어 있는 크고 복잡한 네트워크다. 네트워크에 연결된 곳이 많을수록 완벽한 일자리나 경력 전환점에 연결될 가능성이 더 높아진다. 스스로 자신을 현재 일하는 회사에 묶어두면 형성할 수 있는 네트워크 연결 수에 심각한 한계가 생긴다.

출판이나 공개적인 발표보다 자신의 이름을 널리 알리고 목소리를 들리게 할 더 좋은 방법이 있을까? 자, 어떻게 해야 아무개 프로그래머에서 소문난 발표자나 저자(또는 역자)가 될까? 웹에서 시작하라.

첫째, 블로그를 읽는다. 블로그 배포를 공부하고 블로그 수집 소프트웨어를 셋업하라. 뭘 읽어야 할지 모른다면 가장 좋아하는 기술 서적 저자를 생각해 내거나 웹을 검색하라. 그 저자들의 블로그를 발견할 것이다. 그 저자들의 피드와 링크된 사람들의 피드를 구독하라. 시간이 지나면 여러분이 읽거나 다른 사람들이 쓰는 블로그 링크를 발견하면서 피드 목록이 늘어날 것이다.

이제 자신만의 블로그를 개설한다. 블로그를 호스트하고 운영할 수 있는 공짜 서비스가 많다. 무척 간단하다. 자신이 흥미롭다고 생각한 이야기에 대해 쓰는 것으로(그리고 링크도 걸라) 시작하라. 글을 쓰고 링크를 걸면서 블로그 세계가 그 자체로 사회적 네트워크, 즉 자신이 만들기 시작할 경력 네트워크의 소우주임을 발견할 것이다. 여러분의 생각이 결국 다른 사람의 피드 수집 소프트웨어에 나타나기 시작할 것이고 그 사람들이 여러분의 아이디어에 대해 쓰고 그것을 퍼뜨릴 것이다.

블로그는 훈련장이다. 좋아하는 잡지의 특집 칼럼을 쓰는 것처럼 웹에 글을 쓰라. 글쓰기 기술을 연습하라. 기술이 좋아질수록 자신감도 늘어날 것이다.

블로그에 글쓰기는 다음 단계를 준비하는 중요한 자료가 될 것이다. 커뮤니티 웹 사이트나 잡지, 책에 글을 쓸 때 사용할 수 있다. 글쓰기 능력을 보여주는 포트폴리오를 웹에 올리거나 각종 기사나 책을 집필할 때 쓸 수 있는 자료가 많아지는 것이다. 책을 출판하면 네트워크는 더 커질 것이다. 더 많이 쓸수록 글 쓸 기회가 많아진다. 그리고 이를 통해 컨퍼런스에서 발표할 기회도 얻을 수 있다.

글을 쓰려는 시도를 웹에서 쉽게 시작했듯이 개발자 모임에서 발표 경력을 쌓기 시작할 수 있다. 닷넷을 쓴다면 마이크로소프트 개발자 모임에서 발표를 준비하라. 리눅스 프로그래머라면 리눅스 사용자 모임에서 발표하면 된다. 발표를 하려면 연습을 해야 완벽해진다. 발표를 준비하려면 많이 생각해야 함을 명심하라. 발표를 가볍게 보면 안 된다. 몇몇 사람에게만 발표한다고 하지만 이 도시는 자신이 살고 일하는 곳이다. 정말 잘하면(언젠가는) 알려지게 되어 있다. 작은 모임에 적절한 주의를 기울이면 이 작은 일들이 주요 업계 컨퍼런스에서 발표하는 것과 별로 다르지 않음을 발견할 것이다. 그것들은 다음 단계로 가는 분명하고도 당연한 과정이다.

자신의 주장을 널리 알리고 이름을 알리는 데 명심해야 할 것은 자신이 준비됐다고 생각할 때까지 기다리지 말고 바로 시작하라는 것이다. 사람들은 대부분 자신을 너무 낮춘다. 분명 타인에게 도움을 줄 만한 구석이 있을 것이다. 어떤 경우라도 100% 완벽한 준비는 없다. 시작이 반이다. 지금 시작하라.

실천하기

1. 블로그가 아직 없다면 당장 하나 만들라. 무료 블로그 호스팅 사이트 아무 곳이나 가서 하나 준비한다.

이제 컴퓨터에 새 텍스트 파일을 하나 만들라. 그 파일에 가능한 블로그 주제 목록을 만든다. 이 주제들은 앞으로 쓸 기사들이다. 방대한 아이디어를 쓰겠다고 자신을 제한하지 말라. 10~20분 안에 쓸 수 있는 아이디어를 시도해 보라. 목록에 항목을 열 개 만든다(영감을 받지 않는 한 계속 하라).

파일을 저장하고 연 채로 그대로 두라. 컴퓨터를 껐다 켰다면 파일을 다시 열라. 3주가 있다. 매일 목록에서 항목을 하나 골라 글을 쓴다. 너무 어렵게 생각하지 말라. 그냥 쓰고 공개하라. 글에는 관련 글이 있는 블로그를 링크하라. 매일 주제를 고르려고 목록을 읽다가 아이디어를 더해도 좋다. 3주가 끝난 후 가장 좋아하는 글 두 개를 골라 딕^{Digg}이나 레딧^{Reddit} 같은 사용자가 조정하는 뉴스 사이트에 올리라. 목록에 여전히 아이디어가 있다면 계속 글을 쓰라.

40

자신의 브랜드를
만들라

브랜드를 만드는 데는 두 가지 측면이 있다. 사람들이 쉽게 알아볼 수 있게 자신의 로고를 실제로 만든다. 이 로고는 사람들에게 반드시 긍정적으로 인식되어야 한다. 즉, 올바르게 인지되어야 하고 또 인정받아야 한다.

오늘날 만(卍, swastika)자를 보면 우리는 히틀러와 나치 독일을 떠올린다. 브랜드를 만드는 시각에서 보면 나치는 그 기장을 잘 선택했다. 나치는 브랜드를 만드는 과정에서 한 번에 절반을 이뤄냈다. 바로 인지다. 그러나 정신적으로 건강한 사람들은 유대인 대학살과 관련된 모든 것에 대해 극도로 부정적인 연상을 한다. 따라서 나치는 긍정적인 연상 부분에서는 결국 비참하게 실패했다. 사실 히틀러는 '만'자를 힌두교에서 훔쳤다. 일종의 범죄를 저지른 것이다. 자사 브랜드를 진지하게 생각하는 모든 회사가 막아내려고 애쓰는 상표 도용 같은 범죄 말이다. '만'자에 대한 원 소유권자인 힌두교에서 '만'자는 행운을 뜻하는 상서로운 상징이다. 그러나 이제는 서구 전역에서 이 영적인 아이콘이 추락하고 말았다. 많은 사람이 인지하지만 인정받지 못하는 경우다.

반대의 예로는 찰리 우드Charlie Wood, http://www.charliewood.us가 있다. 찰리는 테네시 주 멤피스 시에서 엄청 대단한 가수이자 작곡가, 해먼드Hammond B3 오르간 연주자다. 찰리는 빌 거리에 있는 클럽에서 1주일에 닷새를 밤에 연주한다. 찰리를 알거나 그의 연주를 들어본 사람들은 모두 그가 얼마나 굉장한지 안다. 그 사람들은 전부 찰리를 인정한다. 찰리는 R&B 음악에 관해서라면 가장 재능 있는 연주자다.

그러나 일반 사람들은 그가 도대체 누구인지 모른다. 인지는 없지만 높게 인정받는 경우다.

여러분이 바라는 것은 인지와 인정을 모두 얻고 받는 것이다. 여러분의 이름이 곧 여러분의 브랜드다.

여러분의 이름이 곧 브랜드다.

인지되고 인정받는 법을 이번 장 전체에 걸쳐 다룬다. 바로 이번 단락에서는 두 가지 모두 얻고 지킬 가치가 있는 자산이라는 것을 이해할 필요가 있다. 회사 이미지나 문구를 남용한 웹 사이트를 운영하는 대학생을 고소하는 새가슴 같은 대기업 마케팅 부서와는 달리 여러분은 다른 사람으로부터 자신의 브랜드를 보호하느라 많은 시간을 쓸 필요가 없다. '자신'이라는 브랜드에 대해 잠재적으로 가장 파괴적인 힘은 여러분 자신에게 있다.

자신이 한 말이나 쓴 글을 바꾸지 말라. 특히 자기 이름이 나오는 곳에서 주의하라. 변변치 않은 프로젝트를 하거나 많은 사람에게 서툰 이메일을 보내거나 하지 말라(또는 변변치 않은 글을 블로그에 써서 전체 인터넷에서 읽히지 않게 하라). 바보가 되지 말라. 바보가 될 만하더라도 바보를 좋아하는 사람은 전혀 없다.

구글Google은 결코 잊지 않는다.

가장 중요한 점은 자신이 선택한 것과 관련된 것이 사신의 이름으로 지속적인 영향을 끼침을 기억해야 한다는 것이다. 그리고 이러한 상호 작용 중 아주 많은 것이 인터넷의 공개 토론장, 웹 사이트, 메일링 리스트에서 일어나기 때문에 많은 행동이 공개적으로 기록되고 캐시되고 색인되고 검색될 수 있다. 영원히 말이다.

사람들은 잊어버릴지 모르지만 구글은 절대 그렇지 않다.

할 수 있는 한 자신의 브랜드를 지켜야 한다. 자기 스스로 보호하라. 브랜드가 중요하다.

실천하기

1. 자신을 구글에서 검색하라. — 자신의 이름을 구글에서 검색해 보라. 검색 결과의 첫 네 쪽을 보라(실제로 검색 결과가 네 쪽뿐인가?). 사람들이 구글 검색 결과의 첫 네 쪽에 있는 링크만을 따라가서 여러분에 대해 무엇을 추측할 수 있을까? 검색 결과의 첫 네 쪽에 여러분의 이름이 나오기는 하는가? 이 첫 네 쪽이 만족스럽게 여러분을 잘 묘사하고 있는가?

같은 검색을 다시 해보라. 그러나 이번에는 포럼이나 메일링 리스트 대화를 주의 깊게 보라. 자신이 바보처럼 보이지는 않는가?

41

자신의 코드를
공개하라

 여러분이 짠 소프트웨어에 이미 의지하고 있는 회사가 있다면 일자리를 찾기가 얼마나 쉬울지 상상해 보라. 다음과 같이 말할 수 있을 것이다. "Nifty++를 쓰시네요? 제가 도와드릴 수 있어요. 제가 만들었거든요." 그렇게 하면 상황이 달라질 거다. 면접관과 채용 담당자는 여러분을 기억할 테니까. 아주 바람직스러운 상황이다.

 10년 전에는 멋진 구상을 갖고 있어도 이런 시나리오를 실행할 기회가 많지 않았다. 먼저 상용 소프트웨어 벤더에서 일해야 했을 것이고, 자격증은 그 소프트웨어 벤더에서 일하는 동안 개발한 제품에 묶여 있었을 것이다. 그러나 상황이 바뀌었다. 유명하고 정평이 날 만한 소프트웨어를 개발하기 위해 이제는 더 이상 대기업에서 일할 필요가 없다.

 이제 또 다른 출구가 있다. 바로 오픈 소스다. 오픈 소스 소프트웨어는 주류를 강타했다. IT 회사에서 새 프로젝트를 시작할 때마다 일어나는 해묵은 '제작 대 구매' 논쟁이 '제작 대 구매 대 다운로드'로 바뀌었다. 전체 애플리케이션이 아니더라도 작은 라이브러리부터 완전한 애플리케이션 컨테이너에 이르는 프레임워크가 오픈 소스 라이선스로 발표되고 사실상 표준이 되고 있다.

그리고 이 소프트웨어를 개발하는 사람들은 대부분 여러분 같은 사람들이다. 저녁과 주말에 집에서 아무런 보수 없이 소프트웨어를 만들어낸다. 물론 오픈 소스 제품을 만들거나 지원하도록 회사에서 자금을 대는 노력도 있다. 그러나 오픈 소스 개발의 대다수는 독립적인 개발자들이 취미로 만든다.

> 누구나 레일스를 사용할 수 있지만
> 레일스 '기여자'라고 말할 수 있는 사람은 거의 없다.

이 개발자들 중 많은 사람이 그저 재미 삼아 자기를 나타내기도 하지만 몇 가지 실제 동기도 있다. 그들은 커뮤니티의 사회적 연결 고리를 따라 움직인다. 그 사람들은 자기 힘으로 명성을 쌓고 업계에서 평판을 만든다. 의도적으로 하는 게 아닐지도 모르지만 그 과정에서 자신을 적극 선전한다.

자기 힘으로 명성을 쌓는 것은 제쳐 놓더라도 오픈 소스 소프트웨어에 기여하는 것은 자신의 분야에 대한 열정을 보여주는 것이다. 회사가 여러분의 소프트웨어를 쓰지 않거나 들어보지 않았더라도 소프트웨어를 만들고 발표했다는 사실은 그 자체로 눈에 띈다. 이렇게 생각해 보자. 소프트웨어 개발자를 뽑는다면 8시간씩 5일만 일하고 집에 가서 TV나 보는 사람을 뽑겠는가? 아니면 소프트웨어 개발에 대한 열의가 가득해 일과 후와 주말에도 소프트웨어를 개발하는 사람을 뽑겠는가?

오픈 소스에 대한 기여는 실력을 실제로 보여주는 것이다. 좋은 코드를 짜서 실제 프로젝트에 기여한다면 어떤 기술을 안다고 그냥 말하는 것보다 이력서를 쓰는 데 훨씬 좋을 것이다. 누구나 이력서에 레일스나 낸트Nant를 쓸 수 있다. 그러나 '레일스 기여자'나 '낸트 커미터'라고 쓸 수 있는 사람은 거의 없다.

오픈 소스 프로젝트를 이끄는 것은 기술적인 능력 이상의 것을 드러낸다. 자기 노력으로 커뮤니티를 키우려면 리더십, 릴리스 관리, 문서 작성, 제품·커뮤니티 지원 능력 같은 실제 실력을 필요로 한다. 그리고 이런 일들을 취미로 여가 시간에 성공적으로 해낸다면 같은 일자리를 두고 경쟁하는 대부분의 다른 사람들과는 놀라우리만큼 다를 것이다. 이런 일을 하라고(그것도 잘) 개발자에게 월급을 줄 수 있는 회사는 거의 없다. 그 일 중 몇 가지라도 하라고 돈을 주는 회사도 거의 없다. 그 일들을 할 수 있을 뿐 아니라 아무 대가 없이 그 일을 할 만큼 신경 쓰고 있다는 것은 엄청난 자발적 진취성을 보여주는 것이다.

정말 유용한 것을 만든다면 유명해질지도 모른다. 작은 기술 분야, 예를 들어 레일스 개발자들 사이에서 유명해질 수 있다. 또는 운이 좋으면 긱geek 커뮤니티 바깥에서도 리누스 토발즈Linus Torvalds처럼 정말 유명해질지도 모른다. 그다지 유명하지 않아도 코드를 공개하면 틀림없이 이름이 알려질 것이다. 명성이란 것이 사람들이 여러분이 누구인지를 아는 것을 의미한다면 여러분에 대해 아는 사람이 한 명 더 는다는 것은 좀 더 유명해진다는 뜻이다. 그리고 오픈 소스 커뮤니티는 세계적인 네트워크이므로 사람들이 코드 때문에 웹을 검색하다 여러분의 소프트웨어를 우연히 발견하여 설치하고 사용할지도 모른다. 그렇게 여러분의 소프트웨어가 퍼져나가면서 여러분에 대해 알게 됨에 따라 명성과 평판이 생길 것이다. 그것이 마케팅의 전부다. 이것이 우리가 바라는 것이다.

실천하기

1. 스튜어트 할러웨이Stuart Halloway, http://thinkrelevance.com는 자신이 'Refactotum'이라 부르는 컨퍼런스에서 워크숍을 열었다. 참석할 기회가 있다면 꼭 참석하기

를 권하지만 요점은 다음과 같다. 단위 테스트가 있는 오픈 소스 소프트웨어를 고른다. 코드 범위 분석기를 통해 단위 테스트를 실행한다. 시스템에서 가장 적게 테스트된 부분을 찾아 그 코드의 범위를 개선할 테스트를 짠다. 테스트하지 않은 코드는 테스트할 수 없는 코드이기도 하다. 코드를 좀 더 테스트 가능하게 리팩터링한다. 자신이 변경한 것을 패치로 제출한다.

이 일이 아름다운 것은 측정할 수 있고 빨리 할 수 있다는 점이다. 시도해 보지 않을 이유가 없다.

42

주목받는
남다른 능력

전통적인 마케팅 교육 과정은 마케팅의 4P를 언급한다. 바로 제품^{Product}, 가격 ^{Price}, 판촉^{Promotion}, 유통경로^{Placement}다. 이 네 가지 범주를 모두 망라하면 완벽한 마케팅 계획을 세운 것이다. 네 범주의 중요도는 모두 같다.

그런데 마케팅의 목표는 무엇인가? 그 목적은 제품이나 서비스의 소비자와 생산자 사이에 관계를 만드는 것이다. 이 핵심 고리는 제품에 대해 알리는 것으로 시작한다. 제품을 널리 알리는 전통적인 기법은 광고, 편지 발송, 교육 세미나 등 판촉을 통해서였다.

최근 들어 마케팅 세계는 이른바 입소문으로 파급되는 마케팅에 주목하고 있다. 이 바이러스성 마케팅은 아이디어가 상당히 남다르다. 소비자들이 그것을 다른 사람에게 퍼뜨릴 때 일어나기 때문이다. 바이러스처럼 퍼져서 새로 감염된 소비자들은 모두 다른 사람들을 감염시킬 잠재적인 가능성이 있다.

단순히 편지를 보내고 TV 광고를 하는 게 비싸서 바이러스성 마케팅을 더 좋아하는 것이 아니다. 소비자들이 TV 광고와 쓰레기 우편물보다는 친구를 더 믿기 때문에 바이러스성 마케팅에 쏠리는 것이다. 소비자들은 신문 중간에서 꺼낸 간지에 광고된 제품보다는 직장 동료가 이야기해준 제품을 살 가능성이 더 높다.

마케팅 대가 세스 고딘$^{Seth Godin}$은 그의 책 『Purple Cow』(『보랏빛 소가 온다』, 남수영 옮김, 재인)에서 소비자들이 제품에 주목하게 하는 가장 좋은 방법은 제품을 남다르게 만드는 것이라고 주장한다. 고딘은 전통적인 4P는 쓸모없어지고 소비자들은 뿌리고 기도하기$^{spray-and-pray}$ 식의 낡은 대량 마케팅 전략에 무감각해졌다고 말하기까지 한다. 그래서 고딘은 군중 속에서 두드러지는 유일한 방법은 정말로 남다르게 걸출해지는 것이라고 말한다.

자, 여기에서 냉소적인 독자들은 박수 갈채를 보내기 시작한다. 알아들을 수 없는 마케팅 용어는 남다른 능력에 비하면 아무것도 아니라고 말이다. 그런데 "내가 그렇게 말했잖아요"라고 하기 전에 '남다른^{remarkable}'이란 말의 정의를 이야기해야만 한다.

남다르다는 것이 절대적으로 좋다는 의미는 아니다. 보통 남다른 제품은 좋다. 그렇다고 좋은 제품이 모두 남다르지는 않다. 남다르다는 것은 주목할 만한 가치가 있음을 의미한다. 다른 소프트웨어 개발자보다 단순히 더 나은 것만으로는 비범한 소프트웨어 개발자가 될 수 없을 것이다. 다른 사람보다 조금씩 더 나아지는 것은 자신의 이름을 퍼뜨릴 만큼 인상적이지 않다. 누군가 여러분에 대해 물어본다는 것은 여러분이 빛나는 성적표를 갖고 있다는 것일 수 있다. 그러나 '남다르다는 것'은 누가 물어보기 전에 사람들이 먼저 여러분에 대해 이야기하는 것을 의미한다.

남달라지려면 주변 것들과는 크게 달라야 한다. 이 장에서 논의한 여러 가지 자가 마케팅 전략은 남달라지기 위한 것이다. 성공적인 오픈 소스 소프트웨어 발표, 책과 기사 쓰기, 컨퍼런스에서 발표하기를 통해 더욱 남달라질 수 있을 것이다.

> 보여주느냐 아니면 죽느냐,
> 그것이 문제로다…

바로 전 문장을 보면 총망라한 목록은 아니지만 잠재적으로 남달라질 수 있게 할 만한 항목에 중요한 뭔가가 포함되어 있음을 알아챘을 것이다. 가장 똑똑하거나 빠른 사람이 되는 것으로는 충분치 않다. 실행해내야 한다.

고딘은 '보랏빛 소'라는 문구를 이용해 남달라지려면 무엇을 해야 하는지 일깨운다. '가장 좋은 소'나 '우유를 가장 많이 짜내는 소'나 '가장 예쁜 소'가 아니다. '보랏빛 소'는 그런 무리 중에서 두드러진다. 그 무리를 봤을 때 얘깃거리가 될 만한 것은 보랏빛 소다.

자신과 자신의 성과를 보랏빛 소처럼 만들기 위해 무엇을 할 수 있을까? 주제를 습득하는 데서 그치지 말고 그것에 관한 책을 쓰라. 1주일짜리 프로세스였던 것을 5분짜리 프로세스로 줄이는 코드 생성기를 짜라. 동료 사이에서 존경받으려 하기보다는 자신이 집중하는 기술에 대한 세미나와 연수를 통해 도시에서 가장 알려진 권위 있는 개발자가 되라. 다음 프로젝트에서 전에는 생각지도 못했던 것을 하라.

그저 무리 속의 최고가 되란 말이 아니다. 사람들이 여러분의 '남다름'에 대해 말할 수밖에 없도록 하라.

실천하기

1. 현재 프로젝트나 업무에서 작지만 남다른 무언가를 시도해 보라. 실험해 보는 한 방법은 남다른 생산성을 목표로 하는 것이다. 프로젝트 일정에는 여분이

많을 때가 있다. 모두 1주일 걸린다고 생각하는 일을 찾아 하루에 해내라. 필요하면 초과 근무를 해도 된다. 초과 근무하는 버릇을 들일 필요는 없지만 이것은 실험이다. 눈에 띄게 짧은 시간에 일을 해내라. 사람들이 '남다르다고' 느끼는지 보라. 그렇지 않다면 왜일까? 그렇다면 어떤 식으로 그렇게 됐나? 변수를 미세하게 조정해 다시 시도해 보라.

어울리라

어린 시절 아칸소에서 재즈 색소폰 연주자로 지낼 때 사람들은 가끔 내게 "크리스를 알아요?"라고 물어봤다. 몰랐다. 크리스는 아칸소의 고등학교 학생으로 진지하고 포부가 있는 재즈 연주자임이 분명했다. 그래서 사람들은 나를 만나면 우리가 고등학생답지 않은 재즈 감각을 지닌 동료 사이기를 바라며 은근히 연결 지으려 했다.

어느 여름날, 카운트 베이시 재즈 오케스트라Count Basie Jazz Orchestra가 아칸소 강둑에 있는 원형 극장에서 야외 연주회를 하는 것을 볼 기회가 있었다. 분위기가 좋아서 나는 평소답지 않게 용기를 내어 무대 뒤로 갔다. 그래서 연주자들이 무대에 오르기 전에 그 사람들과 이야기를 나눌 수 있었다. 나는 전혀 수다스럽지 않은 아이였다. 따라서 이 일은 정말 내겐 믿기지 않는 일이었다. 내가 뒤에서 한 색소폰 연주자와 이야기를 나누고 있는데 어떤 아이가 와서 말을 붙였다. 5분인가 10분 후, 연주가 시작됐고 결국 우리 둘만 남았다. "네가 크리스/채드니?" 우리는 동시에 물었다.

그 이후로 오랫동안 나는 크리스와 함께 많은 시간을 자유롭게 보냈다. 크리스에게는 최고의 연주자와 사귀는 독특한 요령이 있음을 곧 알았다. 크리스는 그저 고등학생이었다. 그러나 크리스는 벌써 재즈 연주를 하고 있었을 뿐 아니라 시내에서 가장 훌륭한 재즈 피아니스트 대신 연주도 하였다. 크리스는 꽤 잘했지만(특히 자기 나이에 비해) 아주 뛰어나게 잘한다고 할 수는 없었다.

얼마 지나지 않아 일이 어떻게 된 건지 알게 되었다. 우리는 1주일에 서너 밤은 재즈 클럽에 갔다. 내성적인 내게는 그건 항상 약간 거북한 경험이었다. 크리스는 마치 시계처럼, 우리가 보고 있던 밴드가 휴식에 들어가면 이야기하다 말고 나를 두고 밴드 멤버들에게 걸어가 말을 걸었다. 크리스는 로봇 같았다. 그런 크리스를 바라보는 건 약간 넌더리가 나는 일이었음을 인정해야겠다. 크리스는 그 정도로 뻔뻔스러웠다. "크리스가 불쌍한 연주자들을 귀찮게 굴지는 않을까?" "제발! 그 연주자들은 쉬는 중이잖아! 저 사람들은 이 터무니없는 아이와 이야기하고 싶지 않을 거야." 나는 크리스를 따라 가거나 혼자서 우두커니 앉아 기다려야 했다. 기운이 없는 날에는 후자를 택할 때도 가끔 있었지만 대부분 크리스를 따라가 잘 어울리는 체하려 애써야 했다.

그러나 놀랍게도 쉬는 시간에 연주자들은 크리스는 물론 나와도 이야기하기를 실제로 즐기는 것처럼 보일 때가 많았다. 크리스는 지독히도 뻔뻔했고 밴드와 함께 앉아도 되는지 항상 질문했다. 그런 행동이 얼마나 부적절하게 보이는지와 상관없이 말이다. 크리스는 연주자들에게 레슨을 부탁하기도 했다. 그것은 연주자 집에 가서 음악을 듣고 재즈 즉흥 연주에 대해 이야기하는 것을 의미했다. 나는 그 쉬는 시간에 느꼈던 것과 똑같은 기분으로 끌려가곤 했다.

그러나 나는 크리스가 이 연주자들과 맺은 관계에 대해 확실히 잘못 알았다. 크리스는 정말 좋은 연주자들과 연주를 같이 한 것이다. 나는 크리스 주위를 어슬렁거리는 그저 그런 사람이었다. 크리스는 내게 도시 최고의 연주자들을 보여주었다. 크리스와 나의 유일한 차이점은 크리스는 좀 더 나아가고 있었다는 것이다.

몇 년 동안 크리스는 '염치없이 사람들 사이에 끼어드는 능력'과 결합된 '가장 못하는 사람 되기' 전략 덕분에 엄청난 피아노 연주자가 됐다. 사실 크리스는 자신을 정말 유명한 재즈 연주자들과 연주할 수 있게끔 다그친 것이다. 반면 나는 지금도 여전히 크리스가 알았던 그때 그 아이다. 크리스는 주목 받는 연주회에 나를 데려가곤 했다. 연주회에 데려간 것은 항상 크리스였다. 그 반대 경우는 없었다.

그 이후로 고전 음악, 미국 티베트 불교도 커뮤니티, 소프트웨어 개발, 심지어 한 사무실 내에서도 사람들 사이에 같은 패턴이 있는 걸 봤다. 크리스는 내가 불편하게 느꼈던 그것을 '어울리기'라고 불렀다. 짧게 이야기하면 다음과 같다. 정말 좋은 사람들은 여러분이 그 사람들을 알고 싶어 하는 걸 꺼려하지 않는다. 사람들은 인정받기를 좋아하고 자기가 열정을 품은 주제에 대해 이야기하기를 좋아한다. 그 사람들이 전문가, 고수, 리더, 유명한 작가라는 사실 때문에 다른 사람들과 사귀기를 좋아한다는 사실이 바뀌지는 않는다.

두려움을 걷어치우라.

덧붙여 말하자면 평범한 사람과 우리가 존경하는 사람 사이의 가장 심각한 장벽은 우리 자신의 두려움이다. 여러분을 가르칠 수 있거나 여러분이 일을 찾을 수 있게 도울 수 있는 똑똑하고 배경 좋은 사람들과 어울리는 것은 스스로를 개선할 가장 좋은 방법인데도 시도해 보기를 두려워하는 사람이 많다. 긴밀한 전문가 커뮤니티의 일부가 되는 것은 연주자, 미술가, 다른 장인들이 오랜 세월 각각의 예술 형식을 발전시키면서 유지해온 방법이다. 고수는 전문적인 사회적 네트워크에서 슈퍼노드다. 스스로를 너무 비하하지 않는다면 관계를 맺는 것은 어렵지 않다.

물론 아무에게나 재잘거리고 싶지는 않을 것이다. 공통의 화제를 이끌어낼 만한 사람을 찾고 싶을 것이다. 누군가가 쓴 기사를 보고 그 글에 영향을 받을 수도 있다. 영향을 받고 나서 한 일을 그 사람들에게 보여주고 그 사람들로부터 정보를 얻을 수도 있다. 또는 다른 사람이 만든 시스템에 대한 소프트웨어 인터페이스를 만들 수도 있다. 그것은 관계를 맺는 합리적이고 훌륭한 방법이다.

물론 실제로 만나는 것뿐 아니라 온라인으로도 어울릴 수 있다. 한번 맺어진 관계는 지속되기 마련이다. 소프트웨어 세계의 영웅은 전 세계에 널리 퍼져 있다. 음악 세계에서도 마찬가지다. 연주자들이 전부 이메일로 연락을 주고받는다는 걸 당연하게 생각할 수 없겠지만 말이다. 그래서 음악 세계에서는 지역 전문가 모임을 구성하는 편이다. 반면 소프트웨어 개발자들은 어디에 있든지 상관없이 쉽게 연락이 닿을 수 있다는 장점이 있다. 그 덕분에 같은 도시에 사는 고수뿐 아니라 멀리 어딘가에 사는 고수와도 쉽게 연락할 수 있다. 소프트웨어 개발에서 가장 영향력 있는 견해를 이메일이나 심지어 실시간 대화를 통해 쉽게 접할 수 있다.

내가 이 책을 쓰게 된 이야기도 실제로 이메일 한 통에서 시작했다. 프래그머틱 출판사에 루비 라이브러리에 대해 이메일을 보냈다가 온라인으로 많은 대화를 나누고 나서 이 책을 쓰기 시작한 것이다. 첫 이메일을 보내는 데 주저했지만 프래그머틱 출판사의 데이브를 그다지 속 태우지는 않았음이 분명하다. 그리고 독자들은 지금 내 글을 읽고 있다. 고맙다, 크리스.

실천하기

1. 가장 좋아하는 소프트웨어를 하나 고르고 그 창시자에게 이메일을 보내라. 그 소프트웨어 개발자에게 고맙다는 말을 전하라. 그런 다음 제안을 하거나 질

문을 하거나 그 사람과 인간관계를 확립할 수 있는 다른 시도를 해보라. 답장을 달라고 간청도 해보라. 그 소프트웨어가 자유 소프트웨어나 오픈 소스라면 돕고 싶다고 제안해 보라.

2. 존경하거나 배우고 싶은 지역의 누군가를 떠올리라. 그 사람을 만날 수 있는 상황을 알아보고(사용자 모임이나 강연이 좋은 기회다) 찾아가서 대화를 시작하라. 아무리 불편하더라도 시도해 보라.

우리 그냥 ~하면 안 돼?

스티븐 에이커스 씀

직장에서 많은 시간을 보내는 사람은 IT 부서와 실무 부서(IT 부서가 아닌) 사이에 대립이 계속된다는 사실을 안다. 이러한 다툼의 뿌리는 거의 항상 오해, 의사 불통, 잘못 다뤄진 기대다. 이러한 문제는 두 부서에서 사용하는 여러 가지 낡은 문구로 거의 매일 강조된다.

IT 쪽에서 가장 싫어하는 문구는 "우리 그냥 ~하면 안 돼?"다. 대개 이런 말들이 나온다. 이 일 그냥 외주 주면 안 돼? 프로젝트에 개발자 좀 더 넣으면 안 돼? 그냥 지난번에 한 것 하면 안 돼? 애플리케이션 좀 더 빠르게 못 만드나? 그냥 새 데이터베이스 만들면 안 될까?

문제는 IT 사람들이 이 말을 들을 때 낱말에만 초점을 두는 사람이 많다는 것이다. 이 말을 듣고 IT 사람들은 실무자가 자신들의 요청이 뚜렷하고 사소하며 쉽게 이룰 수 있는 것으로 여긴다고 느낀다. 따라서 구현 실패는 IT 사람들이 가장 간단한 작업도 완성하지 못하고 교체되어야 할 대상임을 나타내게 된다.

그 결과로 이러한 요청에 대한 흔한 답변은 "안 돼요."다. IT 사람들은 실무자가 자신들의 제안이 복잡하고 실행하기 어려울 뿐 아니라 실제로 나쁜 아이디어임을 확실히 깨닫기를 바란다. 여기에서 대립이 생긴다. 결국 실무자는 IT 사람들이 항상 안 된다고만 한다고 마음이 멀어지고, IT 사람들은 실무자가 일이 어떻게 돌아가는지 아무것도 모른다는 인상을 받는다.

나도 예전에 꼭 그렇게 생각했다. 내 생각에 실무자에게 정말 필요한 것은 자기들이 무슨 일을 하는지 아는 누군가가 그 팀에 있는 것이었다. 그것이 내 경력의 어느 시점에 IT를 떠나 현업에 합류하기로 한 이유다. 일을 제대로 하는 법을 이해하기 때문에 내 프로젝트가 모두 굉장한 성공을 거두리라 충분히 기대했다.

우리 계획이 항상 기대하는 대로 결과가 나오지는 않는다는 것이 재미있다. 실무 팀에서 성공을 거두기는 했지만 내가 경험하기를 고대했던 확실한 성공은 아니었다.

대신 스스로 많이 배웠음을 알게 됐다. 예를 들면 다음과 같다.

1. 거의 모든 프로젝트에 제한으로 작용하는 실제 상업적 요인이 있다. 이 제한 때문에 완벽한 기술 해법보다 못한 것을 구현해야 할 때가 가끔 있다.
2. 실무자가 제안하는 시간표가 보이는 것처럼 제멋대로는 아닐 때가 있다. 솔루션 전달 기일을 지키는 것이 프로젝트 성공이나 심지어 회사 실적에 파급 효과를 냈던 적이 여러 번 있었다.

이 교훈을 배우자 IT 사람들이 "우리 그냥 ~하면 안 돼?"의 엉뚱한 부분에 초점을 맞추고 있음을 깨달았다. 이 문구에서 중요한 낱말은 실제로는 '우리'다. 이 낱말은 실무자들이 IT 사람들을 자기 팀의 매우 중요한 부분으로 보고 손을 내민다는 것을 나타낸다. 실무자는 회사의 성공을 이끌어낼 해법을 구성하려고 IT 사람들에게 도움을 얻으려고 애쓰는 것이다.

따라서 다음번에 그런 끔찍한 말을 들으면 "안 돼요."라고 말하고 싶은 충동과 싸우라. 우리라는 낱말에 초점을 두고 자신 있게 말하라. "예. 프로젝트에 개발자를 더 넣을 수는 있지만 좋은 생각이 아닙니다. 그 이유는…." 하지만 거기에서 끝나면 안 된다. 자신의 견해를 설명하는 것만으로는 충분하지 않다. 실무자가 처리하려는 상업적 제한이 무엇인지 찾아내려면 더 파고들어야 한다. 시간이 지나 이 경험 덕분에 사업 분야 지식이 쌓일 것이고 풀어야 할 문제를 더 잘 이해할 수 있을 것이다. 이 이해를 전문 기술과 결합하면 여러분은 항상 "안 돼요."라고 말하며 남을 방치는 사람에서 실무자에게 없어서는 안 될 동료로 변모할 수 있을 것이다.

스티븐 에이커스는 젠스케이프(Genscape, Inc.)의 IT 부사장이다.

자신의
강점을
유지보수하라

티파니Tiffany라는 1980년대 유명 팝 가수를 기억하는가? 티파니는 상위 40위 중 최고였고 당시 라디오에서 티파니의 노래를 계속 들을 수 있었다. 티파니는 엄청난 성공을 누렸고 잠깐 동안이지만 유명인이 됐다.

독자들은 (만약 들었다면) 티파니에 대한 소식을 들은 것이 마지막으로 언제인가? 아마 기억 못할 것이다. 나도 기억나지 않는다.

티파니는 짧게나마 1980년대에 인기를 끌었다. 1990년대가 왔고 티파니는 유행에 너무 뒤떨어졌다. 티파니는 팬들의 애정이나 관심을 유지할 만큼 **빠르게** 변하지 못했다. 팬들의 음악 취향이 10대 음악bubble gum에서 그런지 록grunge rock으로 바뀌었다. 취향이 이렇게 바뀌자 티파니는 갑자기 시대에 뒤진 가수가 됐다.

같은 일이 여러분의 경력에도 생길 수 있다. 이 책에서 다루는 과정은 여러분이 은퇴할 때까지 되풀이되는 루프loop다. 연구하고 투자하고 실행하고 마케팅하는 것을 되풀이하는 것이다. 반복되는 루프의 특정 부분에 시간을 너무 많이 쓰면 갑자기 시대에 뒤떨어질 위험에 처할 수 있다.

확실히 주의하지 않으면 그 위기는 소리 없이 다가올 것이다. 생각지도 않은 위기가 발생하면 이미 너무 늦는다. 티파니는 아마 그런지 록이 뜰지 전혀 몰랐을 것이다. 티파니는 자기 노력을 10대 팝 스타가 되는 데 모두 쏟아 부었다. 그런지 록이 상위 40위권에서 우세해지자 티파니는 돌이킬 수 없을 정도로 유행에 뒤떨어져 버린 것이다.

5부에서는 반짝 스타가 되지 않는 법을 살펴본다.

44

이미
구식

많은 사람이 IT 산업에 끌린다. IT 산업에서는 많은 것이 항상 바뀌기 때문이다. IT 산업은 흥미진진할 뿐 아니라 근무 환경도 신선하다. 또 배워야 할 새로운 것이 항상 있다. 하지만 반면에 기술 관련 지식에 애써 투자한 것이 신형 쉐보레보다 가치가 더 빨리 떨어진다는 사실 때문에 실망한다. 오늘은 근사한 새 기술이 내일이면 유통 기간이 얼마 남지 않은 구식 고물이 된다.

> 빛나는 새 기술은
> 금세 쓸모없어진다.

『Leading the Revolution』(『꿀벌과 게릴라』, 이동현 옮김, 세종서적)에서 개리 해멀^{Gary} ^{Hamel}은 특정 산업에서 현직 산업 리더들이 어떻게 자기만족에 빠져 맹점을 만들어 내는지 이야기한다. 사업에서 성공할수록 현 사업 모델에 안주하면 급진적인 아이디어로 뒤쫓는 사람들에게, 심지어 그들이 멍청하더라도 매우 취약하게 된다. 훌륭하고 매력적인 사업 모델이 디스코가 유행하던 시절에나 걸맞을 낡고 닳은 것으로 될 수 있다. 기술 선택도 마찬가지다. 이 책이 나왔을 무렵 잘 나가고 있을 J2EE나 닷넷 같은 기술을 주어진 기간에 터득했다면 매우 만족할 것이다. 유리한 위치다. 그렇지 않은가? 모든 구인 웹 사이트와 신문에 이 기술들이 별도 분류란에 있는 걸 보고 선택에 확신할 것이다.

조심하라. 성공은 오만을 낳고 오만은 자기만족을 낳는다. J2EE 같은 물결은 결코 끝나지 않을 것이라고 느낄지도 모른다. 그러나 모든 물결은 흩어져 결국은 바닷가에 닿는다. 너무 오래 만족하면 무방비가 되고 J2EE를 벗어난 세계에서 무엇을 할지 모르게 될 것이다.

말했듯이 사람들은 수십 년 동안 코볼의 죽음을 선언했다. 당대의 새로운 지배적 기술은 전부 '21세기의 코볼'이라 불리거나 비슷한 다른 이름으로 불렸다. 요즘에는 그 딱지가 자바에 적용된다. 나는 코볼 코드를 만져 보거나 그 근처에 가는 것도 싫어하지만 자바를 21세기의 코볼이라 부르는 것은 사실 칭찬이다. 몇몇 사람은 코볼이 사라지는 걸 보고 싶어 하지만 코볼은 여전히 존재하고 오랫동안 쓰고 있다. 코볼 프로그래머들의 모든 경력은 코볼로 일한 것이다. 급변하는 IT 산업에서 정말 대단한 것이라 말할 수 있다. 이 같은 투자가 오늘날의 경제에도 통할 수 있을지 말하기는 어렵다.

코볼 이야기는 예외적으로 법칙을 따르지 않는다. 코볼처럼 오래 지속되는 플랫폼을 제공하는 기술은 없다. 여기서 말하려는 취지는 주류 지식을 배척하거나 그것과 결별하라는 것이 아니다. 그것은 무책임하다. 알고 있는 지식이 주류일수록 '기술 석기 시대'에 남겨질 위험이 크다는 사실을 말하려는 것이다.

우리는 모두 컴퓨팅 능력이 18개월마다 두 배가 된다는 무어의 법칙^{Moore's law}을 알고 있다. 수치가 정확히 맞든 안 맞든, 1965년 인텔의 고든 무어^{Gordon}

Moore가 이 주장을 했을 때와 비슷한 비율로 기술이 여전히 진보한다는 것을 쉽게 알 수 있다. 그리고 하드웨어 성능이 이렇게 진보하면서 소프트웨어로 할 수 있는 일들도 발전하고 있다.

컴퓨팅 능력이 두 배가 된다. 기술이 매우 빠르게 발전하면서 사람이 쫓아갈 수 없을 정도로 너무 많은 일이 생긴다. 자기 기술이 현재 유행 중인 것이라 해도 차세대 대박 기술을 배우는 과정을 제대로 쫓아가지 못하면 너무 늦다. 지금은 앞서 나가고 있더라도 다음에는 뒤쳐질 수 있다. 이와 같은 환경에서는 타이밍이 중요하다.

오늘날의 흐름에서는 첨단에 있더라도 다음에는 뒤에 있을지도 모른다는 사실을 깨닫는 것으로 시작해야 한다. 타이밍을 잡는 것이 중요하다. 배움에 있어 앞을 내다보고 생각하라. 지금은 불가능하지만 2년 안에 무엇이 가능할 것인가? 하드 드라이버가 너무 싸 사실상 공짜나 다름없다면 어떨까? 프로세서가 두 배나 빠르다면 어떨까? 최적화에 대해 걱정할 필요가 없다면 어떨까? 이러한 선도적인 발전이 앞으로 대성공을 거둘까?

그렇다. 어느 정도는 도박이다. 그렇다고 하지 않으면 확실히 지는 게임이다. 최악의 경우 가치가 높은 뭔가를 배웠는데도 2년 동안 자신의 일에 직접 적용하지 못할 수 있다. 그래도 장래를 보고 이 도박 같은 모험을 하는 편이 낫다. 가장 좋은 경우는 첨단 기술 분야에서 전문가로 계속 앞서나가는 것이다.

앞을 내다보고 실력 계발을 확실히 하는 것으로 이상을 꿈꾸는 사람과 맹목적인 사람의 차이가 무엇인지 알 수 있다.

실천하기

1. 주 중에 시간을 내 첨단 기술을 연구하라. 최소한 매주 두 시간 정도 여유를 만들어 새 기술을 조사하고 그 기술에 능숙해지도록 연습하기 시작한다. 이 새 기술들로 실무 작업을 해 본다. 간단한 애플리케이션을 만들라. 현재 기술 프

로젝트에서 어려운 부분을 새 기술 버전으로 프로토타입을 만들어 둘 사이의 차이가 무엇이고 새 기술로 무엇을 할 수 있는지 이해하라. 이 시간을 일정에 넣고 빠트리지 않도록 한다.

45
이미
일자리를 잃었다

여러분이 일하던 자리는 더는 존재하지 않는다. 여전히 월급을 받고, 가치를 생산하고, 고용주를 엄청나게 기쁘게 하고 있을지 모르지만 일자리는 이미 없어지고 있다.

한 가지 확실한 것은 전부 변한다는 점이다. 경제가 바뀐다. 일자리는 해외로 나가기도 하고 돌아오기도 한다. 비즈니스는 변화에 적응하기 위한 방법을 찾으려고 애쓴다. IT 산업은 아직 안정 지점에 다다르지 못했다. IT 산업은 사춘기를 거치고 있는 다루기 어려운 청소년과 같다. 해마다, 아니 날마다 지긋지긋하게 어렵고 순식간에 달라진다.

자, 프로그래머로 고용됐다면 스스로를 프로그래머로 생각하지 말라. 더는 프로그래머가 아닐지도 모른다고 생각하라. 일을 계속 하지만 편해지지는 말라. 프로그래머나 디자이너 아니면 테스터라는 '정체성'에만 안주하려고 하지 말라.

사실 자기 정체성을 자신이 하는 일과 너무 가까이 두는 것은 더는 안전하지 않다(전에도 그랬지만). 주위 환경이 변하고 일의 상황이 계속 바뀐다면 현재 일에만 의존하는 것은 유해한 부조화를 야기해 오히려 악영향을 끼친다. 프로젝트 관리자의 일을 해야 할 사람이 프로그래머가 되어, 그것도 서투르게 하고 있는 자신을 발견할지도 모른다.

> 자신과 자신의 직업을
> 동일시하지 말라.

일자리를 잃기 전에 계획을 세웠을지도 모른다. 회사에서 직급이 하나씩 올라가는 것을 상상했을지도 모른다. 보수가 적당하다면 디자이너로 세월을 보내거나 아키텍트 역할을 했을 것이다. 아키텍트에서 분석가를 거쳐 팀 리더, 경영진에까지 이어지는 전체적인 승진을 생각했을 수도 있다.

그러나 일자리는 이미 잃은 것과 같고 계획도 바뀌었다. 지금도 날마다 바뀔 것이다. 야망을 품는 것은 좋지만 상상 속의 먼 미래를 너무 믿지는 말라. 미래에 일어날 아득히 먼 일을 예측할 수는 없다. 움직이는 표적을 맞추고 싶다면 표적 자체를 겨냥하면 안 된다. 표적이 움직이는 동선을 예측해 겨냥해야 한다. 목표를 향해 나아가는 길은 결코 직선이 아니다. 기껏해야 곡선이고 대부분은 구불구불한 길일 것이다.

실천하기

1. 프로그래머라면 하루나 이틀 정도 자신이 테스터나 프로젝트 관리자인 것처럼 일해 보라. 날마다 해야 하는 일 중에 전혀 생각하지 못했던 역할은 무엇인가? 목록을 만들고 크기에 따라 시도해 보라. 각각에 매일 시간을 쓰라. 실제 작업 결과가 바뀌지 않을 수도 있지만 일이 다르게 보일 것이다.

46
목적 없는 길

미국의 매우 큰 문제 한 가지는 목표 중심 사회라는 것이다. 그것이 배우는 과정이든, 경력이든, 운전이든 간에 결과에만 항상 초점을 맞추는 사회다. 미국 사회는 결과에 너무 집중해서 전체를 보는 걸 잊는다.

결과에 초점을 맞추는 것과 시간을 어디에 쓰는지와는 논리적으로 반대다. 일반적으로 일하는 과정에 시간을 쓰지만 목표에 실제로 다다랐을 때는 거의 쓰지 않는다. 예를 들어 소프트웨어 개발 과정이란 것은 시간을 전부 들이는 과정을 말하는 것이지, 마지막 단계에서 완성된 소프트웨어가 툭 튀어나오는 것을 말하지 않는다.

이는 경력에 대해서도 마찬가지다. 경력의 진짜 알맹이는 승진이나 월급 인상, 이런 것이 아니다. 그러한 진급을 향해 일하느라 쓰는 시간이다. 그러나 더 중요한 것은 그러한 진급과 상관없이 쓰는 시간이다.

이것이 자신이 직장에서 실제로 하는 일의 핵심이라면 이미 목적지에 도착한 것이나 다름없다. 늘 목표 중심적이고 목표에 초점을 맞춘 사고만 하다 보면 한 목표에서 다음 목표로밖에 나아가지 못한다. 그것은 논리적으로 끝이 없다. 사람들이 대부분 이것을 깨닫는 데 실패하는 것은 그 '길'에는 끝이 있다고 생각해서다.

소프트웨어 개발 예로 돌아가 보자. 코드를 전달할 때 매듭짓기는 쉽다. 고객은 웹 애플리케이션을 필요로 하고, 여러분은 그 애플리케이션을 끝내는 데 집중하기만 하면 된다. 그러나 애플리케이션이 계속 동작하는 한 결코 '끝나지' 않는다. 하나를 발표하면 그 다음에 해야 할 일이 계속 생긴다. 최종 제품에만 너무 집중하면 정말 전달해야 할 것, 즉 새로운 것을 지속적으로 개발해야 하는 것에서 멀어진다.

결과가 아닌 과정에 집중하라.

결과에 집중하다 보면 과정을 개선하는 데 게을러질 수 있다. 사실 과정이 나쁘면 나쁜 제품을 만들어낸다. 제품이 최소 요구 사항을 충족했는지 모르지만 그 속은 추할 것이다. 단기 목표만 최적화했지, 필연적으로 계속될 제품 개발의 미래는 최적화하지 않은 것이다.

나쁜 과정이 나쁜 제품을 만들 뿐 아니라 나쁜 제품이 나쁜 과정을 만든다. 제품 중 하나가 속이 엉망이더라도 과정은 그에 맞춰진다. 제품의 '깨진 창문'이 과정에서도 깨진 창문을 만들어낸다. 악순환이다.

따라서 "아직 안 됐나요? 아직 안 됐어요?"라고 계속해서 물을 때, "아직, 안 됐습니다."라고 대답하는 것만이 올바른 태도임을 깨달으라. 중요한 것은 길을 가는 과정이지, 목적지가 아니다.

실천하기

1. 틱낫한^{Thich Naht Hanh}은 자신의 책 『The Miracle of Mindfulness』(『거기서 그것과 하나 되시게』, 이현주 옮김, 나무심는사람)에서 다음과 같이 제안한다. 다음번에 설거지를 해야 할 때는 설거지를 끝내버리려고 설거지를 하지 말라. 설거지를 하는 경험을 즐기도록 노력해 보라. 끝내는 데 집중하지 말라. 설거지라는 행동 자체에 집중하라.

설거지는 일상적인 일로 거의 누구도 재미를 느끼지 못한다. 소프트웨어 개발자에게도 비슷하게 평상시에 해야 하는 고된 일이 많다. 예를 들어 시간 추적, 비용 보고 같은 것들이다. 다음번에 이런 일을 해야 할 때는 전전긍긍하며 서둘러 끝내기보다는 일을 하면서 작업에 집중하는 방법을 찾을 수 있는지 알아보라.

47

로드맵을
만들라

유지보수를 할 때는 틀에 박히기 쉽고 변화가 없기 마련이다. 소프트웨어 개발자로서 시스템에 대한 경험이 있다면 이것이 사실임을 알 것이다. 다른 개발자가 사용하는 애플리케이션이나 라이브러리를 유지보수한다면 충실한 기능 로드맵이 있지 않는 한 버그 수정만 하느라 침체될 것이다(또는 더 나빠질지도 모른다). 사용자 요구나 자신의 필요 때문에 때때로 기능을 개선할 수도 있지만, 코드는 안정되어 갈 것이고 엄청나게 느린 속도로 변화할 것이다. 다 됐다고 생각하기 때문이다.

그러나 현재 쓰이는 애플리케이션이 폐기될 예정이 없다면 결코 끝나지 않는다. 자신과 자신의 경력에 대해서도 마찬가지다. 업계를 떠나려는 게 아니라면 로드맵이 필요하다. 마이크로소프트가 윈도 3.1이 다 된 거라고 생각했다면 우리는 지금 매킨토시를 쓰고 있을 것이다. 아파치Apache 개발자가 1.0을 만들었을 때 웹 서버를 다 만들었다고 생각했다면 지금처럼 압도적으로 시장을 주도하지 못했을 것이다.

개인 성과 로드맵으로 '자신의 움직임'을 알 수 있다. 날이면 날마다 같은 사무실에 나가 수많은 똑같은 일을 한다고 자기 주변 환경이 바뀌지는 않는다. 앞으로 나아갈 지점을 정할 필요가 있다. 그래서 그 지점에 도착하면 실제로 움직임이 있었는지 알 수 있을 것이다. 제품의 '기능'이 이것에 대한 징표다.

정말 준비하고 계획을 세우지 않는 한 다음에 어떤 변화가 일어날지 예측할 수 없을 것이다. 2장과 3장에서 여러분은 경력 선택에 대해 계획을 세우는 법과 전문가로서 자신에게 투자하는 법을 배웠다. 무엇에 투자할지에 대한 일회성 선택처럼 보이는 것에 초점을 맞추기는 했지만 각각의 선택은 더 큰 전체의 일부분이어야 한다. 애플리케이션에서 한 가지 기능을 개선하기 위해 새로운 기술을 익히거나 능력을 향상시킬 방안을 깊게 생각해 보더라도 상황에 잘 맞게 해야 한다. 그러나 기능이 하나뿐인 애플리케이션은 대단한 애플리케이션이 아니다.

게다가 유기적이지 않은 기능이 많은 애플리케이션은 사용자들을 헷갈리게 할 것이다. "이게 주소록이야, 챗^{chat} 애플리케이션이야?" "그게 게임이야, 웹 브라우저야?" 같은 반응이 나올 것이다. 개인 성과 로드맵을 통해 목표를 따라가면서 지속적으로 개선할 수 있을 뿐 아니라 여러분이 해내야 하는 더 큰 그림도 볼 수 있다. 한 가지 기능만으로는 독립적인 애플리케이션이 될 수 없음을 보여준다. 각각의 새로운 투자는 더 큰 전체를 위한 일부분이다. 어떤 때는 일이 믿어지지 않을 만큼 서로 잘 맞아 돌아간다. 그러나 어떤 때에는 잠재적 고용주에게 너무 많은 생각을 하게 한다. 그가 여러분을 이렇게 생각한다면 어떨까? "그 사람 시스템 관리자야, 아니면 그래픽 디자이너야?" "그 여자 애플리케이션 아키텍트야, 아니면 QA 자동화 고수야?"

다양한 기술을 배워 생각의 폭을 넓히는 것은 확실히 좋다. 기술 모음에 대한 이야기를 생각해 보는 것도 좋은 아이디어다. 그러나 로드맵이 없으면 자신의 이야기는 논리적으로 연관된 기능의 유기적인 집합이라기보다는 잭 케루악 Jack Kerouac[1]의 소설 같을지도 모른다. 로드맵이 없으면 실제로 길을 잃을지도 모른다.

실천하기

1. '어디로 가고 싶은지' 계획을 꼼꼼히 짜기 전에 '어디에 있는지' 곰곰이 살피는 것도 유익하고 힘이 된다. 시간을 들여 경력의 시각표 timeline를 분명하게 계획하라. 어디에서 출발했고 각 단계에서 자신의 기술과 일이 무엇이었는지 나타내라. 어디에서 조금씩 나아졌는지, 어디에서 크게 도약한 것처럼 보이는지에 주목하라. 주요한 발전을 이루는 데 걸린 평균 시간에 유의하라. 자신의 경력으로 미래를 예상할 때 이 로드맵을 사용하라. 자신의 역사가 담긴 분명한 그림이 있다면 실제적인 목표를 스스로 세울 수 있다. 이 로드맵을 일단 만들었다면 계속 갱신하라. 새롭게 세운 목표를 향해 나아가면서 지나온 과정을 반성하는 것은 훌륭한 방법이다.

---

[1] (옮긴이) 미국의 소설가, 시인, 예술가. 히피 운동의 출발점이 된 비트 운동의 아버지라고 칭한다. 비밥 재즈에 영향을 주었으며 특히 비틀즈, 밥 딜런, 짐 모리슨 등의 음악에 영향을 끼쳤다.

48

시장을
주시하라

심하게 변하는 주식에 돈을 투자하고 그걸 무시한다면 바보가 될 것이다. 조사를 많이 하고 무엇에 투자할지 계획적으로 선택했어도 시장은 불확실하다. 투자에 관해서는 '쏘고 나서 잊는fire-and-forget' 식이어서는 안 된다. 주식 시세가 지금 오른다고 내일도 오른다는 뜻은 아니기 때문이다.

기회 또한 잃고 있는지도 모른다. 정말 안전한 투자를 해 연간 10% 수익을 낸다고 하자. 나머지 시장이 갑자기 10% 이상의 수익을 내지 않는 한 매우 좋은 투자처럼 보인다. 그러나 오늘의 유망한 투자가 계속 잘된다 해도 내일의 유망한 투자와 비교했을 때 인상적이지 않을 수도 있다.

시장 상황이 변함에 따라 주의를 기울이지 않으면 돈을 잃거나 벌 수 있었던 돈도 놓치는 결과를 낳는다.

지식 투자도 마찬가지다. 자바 선택은 오늘날의 의미로서는 보수적인 선택이다. 이는 거의 변하지 않을 사실이다. 그런데 만약 이것이 바뀐다면, 그것을 어떻게 알 수 있을까?

예를 들어 썬이 파산하려는 조짐이 보이기 시작한다면 어떨까?[1] 썬 최근 몇 년간 지배적인 위치를 잃었고 자바는 공개 표준이 아니다. 이제는 오픈 소스이지만 자바는 썬이 통제하고 개발한다. 어느 시점에서 죽어가는 썬이 자바와 자바 가상 기계를 최후의 수익원으로 삼으려고 할지도 모른다. 썬이 호환되지 않은 변경을 해 자바를 분열시킨다면 업계는 전반적으로 공황 상태에 빠질 것이다.

모니터에 머리를 처박고 코드만 짜다 중요한 무엇인가를 듣지 못해 이미 늦어버릴지도 모른다. 인력 시장에서 자신이 별 가치 없는 기술을 지닌 사람이 되어 있음을 갑자기 알게 될지도 모른다. 이는 있을 것 같지 않은 가정이지만 이와 같은 일이 일어날 수도 있다.

현재 실력으로 현재 일자리에 만족하다 보면 차세대 대박 기술이 몰려올 때 그에 대해 완전히 무지한 사람이 되어 있을 것이다. 10년 전에 가비지 컬렉션이 있는 객체지향 언어가 얼마나 커질 수 있는지 발견했다면 아마 놀랐을 것이다. 그러나 주시하고 있었다면 틀림없이 조짐을 발견할 수 있었다. 지금으로부터 10년 후 차세대 대박 기술이 뭐가 될지 누가 알겠는가?

눈과 귀를 항상 열어 두어야 한다. 기술 소식을 사업 측면과 순수하게 기술적인 측면에서 보면서 어떤 파문이 일어나는지 주시하라. O'Reilly and Associates의 팀 오라일리 Tim O'Reilly, http://tim.oreilly.com/는 알파 긱 alpha geek을 주시하라고 말한다. 알파 긱은 슈퍼너드 supernerd로 최소한 자기 취미 활동에서 첨단의 첨단에 서 있는 사람들이다. 내가 알파 긱 세계를 살펴본 바로는 팀 오라일리의 주장은 이런 것이다. 알파 긱들을 찾을 수 있고 그들이 무엇에 빠져 있는

---

[1] (옮긴이) 썬은 2009년 4월 오라클에 인수됐다.

지 알 수 있다면 1, 2년 후 장래에 무엇이 클지 짐작할 수 있다는 것이다. 이게 어떻게 가능한지 이해하기 어려울 것이다.

알파 긱을 주시하라.

어떻게 하기로 결정했더라도 기술 분야에서는 오늘의 좋은 투자가 꼭 잘된 투자가 아닐 수도 있다는 점을 알아야 한다. 그리고 여러분이 시장 분위기에 관심을 기울여왔어도 뜻밖의 시장 상황에 놀랄 수도 있다. 이렇게 놀라고 싶지는 않겠지만 말이다.

실천하기
1. 내년에는 알파 긱이 되려고 노력해 보라. 또는 최소한 알파 긱과 어울려 보기라도 하라.

49

거울 속
그 뚱뚱한 남자

나는 불행히도 지나치게 뚱뚱하다. 오랫동안 그랬다. 하지만 인도에서 사는 동안 몸무게가 많이 줄었다. 식이 요법 때문이기도 했고 운동 때문이기도 했지만, 주된 이유는 아팠기 때문이었다. 그러나 실망스럽게도 미국에 돌아온 후 몸무게가 도로 천천히 늘어났다. 그래서 체육관에 등록해 강사의 지도를 받았다. 몸무게가 다시 빠지기 시작했다.

몸무게가 그렇게 늘었다 줄었다 하는 것을 몇 번이나 경험했다. 흥미로운 것은 언제 몸무게가 늘거나 빠지는지를 정말 모르겠다는 것이다. 알 수 있는 유일한 방법은 누군가 내게 말해주거나 같은 치수의 옷이 갑자기 맞지 않거나 하는 것이다. 아내는 나를 매일 보기 때문에 역시 알지 못한다. 미국에서는 사람들이 상대방의 몸무게가 늘었다는 것을 대체로 말하지 않지만 인도에서는 말한다.

나는 내 모습을 자주 보지 못하기 때문에 알 수 없었다. 어떤 것을 빈번히 접하면 변화가 갑작스럽게 생기지 않는 한 그것이 바뀌었는지 알기 어렵다. 앉아서 꽃이 피는 것을 본다면 한참 봐도 무슨 변화가 있는지 알기 쉽지 않다. 하지만 떠났다가 이틀 후에 돌아오면 떠날 때와는 확연히 다름을 알 것이다.

경력에서도 같은 착시 현상이 생긴다. 물론 실제로 알아채기가 어렵다. 그게 문제다. 비유했듯이 거울 속 자신을 매일 보기 때문에 몸무게가 약간 느는 건 알 수 없는 것과 같다. 예전처럼 적당해 보일 것이다. 예전과 같이 경쟁력 있게 보일 것이다. 기술 역시 예전처럼 최신으로 보일 것이다.

그러다 어느 날 일(또는 업계)이 갑자기 맞지 않는다. 처음에는 그냥 불편하다. 바로 재빨리 대처해야 하는, 비유하자면 새 바지 한 벌을 사야만 하는 한계점에 이미 다다른 것이다.

몸무게가 늘었다 줄었다 하는 것이라면 체중계가 있어 몸무게가 변하는 것을 매우 쉽게 잴 수 있다(내 경우에는 빠지는 것). 소프트웨어 개발자로서 기술이나 시장성을 잴 수 있는 그런 저울은 불행히도 없다. 있다면 저울에 앉아 봉급을 자동 산출할 수 있을 것이다. 그런 저울이 없기 때문에 자신만의 저울을 개발해야 하는 것이다.

자신을 측정하기 쉬운 방법은 신뢰할 만한 제3자를 이용하는 것이다. 멘토나 가까운 동료는 여러분이 어디에 서 있는지 좀 더 객관적으로 볼 수 있다. 소프트웨어 개발자, 프로젝트 리더, 전달자, 팀원으로서의 능력이나 전체 모습 중 일부에 대해 토론할 수 있다. 제너럴 일렉트릭에는 360도 리뷰라는 프로세스가 있다. 360도 리뷰를 공식화해 직원들이 동료, 관리자, 내부 고객으로부터 조언 듣기를 장려한다. 조직적인 거짓말을 할 수 있다는 한계도 있지만 360도 리뷰는 직원으로서 자신을 여러 측면에서 볼 수 있는 훌륭한 방법이다.

개발자여,
그대 자신을 다시 점검하라.

이 같은 과정을 거치면서(혼자서 또는 도움을 받아) 찾아내야 할 가장 중요한 것은 자신의 '맹점'이다. 그것들을 전부 고칠 필요는 없다. 맹점이 어디에 있는지만 알면 된다. 그것을 명백히 해놓지 않으면 자신의 맹점에 대해 무감각해질 것이다. 나쁜 일이 일어나 깜짝 놀라는 때가 바로 무감각해진 때다. 나쁜 일은 일어나게 마련이다. 무엇보다 그것들이 오고 있음을 아는 것이 가장 중요하다.

자신의 가치를 잴 수 있는 마법의 저울이 있어도 사용하지 않으면 아무런 도움도 되지 않는다. 자기 점검 일정을 잡으라. 반영 시간을 분명히 잡지 않으면 아무 소용없다. '조언을 구하는 것을 잊지 말라'라고 말하는 것은 그다지 강한 메시지가 아니다. 알림 기능이 있는 달력 프로그램이 있으면 스스로 자가 평가를 위한 약속을 잡으라. 우선 어떻게 측정할 것인지 결정하고 나서 그것을 일정에 넣는다. 일과에 포함된 부분이 아니면 하지 않을 것이다.

회사에 적절한 프로세스가 이미 있다면 인적자원 관리부서의 허튼 짓이라고 무시하지 말라. 그것을 진지하게 받아들여 좋은 결과를 만들라. 엉성하게 만들어졌을지도 모르지만 동기(최소한 동기였던 것)는 올바른 것이다.

마지막으로 자신만의 적절한 체계를 만들고 확실한 일정을 잡았다면 결과를 글로 남기라. 평가를 가까운 곳에 두라. 종종 다시 검토하고 교정하라. 자가 평가 과정을 기록으로 남기면 더욱 탄탄해질 것이다.

자신도 모르게 바지가 꽉 끼게 되는 것처럼, 부지불식간에 퇴보하는 신세가 되지 않도록 하라.

실천하기

1. 360도 리뷰를 하라.

- 편하게 조언을 구할 수 있는 믿을 만한 사람 명단을 만들라. 명단에는 동료, 고객, 관리자(그리고 있다면 하급자)가 모두 들어 있어야 한다.
- 전문가로서 중요한 척도라고 믿는 열 가지 특성에 대한 또 다른 목록을 만들라.
- 이 목록을 설문지로 바꾸라. 설문지에서 각각의 특성 항목에 여러분에 대한 점수를 매겨달라고 요청하라. '내가 무엇을 물어봐야 했을까?'라는 질문도 포함시키라.
- 설문지를 명단에 있는 사람들에게 나눠준다. 적극적으로 비평해 달라고 요청하라. 정직한 조언이 필요하지, 사탕발림이 필요한 것이 아니다.

완성된 설문 답안을 받으면 전부 읽고 결과로서 취할 행동 목록을 만든다. 정확한 사람에게 정확한 질문을 했다면 행동으로 옮길 만한 항목을 얻을 것이다. 검토자들과 설문지 결과를 공유하라. 단순한 답변이 아니라 계획한 결과로서 생길 변화에 대해 공유해야 한다. 그 사람들에게 꼭 감사한 마음을 가지라. 이 과정을 자주 되풀이하라.

2. 일지를 쓰기 시작하라. 「자신의 목소리가 들리게 하라」에서 논의한 블로그 아니면 개인 일기도 괜찮다. 무슨 일을 하는지, 무엇을 배우는지, 업계에 대한 자신의 의견을 쓰라.

　한동안 일지를 계속 쓴 후에 예전에 쓴 것들을 다시 읽어보라. 여전히 동의하는가? 미숙하게 보이지는 않는가? 얼마나 많이 변했나?

50

남인도의
원숭이 덫

로버트 퍼식Robert Pirsig은 『Zen and the Art of Motorcycle Maintenance』(『선과 모터사이클 관리술』, 장경렬 옮김, 문학과지성사)에서 남인도 사람들이 원숭이를 어떻게 잡는지, 깨달음을 주는 이야기를 들려준다. 사실인지 아닌지는 모르지만 이 이야기는 유익한 교훈을 준다. 그래서 한번 알기 쉽게 설명하겠다.

남인도 사람들은 수년간 원숭이 때문에 고통을 받자 원숭이를 잡는 독창적인 방법을 개발했다. 땅에 길쭉하고 좁은 구멍을 판 후 똑같이 길고 가는 물건으로 구멍 끝의 밑바닥을 넓혔다. 그리고 나서 구멍 바닥의 넓은 부분에 쌀을 부었다.

원숭이들은 먹는 걸 좋아한다. 사실 원숭이들이 골칫거리가 되는 건 대부분 그 먹기 좋아하는 습성 탓이다. 원숭이들은 차로 뛰어올라 많은 사람들 사이를 헤집고 다니며 사람들 손에서 음식을 낚아채 간다. 남인도 사람들은 이를 고통스럽게 느끼고 있었다(정말이다. 공원에 가만히 서 있는데 짧은꼬리원숭이(macaque)가 갑자기 무서운 속도로 달려와 뭔가를 낚아채면 놀랍고 당황스럽다).

자, 퍼식에 따르면 원숭이가 나타나 쌀을 발견하고 팔을 구멍 깊이 뻗는다고 한다. 원숭이 손이 바닥에 닿는다. 원숭이는 게걸스럽게 한손 가득 쌀을 잡으면서 주먹을 쥔다. 구멍 밑바닥의 넓은 공간에서는 주먹을 쥘 수 있지만, 주먹을 쥐고서는 좁은 구멍으로 팔을 뺄 수가 없다. 원숭이는 붙잡힌다.

물론 쌀을 손에서 놓기만 하면 자유로워진다.

그런데 원숭이는 음식을 너무 좋아한다. 결국 음식을 너무 좋아해 음식을 차마 놓지 못한다. 원숭이는 쌀과 함께 잡히거나, 꺼내려다 죽을 때까지 쌀을 쥐고 있을 것이다. 대부분의 경우 후자다.

퍼식은 이 이야기가 '가치 경직성^{value rigidity}'이라는 개념을 묘사한다고 설명한다. 가치 경직성이란 어떤 것의 가치를 너무 단호하게 믿어 그것에 대해 더는 객관적으로 의문을 품을 수 없을 때 생기는 현상이다. 원숭이는 쌀을 너무 좋아해, 쌀을 선택하거나 잡혀 죽는 것 중에서 어쩔 수 없이 선택해야 할 때 쌀을 버리는 게 그때 해야 할 적절한 일임을 몰랐다. 이 이야기를 들으면 원숭이가 정말 어리석어 보이지만 사람들에게는 대부분 원숭이의 쌀과 같은 자신만의 가치가 있다.

개발도상국의 굶주리는 아이들에게 먹을 것을 주는 게 좋은 아이디어인지 질문을 받으면 생각해 보지도 않고 "예"라고 대답할 사람이 있을 것이다. 누군가가 그에 대해 논쟁하려고 하면 그 사람보고 미쳤다고 생각할 사람이 있을지도 모른다. 이것은 가치 경직의 예다. 이 한 가지 일을 너무 강하게 믿어 그것을 인정하지 않는다는 것을 상상할 수 없는 것이다. 우리가 붙들고 있는 모든 경직된 가치가 나쁜 것이 아니라는 점은 분명하다. 대다수 사람들에게 종교(또는 무교)는 또한 개인적인 확고한 믿음과 가치다.

그러나 경직되게 믿는 가치가 전부 좋지는 않다. 또 어떤 환경에서 좋은 것이 다른 환경에서는 좋지 않을 때가 많다.

경직된 가치는
자신을 망가뜨린다.

이를테면, 기술 선택에 매달리기는 쉽다. 잘 알려지지 않은 기술을 고를 때는 특히 더 그렇다. 우리는 선택한 기술을 사랑하고 지키는 것을 지나치게 중시해 분명히 잘못된 기술을 옹호하고 있음에도 모든 상황을 싸울 만한 가치가 있는 전투로 본다. 내가 맞닥뜨린(그리고 아마도 저절로 죄책감을 느꼈던) 예는 지나치게 열심인 리눅스 광들이다. 접수원, 사환, 회사 부사장 책상에 전부 리눅스를 놓으려는 리눅스 사용자가 많다. 이런 사람들은 그 도구들이 사용성 관점에서 상용 운영 체제에서 사용할 수 있는 상용 소프트웨어와 비교할 수 없다는 사실을 고려하지 않는다. 멀쩡한 소프트웨어를 엉뚱한 사람에게 주면 여러분은 미련하게 보이고 고객은 언짢아진다.

매일 거울에 비친 자신을 보기 때문에 몸무게가 얼마 정도 빠지고 있다고 말하기 어렵다. 가치 경직성도 마찬가지다. 매일 같은 일을 하며 지내기 때문에 경력을 선택할 때 가치 경직이 생기기 쉽다. 우리는 뭘 하는지 알고 있고 또 그 일을 계속하고 있다. 아니면 항상 승진하고 싶어 애달파 할지도 모른다. 그래서 프로그래밍을 얼마나 좋아하는지에 상관없이 그 목표를 이루려 노력한다.

선택한 기술이 쓸모없게 되어서 딛고 설 기반이 갑자기 없어지는 상황도 있을 법하다. 천천히 끓는 냄비 속 개구리처럼 나쁜 상황에 처한 것을 갑자기 발견할 수 있다. 1990년대 중반 노벨^{Novell}이 기업에 파일 및 프린트 서비스를 제공하게 됐을 때 많은 사람이 노벨 넷웨어 플랫폼을 최고라고 치켜세웠다. 노벨은 디렉터리 서비스 제품에서 시대를 앞서고 있었고 '좀 안다는' 사람들은 경쟁 기술을 비판하며 건방을 떨었다. 노벨 제품이 시장에서 상당한 점유율을 차지했으므로 판세가 뒤집히리라는 것은 상상하기 어려웠다.

노벨이 마이크로소프트에게 지고 있다는 것을 분명히 보여주는 사건은 하나도 일어나지 않았다. 마이크로소프트는 마법 같은 액티브 디렉터리$^{Active\ Directory}$를 만들었지만 "와! 넷웨어는 버려!"라고 할 정도는 절대 아니었다. 그러나 넷웨어는 첨단 혁신 제품에서 낡은 기술로 천천히 추락했다. 많은 넷웨어 관리자가 냄비가 뜨거워졌다는 걸 깨닫기 전에 물이 끓고 있었던 것이다.

경력에서 선택할 방향이든, 옹호하고 투자할 기술이든 원숭이 덫을 주의하라. 원래는 의도적으로 선택한 기술이었지만 한 움큼의 쌀이 되어 경력이 끝장나게 될지도 모른다.

실천하기

1. 원숭이 덫을 찾으라. — 자신의 경직된 입장은 무엇인가? 의식적으로 알지 못하지만, 매일 자신의 행동을 이끄는 가치는 무엇인가?

열^{column}이 두 개인 테이블을 만든다. 각각 경력과 기술을 넣는다. 각 항목 밑에 확고하게 사실이라고 믿는 가치를 나열한다. 예를 들어 경력 밑에는 다음과 같은 것을 적을 수 있다. 자기 장점이라고 항상 알고 있는 것은 무엇인가? 또는 단점은? 경력 목표는 무엇인가('CEO가 되고 싶다!'라든지)? 목표를 이루는 적절한 방법은 무엇인가?

기술 열에는 투자하기로 선택한 기술에 대해 가장 가치 있다고 여기는 것을 나열한다. 선택할 때 고려해야 하는 기술의 가장 중요한 특징은 무엇인가? 확장성이 있는 시스템을 어떻게 만들까? 소프트웨어 개발에 가장 생산적인 환경은 무엇인가? 일반적으로 최고/최악의 플랫폼은 무엇인가?

목록을 써내려가다 완전히 다 됐다고 느끼면 목록에서 하나씩 각각의 주장을 마음속으로 반복해 보라. 각각의 주장이 사실은 그 반대라면 어떨까? 각각의 주장에 정직하게 도전해 보라. 이것이 취약점 목록이다.

2. 적을 알라. — 가장 싫어하는 기술을 고른다. 그리고 그것으로 프로젝트를 한다. 개발자들은 경쟁 기술에 선을 긋는 경향이 있다. 닷넷 사람들은 J2EE를 싫어하고 J2EE 사람들은 닷넷을 싫어한다. 유닉스 사람들은 윈도를 싫어하고 윈도 사람들은 유닉스를 싫어한다.

쉬운 프로젝트를 골라 싫어하는 기술로 훌륭한 애플리케이션을 만들어 보라. 자바 사용자라면 닷넷 사용자에게 진정한 개발자는 닷넷 플랫폼을 어떻게 사용하는지 보여주라. 자신이 싫어하는 기술이 모두 나쁜 것이 아님을 배우고, 사실은 그 기술로도 좋은 코드를 개발할 수 있음을 배우는 것이 가장 중요하다. 앞으로 활용할 필요가 있을지 모르는(맞다, 아직 개발되지 않은) 새 기술도 배우라. 최악의 경우라고 해봐야 그 쉬운 프로젝트가 연습 시간이 될 것이고 자신의 주장에 대해 더 좋은 논거를 갖게 될 것이다.

51
폭포수 모델 방식의
경력 계획은 피하라

2000년대 초, 처음에는 작았던 혁명이 소프트웨어 산업에서 그 모습을 드러내기 시작했다. 소프트웨어 개발에서 일군의 전문가들이 어떤 방식을 따르느냐에 따라 소프트웨어 프로젝트가 실패하기도 하고 성공하기도 하는 경향이 형성되고 있음을 깨닫기 시작했다. 소프트웨어 프로젝트가 성공하기보다 실패하는 사례가 더 많은 산업 환경에서 그 사람들은 더 잘할 방법을 발견했다고 믿었다. 그 그룹은 스스로를 애자일 연합Agile Alliance이라고 불렀다.

당시 산업은 소프트웨어 프로젝트를 개발하는 방법은 하향식에, 빽빽하게 계획되고 엄밀한 프로세스를 따르는 것뿐이라고 믿도록 유도됐다. 분석가가 방대한 문서로 요구 사항을 정의하고 아키텍처가 아키텍처를 만들어 설계자에게 전해주면 설계자는 세부 설계를 만들었다. 이 설계가 개발자에게 전해지면 개발자는 몇 가지 프로그래밍 언어로 설계를 코드로 만들었다. 마침내 수개월,

때때로 수년간 노력을 투입한 후 코드가 통합되고 테스팅 그룹에 전달되어 배치에 적합한지가 인증된다.

이 프로세스의 몇 가지 변형판들이 잘 돌아가던 때도 있었다. 모든 사람이 프로젝트 초기에 무엇이 필요한지 속속들이 안다면 이러한 계획과 엄밀함 덕분에 면밀하고 품질이 제어되는 소프트웨어를 전달할 수 있을 것이다. 그러나 대부분 사람들은 큰 프로젝트에서 무엇을 원하는지 속속들이 알지 못한다. 프로젝트가 크고 복잡할수록 사양을 만드는 데 필요한 세부적인 특징을 전부 생각하기란 불가능에 가깝다. 이러한 프로세스를 '폭포수 프로세스^{waterfall process}'라 하며 요즘 이 용어는 나쁜 프로세스와 일반적으로 거의 똑같이 취급된다.

애자일 연합 구성원들은 당시 대부분 조직이 따르던 무거운 프로세스가 잘 테스트되고 문서가 꼼꼼하게 작성된 소프트웨어를 만들지만, 이는 소프트웨어 사용자가 원하는 것이 아님을 깨달았다. 이 혁명은 애자일 방법론 일가^{family}를 만들어냈다. 애자일 방법론들은 쉽게 변경하는 데 적합한 소프트웨어 개발 프로세스다. 사전 계획과 설계에 시간을 덜 쓰는 것이다. 소프트웨어는 잘 변하므로 소프트웨어를 바꾸는 것도 손쉬워야 한다. 애자일 방법론은 변경을 소프트웨어 개발에서 거듭되는 부분으로 가정하고 변경을 될 수 있으면 싸고 쉽게 할 수 있게 방법론을 조정했다.

지금은 당연하게 들린다. 그러나 당시에 애자일 프로세스 채택은 충돌과 논쟁의 원인이었다. 이론상으로는 세부적인 계획과 엄밀함이 분명히 맞는 것처럼 보인다. 그러나 실제로는 잘 되지 않았다.

애자일 방법론(특히 익스트림 프로그래밍)으로 전향하던 초창기에는 모든 것을 애자일 개발이라는 렌즈를 통해 보기 시작했다. 그러다 그 동기 부여와 영향력이 그냥 소프트웨어 개발만이 아니라 좀 더 일반적인 상황에도 적용됨을 알았다. 복잡한 문제를 풀어야 할 때마다 반복적이고^{iterative} 변경이 쉬운 문제 해결

접근 방식이 항상 스트레스가 덜 하고 내게 더욱 효과적임을 깨달았다.

하지만 웬일인지 내가 관리해야 했던 가장 복잡하고 긴장되고 중요한 프로젝트는 내 경력이었음을 깨닫는 데 긴 시간이 걸렸다. 나는 폭포수 모델 소프트웨어 프로젝트처럼 내 경력을 사전에 설계했다. 그리고 소프트웨어 프로젝트에서 생긴 똑같은 문제가 나와 내 경력에도 생기기 시작했다.

나는 성공적인 회사 부사장이나 CIO가 될 궤도에 올라 있었고 이 궤도에서 꽤 잘하고 있었다. 초보 프로그래머에서 소프트웨어 아키텍트로, 관리자로, 책임자로 쾌속 질주했고 승진 계단을 오르는 것이 계속 될 것임을 쉽게 알았다. 그러나 성공할수록 내가 하는 일이 전부 내가 좋아하지 않는 일처럼 느껴지기 시작했다. 사실 더 성공할수록 좋아하는 일을 할 가능성이 줄었다.

내 자신에게 한 일이 무거운 프로세스가 고객에게 한 것과 똑같았다. 멋진 일로 경력을 쌓아갔지만 원하던 것은 아니었다.

처음에는 잘 와 닿지 않았지만 그러한 문제를 해결하는 방법은 그냥 경력을 '바꾸기만' 하면 되는 것이었다. 이는 많은 것을 의미한다. 내게는 무엇보다도 IT 산업에 강하게 흥미를 느끼게 했던 깊이 있는 기술로 돌아가는 것을 의미했다. 내가 아는 다른 사람들에게는 시스템 관리에서 소프트웨어 개발로, 관련 없는 분야에서 컴퓨터 프로그래밍으로 옮기는 것을 의미했다. 아니면 직업을 완전히 버리고 자신이 사랑하는 무엇인가를 하는 것을 의미했다.

소프트웨어 개발처럼 변경 비용이 비쌀 필요는 없다. 확실히 소프트웨어 테스팅을 하다 변호사가 되는 것은 어려울지도 모른다. 그러나 관리에서 프로그래밍으로 방향을 바꾸는 것이나 그 반대는 어렵지 않다. 일할 새 회사를 찾는 것도 어렵지 않다. 아니면 다른 도시로 옮기는 것도 그렇다.

그리고 이를테면 마천루를 짓는 것과 달리 경력을 바꾸는 것은 자신이 이미 한 모든 것을 버리라고 요구하지 않는다. 나는 요즘 루비로 매일 프로그래밍을 하며 보내지만, 관리자로서 경험이나 해외 개발 운영 조직 경력이 내가 하는 일에 항상 관련이 있고 도움이 된다. 내 고용주와 고객은 이 점을 이해하고 잘 활용한다.

깨달아야 할 중요한 점은 경력에서 변화는 가능할 뿐 아니라 필요하다는 점이다. 소프트웨어 개발자로서 고객이 원하지 않는 것을 개발하는 데 결코 자신을 쏟아 붓고 싶지는 않을 것이다. 애자일 방법론이 그런 일을 피하는 데 도움이 된다. 경력에서도 마찬가지다. 목표를 크게 세우더라도 도중에 꾸준히 수정하라. 경험에서 배우고 일해 나가면서 목표를 바꾸라. 결국, 우리가 진정 바라는 것은 고객이 행복해 하는 것이지(특히 경력을 계획할 때는 자신이 바로 고객이다), 요구 사항을 완수하는 것이 아니다.

52 어제보다 나은

버그를 고치기는 (대개) 쉽다. 무언가가 망가졌다. 여러분은 그게 망가졌음을 안다. 누군가가 보고했기 때문이다. 버그를 재현할 수 있으면 버그를 고치는 것은 버그를 일으킨 어떤 오작동이든 고치고 그것이 더는 재현되지 않게 확인하는 것을 의미한다. 단지 모든 문제가 이처럼 단순하다면 말이다!

그런데 모든 문제나 도전이 그렇게 별개의 것은 아니다. 삶에서 가장 중요한 도전은 잠재적인 실패라는, 크고 대처할 수 없으며 형태가 없는 모습으로 나타난다. 이것은 소프트웨어 개발, 경력 관리, 심지어 생활 방식과 건강에도 해당한다.

복잡하고 버그로 엉망이 된 시스템은 철저하게 고쳐야 한다. 여러분의 경력이 시시각각으로 정체되고 있다. 컴퓨터 프로그래밍 책상에 앉아만 있는 생활 방식은 여러분의 몸을 망치고 있다. 이 문제들은 그냥 고치기에는 버그보다 더 크고 어렵다. 문제는 모두 복잡하고 측정하기 어렵고 서로 다른 여러 작은 해법으로 구성되어 있는데 그중 일부는 실패할 것이다!

이런 복잡함 때문에 우리는 큰 문제에 쉽게 동기를 상실하고 대신 우리 주의를 더 쉽게 측정할 수 있고 금방 고칠 수 있는 일로 돌린다. 이것이 우리가 꾸물거리는 이유다. 그리고 꾸물거리면 죄책감이 생기고 후회하게 되고 그러다 좀 더 꾸물거린다.

「거울 속 그 뚱뚱한 남자」에서 언급했듯이 내가 기억하는 한 몸매를 유지하려고 오랫동안 애를 써 왔다. 정말 몸매가 끔찍하게 엉망일 때 '그냥 살을 뺀다'는 붙잡아야 할 구상이 아니다. 구체적인 무언가를 해야 한다. 그리고 더욱 어려운 것은 상황을 개선하려고 무언가를 해도 즉시 또는 1주일 후에는 뭐가 바뀌었는지 알 수 없다는 점이다. 사실 몸매를 되찾으려고 종일 운동하는 데 보내도 1주일 후 몸매가 나아졌다는 아무 증거도 보지 못할 것이다.

이런 동기 상실은 여러분이 뭔가를 시작하기도 전에 여러분을 굴복시킬 것이다.

나는 최근에 바로 이 문제를 풀려고 진지하게 시도했다. 날마다 체육관에 갔고 음식도 가려 먹었다. 그러나 운동 프로그램을 진지하게 열심히 따라 해도 결과를 보기 어려웠다.

어느 날 저녁 의욕 상실에 빠져 있을 때 친구 에릭 캐스너가 소셜 메시징 사이트 트위터에 다음과 같은 글을 올렸다.

내 $%!^ 같은 몸매를 되찾게 도와주세요. 매일 나한테 한 번씩 물어 주세요. "오늘은 어제보다 나았나요?"(영양/운동) - 오늘: 예!

이 글을 읽고 그 내용이 본래 모습을 되찾는 데 꼭 필요한 것임을 깨달았다. 내 삶에서 성공적으로 해결한 큰 문제에서 그 점을 생각해 냈다. 비밀은 어제보다 오늘 더 나아지도록 노력하는 것이 무엇이든 그것에 초점을 맞추는 것이다. 바로 그거다. 쉽다. 그리고 에릭이 그랬던 것처럼 먼 목표를 향해 실제적이고 현실적인 걸음을 내딛는 데 열정을 내는 것도 가능하다.

최근에 내가 본 가장 복잡하고 추한 루비온레일스 애플리케이션 작업을 했다. 우리 회사는 컨설팅 프로젝트로 그 애플리케이션을 또 다른 회사에서 물려받았다. 구현해야 할 핵심 기능 몇 가지와 고쳐야 할 수두룩한 버그와 성능 문제가 있었다. 애플리케이션을 고치려고 뚜껑을 열어보니 엄청나게 엉망진창이었다. 우리를 고용한 회사는 시간과 돈에 제한이 있어서 우리는 처음부터 새로 시작할 사치를 부릴 수 없었다. 그 애플리케이션이 내다 버릴 만한 코드였지만 말이다.

그래서 우리는 느릿느릿 작은 것부터 하나씩 고쳐나갔는데 예상보다 시간이 훨씬 더 걸렸다. 시작했을 때만 해도 흉물스러운 코드 기반이 절대 사라지지 않을 것 같았다. 애플리케이션 작업은 지겹고 시시했다. 그러나 시간이 지나자 수정이 더 빨라졌고 전에는 받아들일 수 없던 애플리케이션 성능이 개선됐다. 이것은 코드 기반을 매일 그 전날보다 더 낫게 만들자고 결정했기 때문이었다. 그것은 때로는 긴 메서드를 더 짧고 이름이 잘 지어진 메서드 여러 개로 리팩터링하는 것을 의미했다. 어떤 때는 객체 모델에 전혀 속하지 않은 상속 계층을 제거하는 것을 의미했다. 또 오랫동안 망가져 있던 단위 테스트를 고치기도 했다.

그러나 점진적으로 고쳐나갔기 때문에 그러한 것들은 '거저' 따라왔다. 메서드 하나 리팩터링하는 것은 보통 커피 한 잔 더 마시거나 동료들과 최근 소식으로 잡담하는 데 보내는 시간에 할 수 있는 일이다. 그리고 작은 개선을 하나 만드는 것은 동기 부여가 된다. 고치자마자 무엇이 달라졌는지 분명히 알 수 있다.

각각의 점진적인 변경으로는 전체적으로 주목할 만한 변화를 발견하지 못할지도 모른다. 좀 더 건강해지려고 하거나 직장에서 좀 더 존경받으려고 할 때 날마다 하는 개별적인 개선이 확실한 결과로 직접 이끌어지지는 않을 때가 있다. 앞서 살펴본 것처럼 의욕을 잃는 이유는 바로 그런 큰 목표 때문이다. 따라서 여러분이 애쓰는 크고 까다로운 목표 대부분을 위해서는 목표에 더 가까워지는 것을 생각하지 말고, 어제보다 그 목표를 향한 노력을 좀 더 잘했는지 생각하는 것이 중요하다. 예를 들어 내가 어제보다 오늘 살이 빠졌는지 장담할 수는 없지만, 몸무게를 빼려고 오늘 좀 더 노력했는지 조절할 수는 있다. 그리고 그렇게 할 수 있다면 내가 한 일에 대해 기분이 좋아질 권리가 있다. 내 행동을 이렇게 지속적이고 측정할 수 있게 개선함으로써 우리가 크고 중요한 일을 하려고 할 때마다 우리를 대부분 패배시키는 죄책감과 꾸물거림의 악순환에서 벗어날 수 있다.

조금 '더 나아졌음'에 행복해할 필요도 있다. 어제보다 테스트를 하나 더 짜는 것이면 '단위 테스팅을 더 잘 하기'라는 목표에 더 가까이 다가가는 데 충분하다. 0에서 시작한다면 하루에 테스트 하나씩 추가하기가 계속 유지할 수 있는 속도이고 어제보다 더 잘할 게 없을 때까지 한다면 이제 '단위 테스트를 더 잘하는' 수준이 됐고 똑같은 개선을 더 할 필요는 없다. 반면 개선 계획 첫째 날에 테스트를 50개 만들기로 결정했다면 첫째 날만 힘들고 둘째 날에는 할 게 없을 것이다. 따라서 조금씩 점진적으로 개선하되 매일 하라. 조금씩 개선하면 또 실패 비용을 줄일 수 있다. 하루를 놓쳤더라도 내일을 위한 기준을 하나 더 만들면 된다.

이렇게 간단한 원리의 훌륭한 점 한 가지는 프로젝트 완료 또는 소프트웨어 정리 같은 매우 전략적인 목표나 매우 수준 높은 목표에도 적용할 수 있다는 것이다. 경력을 개선하기 위해 어제 했던 것보다 오늘 더 나은 행동을 어떻게 취할 것인가? 이메일 주소를 하나 더 만들고 오픈 소스 프로젝트에 패치를 제출하고 자기 블로그에 심사숙고해 글을 써서 발행하라. 자기 전문 영역의 기술

포럼에서 어제보다 한 사람을 더 도우라. 매일 자신을 개선하기 위해 어제보다 더 나은 일을 한다면, 그렇게 하지 않았으면 탁월한 경력 구축이라는 망막한 크기의 일이 좀 더 다루기 쉽게 됨을 발견할 것이다.

실천하기

1. 이루고 싶은데 어렵거나 복잡한 개선 목록을 만들라. 목록이 개인적이거나 전문적일 수 있다. 제법 긴 목록이 나와도 괜찮다. 목록의 각 항목에 대해 그 항목을 어제보다 더 낫게 하려고 무엇을 할 수 있는지 생각해 보라. 내일 목록을 다시 보라. 어제가 그 전날보다 나았나? 오늘 어떻게 더 잘할 수 있을까? 그 다음 날 다시 해보라. 일정에 그 일을 넣으라. 그것에 대해 아침마다 2분씩 생각해 보라.

53

독립하라

스트레스가 가득할 때면 대기업에서 일하던 시절을 가끔 그리운 마음으로 돌아본다. 나는 두껍지만 거품처럼 층층이 쌓인 관리 계층과 사무실에 아늑하게 파묻혀 있었다. 당시에는 농담이었지만 큰 회사에서 똑똑한 사람은 거의 아무것도 해내지 않아도 그럭저럭 넘어갈 수 있었다. 대부분은 프로젝트가 마무리되지 못하면 여러 층에 걸쳐 수많은 사람이 비난을 나눠서 졌고 어디에서 뭐가 잘못됐는지 알기 어려웠다. 그리고 그것은 그저 실패였다. 일이 길어지면 조직의 복잡함 때문에 프로젝트가 마무리되기까지 얼마나 걸릴지 정말 아무도 실마리를 잡지 못할 정도까지 원인이 불분명해진다.

그래서 정말 전력을 다해 일하고 싶지 않은 날에는 큰 회사 일이란 것이 일에서 손을 뗄 기회를 주기 마련이고 다시 말하면 잠시 동안 웹 브라우징이나 하게 된다. 아니면 일찍 집에 가거나 '아프다고 결근'해 버린다. 내가 큰 회사

생활에 대해 불평한 모든 것은 특전이기도 하다.

문제는 회사의 계층 구조라는 안전망 때문에 사람이 쳐진다는 점이다. 기업 부서에서 대부분 교묘하게 이용하는 평범함이라는 방패 뒤에 숨는다면 탁월해 질 동기가 그다지 없다. 대체로 악의가 없는 사람들도 유튜브라는 편안한 오아시스나 자기가 좋아하는 웹 만화 모음에 유혹을 받는다(볼 만한 웹 만화 모음을 찾는다면 http://toothpastefordinner.com을 보라. 나는 그 사이트에서 낄낄거리며 몇 시간을 보낸다).

이런 식이라서 큰 회사는 소진됐을 때 한동안 가서 반은퇴하기에 아주 멋진 곳이다. 그러나 여러분이 비범해지려고 애쓴다면(여러분은 비범하다!) 큰 회사는 빵집이 아랫배 군살을 빼기에는 좋지 않은 장소이듯이 즐겁게 일하기에는 어려운 곳이다. 해결책은? 독립하라!

여러분에게는 기술이 있고 그것을 연마해 왔다. 자신이 얼마나 가치 있는지도 안다. 독립 계약자가 되는 것은 결정적인 테스트다. 뒤로 숨을 관료주의도 없고 비용을 주는 사람에게 직접 책임을 져야 한다. 여러분이 서비스에 제공하는 아이디어는 여러분이 하는 모든 일에 직접 드러난다. 일을 잘못 할 때 비난을 나눌 팀도 없다. 자기 자신과 자신의 전문성, 실행할 능력뿐이다.

독립 계약자가 되면 자신을 마케팅하는 법을 배워야 하고, 동시에 집중하려는 분야와 기술에 대한 선택을 테스트 받게 된다. 독립하면 큰 회사에서 일이 여러분을 찾아온 것처럼 고객이 여러분을 찾기를 기대해서는 안 된다. 나가서 고객을 '찾아야' 한다. 그리고 고객을 찾으면 고객이 여러분에게 돈을 지급할 가치가 있음을 확신시켜야 한다.

자신이 돈을 얼마나 받을 만한 가치가 있는 사람인지도 결정해야 한다. 무슨 일을 해야 한 시간에 50달러를 받을 수 있을까? 또는 250달러를 받을 수 있을까? 청구서는 어떻게 지급할 것인가? 자신이 받을 만한 돈이 타당함을 어떻게 보여줄 것인가? 정말 자신이 생각했던 것보다 더 가치 있는 사람인가?

독립은 어렵다. 전문가로서 자신의 기술을 전부 시험대에 올려야 한다. 아직 준비되지 않았을지도 모른다. 좋은 소식은 완전히 독립할 필요는 없다는 것이다. 개인 개발 프로젝트라 생각하고 한가한 시간에 시장에 뛰어들어 보라. 목표를 세우고 일정한 시세로 계약을 따내 프로젝트를 마무리하고 고객이 만족하게 하라. 밤이나 주말에 그 일을 하라(그러나 제발 본업을 히는 사무실에서는 그 일을 하지 말라!). 자신의 안전망을 잃지 않고도 많은 것을 배울 것이다. 최악의 경우에는 몇 주간 과로하고 프로젝트에 실패하고는 자신의 일에 새롭게 감사하는 마음으로 편안한 사무실로 돌아갈 것이다. 가장 좋은 경우는 엄청난 성공을 거두어 그 일을 좋아하게 되고 경력 만족과 재정적 보상으로 향하는 새 진로를 개척할 수 있을 것이다.

원고 검토자 새미 라비가 독립하기 위한 대안을 하나 더 제안했다. 현재 큰 회사에서 일한다면 작은 회사에 들어가는 것을 고려해 보라. 안정된 회사에서 일한다면 신생 회사에서 일해 보라. 작은 신생 회사에서 두 세계의 가장 좋은 점을 경험해 볼 수 있다. 바로 급여를 받는 전업 일거리와 여러분의 사업에서 처리되지 않는 문제들과 겨루는 도전이다.

호기심이 힘이다

마이크 클라크 씀

부모님은 내가 호기심이 많은 아이였다고 하실 것이다. 난 질문을 많이 했고 손에 넣을 수 있는 것은 전부 읽었으며 물건들을 분해해 어떻게 동작하는지 배웠다. 나중에 드러났듯이 이것은 그냥 한 말이 아니었다. 나는 지칠 줄 모르는 호기심을 잃어본 적이 절대 없다. 간과하기 쉽지만 나는 호기심이 힘이 될 수 있다고 믿는다. 조금만 연습하면 계발되기도 한다.

돌아보면 경력이 바뀌었던 사건들은 대부분 내가 호기심을 따랐기 때문에 일어났음을 인정한다. 독자들이 호기심의 부름을 들을 수 있기를 바라며 내 사례를 몇 가지 소개한다.

내가 프로그래머가 되리라고는 생각도 못했다. 항상 비행기와 우주선에 마음이 끌려서 엠브리 리들 항공 대학교Embry-Riddle Aeronautical University의 항공우주공학과에 들어가는 것이 당연한 선택으로 보였다. 그런데 1년쯤 열심히 공부한 후 컴퓨터 과학과 친구들이 무척 재미있게 지내는 모습을 봤다. 새 학위 프로그램의 하나로 그 학생들은 컴퓨터 과학을 비행 관련 문제에 적용하고 있었다. 고등학교 때 컴퓨터에 호기심이 많았지만, 프로그래밍을 직업으로는 전혀 고려해 보지 않았다. 그래서 컴퓨터 긱들과 어울리며 그 사람들이 무슨 일을 하는지 보기 시작했다. 얼마 안 되어 나는 전과했다. 그 한 번의 변화가 결국 내 최고의 결정이 됐다. 과정은 한층 어려웠지만 나는 매 순간을 좋아했다. 프로그래밍에 대한 처음 호기심은 금세 열정이 되어 미항공우주국NASA 인턴 직에 지원해 내 소프트웨어 경력에 많은 힘을 쏟았다. 그리고 오늘날까지 동료 긱들이 재미있게 일하는 모습을 발견한 일이 준 잠재적인 보상을 절대 과소평가하지 않는다.

나는 편안해질 때마다 새로운 것을 시도할 때가 됐음을 안다. 항공우주 산업에서 수년간 임베디드 소프트웨어를 개발한 후 C와 C++가 편해졌다(내게는 지루함과도 관련이 있다). 이때쯤 웹 프로그래밍이 내 호기심을 돋우었다. 임베디드 시스템 프로그래밍과는 근본적으로 달랐기 때문이다. 불행히도 내 본업 프로젝트에서는 웹에 접근할 수 없어서(극비 프로젝트였다) 대신 밤과 주말을 바쳐 웹 소프트웨어 개발 방법을 공부했다. 이렇게 따로 웹 프로그래밍을 공부한 것이 결국 자바를 사용하는 새 프로젝트에서 일할 기회가 되었다. 웹 개발에 대한 관심이 내 기술을 다양화하는 촉매였고 결국 좋은 경력으로 남았다.

나는 루비와 레일스를 즉흥적으로 배웠다. 루비는 재미있는 언어여서 프로그래밍을 다르게 생각하게 됐다. 웹 개발에서 레일스도 마찬가지였다. 당시 루비나 레일스 일에 돈을 내는 고객은 없었지만 그건 별로 중요하지 않았다. 호기심이 생겼고 어쩔 수 없었다. 돈도 못 받는 시간을 내어 그 시간을 써가며 루비와 레일스를 파고들었다. 2005년 초 최초의 상용 레일스 애플리케이션을 만들 기회를 얻고, 데이브 토마스의 레일스 책 집필을 도와달라고 부탁받을 줄은 전혀 몰랐다. 또 다른 신기술에 대한 호기심 덕에 내 경력에서 성공적인 궤적을 한 번 더 그리기 시작했다.

기술 외에도 관심이 있어서 비즈니스 양상은 내게 똑같이 흥미로웠다. 그래서 독립 컨설턴트로 나만의 일을 하려고 창업해 프래그머틱 스튜디오The Pragmatic Studio라는 교육 회사를 시작했다. 중소기업 운영에 대한 관심 덕에 여러 가지 새 기술, 즉 판매, 마케팅, 고객 지원 등을 익힐 기회가 생겼다. 큰 그림을 보는 것은 더 나은 프로그래머가 되는 데 도움이 됐다.

    자, 독자들은 정말 무엇에 관심이 있나? 잠깐만이라도 자신의 호기심을 따라보고 무슨 일이 생기는지 보라. 자신이 마침내 무엇이 되었는지 보고 놀랄지도 모른다.

마이크 클라크는 독립 컨설턴트 겸 프로그래머다.

즐기라

> 노동은 그대가 꾸는
> 가장 깊은 꿈의 한 조각을 채워줍니다.
> 노동함으로써 진실로 삶을 사랑할 수 있으며
> 노동을 통해 삶을 사랑하는 길만이
> 생의 가장 깊은 비밀을 아는 일입니다.
> - 칼릴 지브란(Kahlil Gibran), 『예언자』

어느 방향으로 자신의 경력을 이끌어 가고 싶은지 생각하는 사치를 누리는 소프트웨어 개발자가 된 지점까지 왔다면 축하한다! 자신이 운이 매우 좋다고 생각해도 된다. 직업을 결정하는 것이 극소수 사람만이 누릴 수 있는 대단한 특권인 문화가 많기 때문이다. 소프트웨어 개발자로서 집세나 식비를 어떻게 낼지 걱정하지는 않을 것이다.

여러 가지 진로를 고를 수 있겠지만 이 일은 흥미진진하다. 창조적이다. 소프트웨어 개발은 깊은 사고를 요하고 날마다 만나는 사람 대부분이 할 수 있다고 상상도 못할 어떤 일을 할 수 있다는 감각을 지니게 된다는 보상을 받는다. 다음 단계로 진보하고 영향을 미치거나 동료나 업계 사람으로부터 존경을 얻는 것에 대해 걱정할지도 모르지만, 그것에 대해 생각하는 것을 정말 멈출 수 없다면 그 일을 정말 잘해낼 것이다.

소프트웨어 개발은 도전적이면서 보람이 있다. 이 일은 예술 형식처럼 창조적이지만 (예술과 달리) 구체적이고 측정할 수 있는 가치를 제공한다.

소프트웨어 개발은 재미있다!

결국 소프트웨어 개발 경력이라는 여정에서 내가 배운 가장 중요한 것은 어떻게 먹고 사느냐, 무엇을 가졌냐가 아니라 소프트웨어 개발 자체가 중요하다는 점이다. 내가 배운 것은 이것들을 어떻게 받아들이느냐 하는 것이다. 그것은 내면적이다. 만족이란 경력 선택처럼 추구하고 성의 있게 결정해야 하는 어떤 것이다.

옮긴이 후기

자신이 무슨 일을 좋아하는지 모른 채 IT 업계에 들어오지 않았다면 개발자로서 '누구도 밟지 못한 경지에 도달하고 싶다'는 소망을 한 번쯤은 품게 된다.

소프트웨어 역사를 보면 개발자는 태생이 뭔가를 개척해야만 했던 사람들이었다. 개척 시대 초창기가 그렇듯 개척자들의 앞길은 불분명했다. 어쩌면 무엇이 보여서가 아니라 그 길의 끝에 자신의 '계시'를 실현하려고 알 수 없는 길을 걸었던 것인지도 모르겠다. 그리고 그 추진력을 이 책의 지은이 채드 파울러는 '열정'으로 보았다.

이 책은 원제가 『The Passionate Programmer』로 2005년 발간된 『My Job Went to India』의 개정판이다(여담이지만 1판의 원제가 지은이의 원래 의도를 충분히 전하지 못한다고 판단, 제목을 바꾸었다고 한다). 한국에서는 열정이란 말이 닳고 닳은 데다 때로는 강요되기도 해서 별 감흥이 느껴지지 않을 수도 있다. 꼭 열정이 아니라도 누군가는 못 말리는 지적 호기심을 주체할 수 없어서, 또 다른 누군가는 자신의 손끝에서 새로운 세계가 창조되는 희열을 뿌리칠 수 없어서 이 일을 한다. 그리고 그 길의 끝은 이 책에서 수없이 되풀이되는 '탁월함에 도달'하는 것이다.

개발자 집단만 탁월함에 목매지는(?) 않는다. 예술과 기술의 경계가 불분명하던 시대에 미술가와 음악가들 역시 그랬다. 폴 그레이엄이 『해커와 화가』에서 그림 그리기와 해킹의 본질을 비교했듯이, 재즈 색소폰 연주자 출신이라는 특이한 이력을 지닌 채드 파울러는 재즈 연주자들의 구도에 가까운 수련 과정을 개발 기량 향상을 위한 영감으로 제시하며 자칫 잔소리로 들릴 수 있는 이야기를 흥미롭게 풀어가고 있다.

또 개정판에서는 남다른 경력을 끈기 있게 개척한 동료 개발자들의 이야기를 실었다. 마이크로소프트의 연봉을 거절한 깃허브 창업자, 사진작가로 변신

한 개발자, 우주 공학도를 꿈꾸었으나 호기심을 이기지 못해 소프트웨어 세상에 뛰어든 개발자 등 다양한 사람의 이야기가 나온다.

물론 이 책의 지은이를 비롯한 등장인물들의 삶을 누구나 따라할 수는 없다. 하지만 분명한 것은 21세기 일상의 꽤 많은 부분이 소프트웨어에 의존하고 있고 이 기막힌 세상을 열어젖힌 사람들은 개발자들이며 개발자들을 움직이는 내적 조건은 그것이 열정이든, 지적 호기심이든 크게 변하지 않았다는 점이다.

늘 그렇지만 책은 새겨 읽어야 하고 그 내용을 받아들일지 선택은 독자들의 몫이다.

지금은 한국에 없지만 1판을 번역할 때 도와준 친구 콜린Colin에게 고맙다는 말을 전한다. 콜린 덕분에 개정판 번역도 수월하게 마칠 수 있었다. 마지막으로 이 땅의 모든 개발자들이 '행복하게 개발할' 수 있는 세상이 오기를 진심으로 기원한다.